PREVISIVELMENTE IRRACIONAL

DAN ARIELY

PREVISIVELMENTE IRRACIONAL

AS FORÇAS INVISÍVEIS QUE NOS LEVAM A TOMAR DECISÕES ERRADAS

SEXTANTE

Título original: *Predictably irrational*

Publicado originalmente em 2008 pela HarperCollins Publishers
em diferente formato.

tradução: Ivo Korytowski

preparo de originais: Milena Vargas

revisão: Anna Beatriz Seilhe, Flávia Midori e Hermínia Totti

adaptação de projeto gráfico e diagramação: DTPhoenix Editorial

capa: DuatDesign

impressão e acabamento: Bartira Gráfica

CIP-BRASIL. CATALOGAÇÃO NA PUBLICAÇÃO
SINDICATO NACIONAL DOS EDITORES DE LIVROS, RJ

A746p Ariely, Dan, 1967-
Previsivelmente irracional / Dan Ariely; tradução Ivo
Korytowski. Rio de Janeiro: Sextante, 2020.
304 p.; 16 x 23 cm.

Tradução de: Predictably irrational
Inclui bibliografia
ISBN 978-85-431-0999-2

1. Economia – Aspectos psicológicos. 2. Comportamento do
consumidor. 3. Processo decisório. I. Korytowski, Ivo. II. Título.

CDD: 658.8342
20-63847 CDU: 366.1:159.947.2

Rua Voluntários da Pátria, 45 – Gr. 1.404 – Botafogo
22270-000 – Rio de Janeiro – RJ
Tel.: (21) 2538-4100 – Fax: (21) 2286-9244
E-mail: atendimento@sextante.com.br
www.sextante.com.br

Aos meus mentores, colegas e alunos,
que tornam as pesquisas empolgantes.

SUMÁRIO

INTRODUÇÃO

Como um acidente me levou à irracionalidade e às pesquisas descritas aqui

Muitas pessoas já me disseram que tenho um jeito incomum de ver o mundo. Em minha carreira como pesquisador, isso permitiu que eu me divertisse bastante tentando descobrir o que *de fato* influencia nossas decisões na vida diária (em oposição ao que acreditamos, às vezes com grande certeza, que as influencia).

Você sabe por que prometemos começar uma dieta, mas a intenção desaparece quando a primeira sobremesa aparece?

Você sabe por que às vezes ficamos empolgados comprando coisas de que, na verdade, não precisamos?

Sabe por que continuamos com dor de cabeça depois de tomar uma aspirina baratinha, mas ela desaparece quando a aspirina custa mais caro?

Sabe por que as pessoas tendem a ser mais honestas assim que recordam os Dez Mandamentos? Ou por que os códigos de honra reduzem a desonestidade no local de trabalho?

No fim deste livro, você saberá as respostas para essas e muitas outras perguntas que impactam sua vida pessoal, seus negócios e sua visão de mundo. Entender a questão da aspirina, por exemplo, tem implicações não apenas em sua escolha de medicamentos, mas em um dos maiores problemas enfrentados por nossa sociedade: o custo e a eficácia do plano de saúde. Compreender o impacto dos Dez Mandamentos em refrear a desonestidade pode impedir a próxima fraude empresarial. E entender a compulsão por comida nos ajuda a lidar com todas as outras decisões impulsivas de nossa vida – inclusive gastar sem controle, sem poupar dinheiro para as emergências.

Meu objetivo aqui é ajudá-lo a refletir sobre o que motiva você e as pessoas à sua volta. Vou apresentar uma grande variedade de experimentos científicos, descobertas e relatos, muitos deles engraçados. Quando perceber como certos erros são sistemáticos – e como os repetimos sem parar –, você aprenderá a evitá-los.

Mas, antes que eu conte mais a respeito de minhas pesquisas curiosas, práticas divertidas (e em alguns casos até deliciosas) sobre gula, compras, amor, dinheiro, procrastinação, cerveja, honestidade e outros temas, acho importante falar sobre as origens da minha visão de mundo um tanto heterodoxa – isto é, a origem deste livro. Tragicamente, tudo começou com um acidente muitos anos atrás.

Bastaram poucos segundos para mudar irreversivelmente uma tarde de sexta-feira normal na vida de um israelense de 18 anos. A explosão de um grande sinalizador de magnésio, do tipo usado para iluminar campos de batalha à noite, deixou 70% do meu corpo coberto por queimaduras de terceiro grau.

Passei os três anos seguintes envolto em ataduras num hospital. Depois, saía em público apenas ocasionalmente, usando um traje sintético apertado e uma máscara que me faziam parecer uma versão deformada do Homem-Aranha. Sem poder participar das atividades com meus amigos e familiares, senti-me parcialmente excluído da sociedade. Assim, passei a observar de fora as atividades que, antes, eram do meu cotidiano. Como se tivesse vindo de uma cultura (ou de um planeta) diferente, refletia sobre os objetivos de comportamentos distintos, meus e dos outros. Por exemplo, comecei a me perguntar por que gostava de uma garota e não de outra, por que minha rotina era programada para facilitar a vida dos médicos e não a minha vida, por que eu adorava escaladas mas não estudar história, por que me preocupava tanto com o que outras pessoas pensavam de mim e, acima de tudo, o que motiva as pessoas e faz com que nos comportemos da forma como nos comportamos.

Nos anos que se seguiram ao meu acidente, no hospital, tive ampla experiência com diferentes tipos de dor e muito tempo entre tratamentos e cirurgias para refletir sobre isso tudo. De início, minha agonia diária frequentemente ocorria no "banho", um procedimento em que me imergiam numa solução de desinfetante, removiam as ataduras e raspavam as partículas mortas da pele. Quando a pele está intacta, o efeito dos desinfetantes é uma ardência discreta, e em geral as ataduras soltam-se com facilidade. Mas, quando a pele é escassa – como no meu caso, devido às graves queimaduras –, seu efeito é insuportável, as ataduras prendem na carne, e removê-las (muitas vezes rasgando) provoca uma dor indescritível.

Logo no início, comecei a conversar com as enfermeiras que ministravam meu banho diário, na ala de queimados, para entender sua abordagem. A rotina delas era pegar uma atadura e arrancá-la o mais rápido possível, criando um pico relativamente breve de dor. Repetiam esse processo por cerca de uma hora até terem removido tudo. Uma vez encerrado esse processo, eu era coberto de unguento e de ataduras novas.

Percebi que as enfermeiras haviam teorizado que um puxão vigoroso das ataduras era preferível (para o paciente) a vários puxões lentos, que poderiam não levar a uma dor extrema, mas estenderiam o procedimento e, portanto, acabariam sendo mais dolorosos. Elas também concluíram que não havia diferença entre dois métodos possíveis: começar pela parte mais sensível do corpo e avançar até a região menos dolorosa ou começar pela parte menos dolorosa e ir até as áreas mais torturantes.

Como alguém que havia de fato sentido a dor do processo, eu não compartilhava dessas crenças (que nunca foram cientificamente testadas). Além disso, as enfermeiras não levavam em consideração o medo que o paciente sentia ao antever o tratamento, as dificuldades de lidar com as flutuações da dor ao longo do tempo, a falta de noção de quando a dor começaria e diminuiria ou os benefícios de ser confortado com a redução gradual da dor. Mas, dada minha posição impotente, eu tinha pouca influência sobre a forma como cuidavam de mim.

Assim que pude deixar o hospital por um período prolongado (ainda precisei retornar para cirurgias e tratamentos adicionais por mais cinco anos), comecei a estudar na Universidade de Tel Aviv. No primeiro semestre, fiz uma matéria que mudou profundamente minha perspectiva sobre a pesquisa e em grande parte determinou meu futuro. Ela tratava da fisiologia do cérebro e era lecionada pelo professor Hanan Frenk. Além do material fascinante apresentado sobre o funcionamento do cérebro, o que mais me impressionou no professor foi sua atitude em relação às perguntas e teorias alternativas. Muitas vezes, quando eu levantava a mão na aula ou passava no gabinete dele para sugerir uma interpretação diferente de alguns resultados que ele apresentara, Frenk respondia que minha teoria era de fato uma possibilidade (algo improvável, mas, ainda assim, uma possibilidade) e me desafiava a propor um teste empírico para distingui-la da teoria convencional.

Não era fácil preparar aqueles testes, mas a ideia de que a ciência é uma atividade empírica na qual todos os participantes, inclusive um novato como eu, podem apresentar teorias alternativas, desde que achem meios empíricos de testá-las, me mostrou um novo mundo. Em uma de minhas visitas ao gabinete de Frenk, apresentei uma teoria explicando como determinado estágio da epilepsia se desenvolvia e propus que fosse testada em ratos.

O professor gostou da ideia e, nos três meses seguintes, operei uns 50 ratos, implantando cateteres em sua medula espinhal e dando-lhes diferentes substâncias para criar e reduzir seus ataques epilépticos. Um dos problemas práticos da abordagem foi a limitação dos movimentos de minha mão, devido às queimaduras, o que dificultou segurar os animais. Por sorte, meu melhor amigo, Ron Weisberg (um vegetariano entusiasmado e amante dos animais), concordou em ir comigo ao laboratório por vários fins de semana e me ajudou nos procedimentos – um verdadeiro teste de amizade.

No fim, descobrimos que minha teoria não se aplicava, mas aquilo não diminuiu meu entusiasmo. Afinal, fui capaz de aprender algo sobre o que havia proposto e, ainda que estivesse errado, foi bom ter certeza disso. Eu sempre tive muitas dúvidas sobre como as coisas funcionavam e como as pessoas se comportavam, e minha nova compreensão – de que a ciência fornece as ferramentas e as oportunidades para examinar tudo que eu achasse interessante – atraiu-me para o estudo comportamental.

Com aquelas ferramentas novas, concentrei grande parte de meus esforços iniciais em entender como sentimos a dor. Por motivos óbvios, eu estava mais preocupado com situações como o tratamento do banho, em que a dor precisa ser infligida a um paciente por um longo período. Seria possível reduzir a agonia geral dessa dor? Nos anos seguintes, consegui realizar um conjunto de experimentos de laboratório sobre mim e sobre meus amigos e voluntários – usando dor física induzida por calor, água fria, pressão, som alto e até a dor psicológica de perder dinheiro no mercado de ações – em busca de respostas.

Quando terminei os tratamentos, percebi que as enfermeiras na ala de queimados eram pessoas gentis e generosas (bem, houve uma exceção) com bastante experiência em embeber e remover ataduras, mas ainda assim sem uma teoria plausível sobre como minimizar a dor de seus pacientes. Como poderiam estar tão erradas, eu me perguntei, sendo tão experientes? Como eu passei a conhecer aquelas enfermeiras, sabia que o comportamento delas não se devia a maldade, estupidez ou negligência. Pelo contrário, eram provavelmente vítimas de pressupostos inerentes a suas percepções da dor dos pacientes – pressupostos que, ao que parecia, se mantinham inalterados mesmo depois de tantos anos.

Por tudo isso, fiquei particularmente empolgado ao retornar à ala de queimados certa manhã e apresentar meus resultados, na esperança de influenciar os procedimentos de remoção de ataduras de outros pacientes. Contei às enfermeiras e aos médicos que as pessoas sentem menos dor se os tratamentos são realizados com menos intensidade e maior duração do que quando se imprime alta intensidade com menor duração. Em outras palavras, eu teria sofrido menos se tivessem puxado as ataduras lentamente, em vez de terem usado o método do puxão rápido.

As enfermeiras ficaram genuinamente surpresas com minhas conclusões, mas me surpreendi com o que disse Etty, minha enfermeira favorita. Ela admitiu que sua compreensão havia sido falha e que deveriam mudar seus métodos. Mas também observou que uma discussão da dor infligida no tratamento do banho precisava levar em conta a dor psicológica que as enfermeiras sentiam quando seus pacientes berravam em agonia. Segundo ela, era compreensível que elas puxassem as ataduras depressa numa tentativa de amenizar o próprio tormento (e o rosto delas com frequência transmitia sofrimento). No fim, porém, todos concordamos que os procedimentos deveriam ser alterados, e de fato algumas das enfermeiras seguiram minhas recomendações.

Minhas sugestões nunca mudaram o processo de remoção de ataduras em uma escala maior (ao que me consta), mas o episódio deixou em mim uma impressão especial. Se as enfermeiras, com toda a sua experiência, não entendiam direito a realidade dos pacientes com quem tanto se importavam, talvez outras pessoas também não entendessem as consequências de suas condutas e, por esse motivo, repetidamente tomassem as decisões erradas. Decidi expandir o escopo da pesquisa da dor para a análise de casos em que os indivíduos cometem erros repetitivos - sem aprender grande coisa com suas experiências.

A jornada pelas várias maneiras como podemos ser irracionais é o tema deste livro. A disciplina que me permite lidar com esse tema chama-se *economia comportamental* (ou julgamento e tomada de decisões).

A economia comportamental é um campo relativamente novo que recorre a aspectos tanto da psicologia quanto da economia. Ela me fez estudar tudo, desde nossa relutância em poupar para a aposentadoria até a incapacidade de pensar claramente durante a excitação sexual. Não foi só o comportamento que tentei entender, mas também os processos de tomada de decisão por trás de tal comportamento - o seu, o meu e o de todos os outros. Antes de prosseguir, vou tentar explicar brevemente em que consiste a economia comportamental e como difere da economia tradicional. Vou começar com um trecho de Shakespeare:

> Que obra-prima é o homem! Como é nobre pela razão! Como é infinito em faculdade! Em forma e movimentos, como é expressivo e maravilhoso! Nas ações, como se parece com um anjo! Na inteligência, como se parece com um deus! A maravilha do mundo! Protótipo dos animais! (*Hamlet*, ato II, cena 2)

A visão predominante da natureza humana, compartilhada em grande parte por economistas, formuladores de políticas, leigos e pessoas comuns, é aquela refletida nessa citação. Essa visão, é claro, está quase totalmente correta. Nossa mente e nosso corpo são capazes de atos incríveis. Ao vermos uma bola lançada a distância, podemos calcular instantaneamente sua trajetória e seu impacto e depois mover nosso corpo e nossas mãos para pegá-la. Podemos aprender novos idiomas com facilidade, em particular na infância. Podemos ser mestres do xadrez. Podemos reconhecer milhares de rostos sem confundi-los. Podemos produzir música, literatura, tecnologia e arte – a lista é enorme.

Shakespeare não está sozinho em sua apreciação da mente humana. Na verdade, todos nos imaginamos dentro do espírito da sua descrição (embora percebamos que nossos vizinhos, cônjuges e chefes nem sempre correspondam a esse padrão). Dentro do domínio da ciência, esses pressupostos sobre nossa capacidade de raciocínio perfeito chegaram à economia. Essa ideia bem básica, chamada *racionalidade*, fornece o fundamento para teorias, previsões e recomendações econômicas.

A partir dessa perspectiva, e na medida em que acreditamos na racionalidade humana, somos todos economistas. Não estou dizendo que cada um de nós consegue desenvolver intuitivamente modelos complexos de teoria dos jogos ou entender o axioma generalizado da preferência revelada. Ao contrário, quero dizer que mantemos as crenças básicas sobre a natureza humana em que se baseia a economia. Neste livro, quando menciono o modelo da economia *racional*, estou me referindo ao pressuposto básico que a maioria dos economistas e muitos de nós mantemos sobre a natureza humana: a simples e irresistível ideia de que somos capazes de tomar as decisões certas.

Embora seja justificável a admiração pelo que o ser humano é capaz de fazer, existe uma grande diferença entre esse sentimento e a afirmação de que nossas capacidades de raciocínio são perfeitas. Na verdade, este livro é sobre a *irracionalidade humana*, sobre quão distantes estamos da perfeição. Reconhecer em que ponto nos afastamos do ideal é importante para entender a nós mesmos, e isso promete muitos benefícios práticos. Compreender a irracionalidade é fundamental para nossas ações e decisões do dia a dia e para perceber como projetamos nosso ambiente e as opções que se apresentam.

Minha observação adicional é que não apenas somos irracionais, mas também *previsivelmente irracionais* – nossa irracionalidade ocorre sempre da mesma maneira, repetidas vezes. Quer estejamos agindo como consumidores, negociantes ou formuladores de políticas, entender como somos previsivelmente irracionais fornece um ponto de partida para melhorar nossa tomada de decisões e mudar a forma como vivemos.

Isso me leva ao conflito real entre a economia convencional e a economia comportamental. Na economia convencional, o pressuposto de que somos todos racionais implica que, na vida diária, calculamos o valor de todas as opções com que nos defrontamos e então seguimos o caminho mais viável possível em nossa ação. E se cometermos um erro e fizermos algo irracional? Também aqui a economia tradicional tem uma resposta: as "forças do mercado" vão se impor a nós e logo nos recolocarão no caminho da virtude e da racionalidade. Com base nisso, gerações de economistas desde Adam Smith conseguiram desenvolver conclusões abrangentes sobre tudo, desde tributação e políticas de saúde a precificação de bens e serviços.

No entanto, como você verá neste livro, somos na verdade bem menos racionais do que presume a teoria econômica padrão. Além disso, nossos comportamentos irracionais não são aleatórios nem sem sentido, e sim sistemáticos e previsíveis, já que sempre os repetimos. Assim, não faria sentido modificar a economia tradicional, afastando-a da psicologia ingênua, que muitas vezes não passa pelo teste da razão, da introspecção e – o mais importante – do escrutínio empírico? É exatamente o que o campo emergente da economia comportamental e este livro como uma pequena parte dessa iniciativa estão tentando realizar.

Conforme você verá nas páginas a seguir, cada um dos capítulos baseia-se em experimentos realizados com alguns excelentes colegas (no fim, incluí breves biografias de meus incríveis colaboradores). Para que experimentos? A vida é complexa, com várias forças que exercem simultaneamente suas influências sobre nós, e essa complexidade torna difícil descobrir com exatidão como cada uma dessas forças molda nosso comportamento. Para os cientistas sociais, experimentos são como microscópios ou luzes estroboscópicas. Ajudam-nos a reduzir o comportamento humano a uma narrativa quadro a quadro dos eventos, isolar forças individuais e examiná-las cuidadosamente e em mais detalhes. Eles nos permitem testar, de forma direta e inequívoca, o que nos motiva.

Há outro ponto que quero enfatizar sobre isso. Se as lições aprendidas com esses experimentos se restringissem ao seu ambiente exato, seu valor seria limitado. Em vez disso, gostaria que você pensasse neles como a ilustração de um princípio geral, fornecendo um vislumbre de como pensamos e tomamos decisões – não somente naquele contexto específico, mas, por extensão, em muitos contextos da vida.

Por isso, em cada capítulo, decidi extrapolar o que descobri para outros contextos, tentando descrever algumas de suas implicações possíveis para a vida, os negócios e a política pública.

Para obter o valor real deste livro e da ciência social em geral, é importante que você dedique algum tempo para pensar sobre como os princípios do comportamento humano, identificados nos experimentos, se aplicam a você. Minha sugestão é que, no fim de cada capítulo, você reflita se o que foi revelado poderia melhorar ou piorar sua vida e, o mais importante, o que poderia fazer de forma diferente diante de sua nova compreensão da natureza humana. É aí que reside a verdadeira aventura.

A jornada vai começar.

1

A VERDADE SOBRE A RELATIVIDADE

Por que tudo é relativo –
mesmo quando não deveria ser

Um dia, ao navegar pela internet (a serviço, não apenas por diversão), deparei com o seguinte anúncio no site da revista *The Economist*:

Economist.com	ASSINATURAS
OPINIÃO MUNDO NEGÓCIOS FINANÇAS & ECONOMIA CIÊNCIA & TECNOLOGIA PESSOAS LIVROS & ARTES MERCADOS & DADOS DIVERSÕES	**Bem-vindo ao** Centro de Assinaturas *The Economist* Escolha o tipo de assinatura que deseja adquirir ou renovar: ❑ **Assinatura digital** – 59 dólares Assinatura anual de Economist.com. Inclui acesso on-line a todos os artigos da *The Economist* desde 1997. ❑ **Assinatura impressa** – 125 dólares Assinatura anual da edição impressa da *The Economist*. ❑ **Assinatura impressa & digital** – 125 dólares Assinatura anual da edição impressa da *The Economist* e acesso on-line a todos os artigos da *The Economist* desde 1997.

Li essas ofertas uma de cada vez. A primeira delas – a assinatura digital por 59 dólares – pareceu razoável. A segunda opção – a assinatura impressa por 125 dólares – pareceu um pouco cara, mas ainda assim razoável.

Em seguida, li a terceira opção: uma assinatura impressa *com* acesso on-line por 125 dólares. Li duas vezes antes que meus olhos voltassem às opções anteriores. Quem desejaria comprar apenas a opção impressa, eu me perguntei, quando a assinatura digital *e* impressa era oferecida pelo mesmo preço? Ora, a opção por adquirir apenas a edição impressa pode ter sido um erro de digitação, mas suspeito que o pessoal esperto da *The Economist* em Londres (e eles são espertos mesmo – e um tanto sarcásticos, daquele jeito britânico) estava me manipulando. Tenho certeza de que queriam que eu deixasse de lado a opção apenas digital (que pressupunham ser minha escolha, já que eu estava lendo o anúncio na internet) e focasse na opção mais cara: digital e impressa.

Mas como isso seria manipulação? Talvez porque os gênios do marketing da *The Economist* (e eu conseguia imaginá-los com suas gravatas e seus blazers universitários) sabiam algo importante sobre o comportamento humano: as pessoas raramente escolhem coisas em termos absolutos. Não possuímos um medidor de valor interno que nos informe quanto valem de fato as coisas. Ao contrário, comparamos a vantagem de uma coisa em relação a outra e, de acordo com isso, estimamos seu valor. (Por exemplo, não sabemos quanto vale um carro de seis cilindros, mas podemos supor que seja mais caro do que o modelo de quatro cilindros.)

No caso da *The Economist*, talvez eu não soubesse que a assinatura digital por 59 dólares era um negócio melhor do que a opção impressa por 125 dólares. Mas com certeza eu sabia que a opção impressa *e* digital por 125 dólares era melhor do que a opção só impressa por 125 dólares. Na verdade, você poderia deduzir que, no pacote combinado, a assinatura digital é grátis! Uma oferta irrecusável! E tenho que admitir: se quisesse assinar a revista, provavelmente escolheria o pacote com as duas opções. (Mais tarde, quando testei a oferta com um grande grupo de participantes, a maioria preferiu a terceira proposta: digital e impressa.)

Então o que estava acontecendo? Vou começar com uma observação fundamental: a maioria das pessoas não sabe o que quer, a não ser que haja um contexto. Não sabemos qual tipo de bicicleta de corrida queremos – até vermos um campeão do Tour de France mudando as marchas num modelo específico. Não sabemos qual tipo de sistema de alto-falante queremos – até ouvirmos um que soa melhor do que o anterior. Nem sequer sabemos o que queremos fazer da vida – até encontrarmos um parente ou amigo que está fazendo exatamente o que achamos que devíamos estar fazendo. Tudo é relativo, este é o problema. Como um piloto de avião que pousa no escuro, precisamos de lâmpadas nos dois lados da pista para nos guiarem até o lugar onde podemos aterrissar.

No caso da *The Economist*, a decisão entre as opções só digital e só impressa exigiria um pouco de reflexão. Refletir é difícil e às vezes desagradável. Assim, os marqueteiros da *The Economist* ofereceram-nos uma escolha óbvia: comparada à opção somente impressa, a opção que combina a revista impressa e digital parece superior.

Os gênios da *The Economist* não são os únicos que entendem a importância da relatividade. Vejamos Sam, o vendedor de televisão. Ele aplica o mesmo tipo de truque quando decide quais televisores exibir juntos:

Panasonic de 36 polegadas por 690 dólares

Toshiba de 42 polegadas por 850 dólares

Philips de 50 polegadas por 1.480 dólares

Qual delas você escolheria? Nesse caso, Sam sabe que os clientes têm dificuldade em calcular o valor de diferentes opções. (Quem sabe realmente se a Panasonic por 690 dólares é uma oferta melhor do que a Philips por 1.480 dólares?) Mas Sam também sabe que, entre as três opções, a maioria das pessoas ficará com a do meio (como na aterrissagem de seu avião entre as luzes da pista). Então adivinha qual televisão Sam precifica como a opção do meio? Acertou: aquela que quer vender!

Claro que Sam não está sozinho em sua esperteza. O *The New York Times* publicou recentemente uma matéria sobre Gregg Rapp, um consultor de restaurantes que é pago para definir o preço dos pratos nos menus. Ele sabe, por exemplo, como foi a venda de cordeiro este ano em comparação com a do ano passado, se o cordeiro teve mais saída combinado com abóbora ou com risoto e se os pedidos diminuíram quando o preço do prato principal subiu de 39 para 41 dólares.

Um fato que Rapp descobriu foi que entradas com preço alto aumentam a receita do restaurante – mesmo que ninguém as compre. Por quê? Porque, ainda que não costumem comprar o prato mais caro do menu, as pessoas pedirão o segundo prato mais caro. Assim, ao criar um prato caro, o dono do restaurante pode induzir os clientes a pedirem a segunda opção mais cara (que pode ser espertamente planejada para fornecer a maior margem de lucro).[1]

Então vamos examinar o ilusionismo da *The Economist* em câmera lenta.

Como você se lembra, as escolhas eram:

1. Assinatura somente digital por 59 dólares.
2. Assinatura somente impressa por 125 dólares.
3. Assinaturas impressa e digital por 125 dólares.

Quando apresentei essas opções a 100 estudantes da Sloan School of Management, do MIT, suas escolhas foram:

1. Assinatura somente digital por 59 dólares – **16 estudantes**.
2. Assinatura somente impressa por 125 dólares – **nenhum estudante**.
3. Assinaturas impressa e digital por 125 dólares – **84 estudantes**.

Até esses alunos do MBA da Sloan foram espertos. Todos viram a vantagem da oferta que combinava a revista impressa e a digital em relação à opção apenas impressa. Mas será que foram influenciados pela mera presença da opção apenas impressa (que daqui por diante, e por um bom motivo, denominarei "chamariz")? Em outras palavras, suponha que eu removesse o chamariz, de modo que as escolhas seriam estas a seguir:

Economist.com

OPINIÃO
MUNDO
NEGÓCIOS
FINANÇAS & ECONOMIA
CIÊNCIA & TECNOLOGIA
PESSOAS
LIVROS & ARTES
MERCADOS & DADOS
DIVERSÕES

ASSINATURAS

Bem-vindo ao
Centro de Assinaturas *The Economist*

Escolha o tipo de assinatura que deseja adquirir ou renovar:

❑ **Assinatura digital** – 59 dólares
Assinatura anual de Economist.com.
Inclui acesso on-line a todos os artigos da *The Economist* desde 1997.

❑ **Assinatura impressa & digital** – 125 dólares
Assinatura anual da edição impressa da *The Economist* e acesso on-line a todos os artigos da *The Economist* desde 1997.

Será que os estudantes reagiriam como antes?

Certamente reagiriam da mesma maneira. Afinal, a opção que retirei foi a que ninguém escolheu, então não devia fazer diferença, não é?

Ao contrário! Dessa vez, 68 estudantes escolheram a opção somente digital por 59 dólares, bem mais do que os 16 de antes. E apenas 32 escolheram a assinatura combinada por 125 dólares, bem menos do que os 84 de antes.*

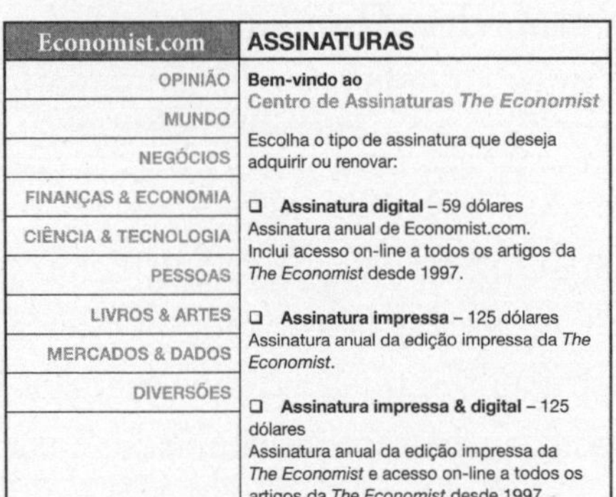

Economist.com

OPINIÃO
MUNDO
NEGÓCIOS
FINANÇAS & ECONOMIA
CIÊNCIA & TECNOLOGIA
PESSOAS
LIVROS & ARTES
MERCADOS & DADOS
DIVERSÕES

ASSINATURAS

Bem-vindo ao
Centro de Assinaturas *The Economist*

Escolha o tipo de assinatura que deseja adquirir ou renovar:

❑ **Assinatura digital** – 59 dólares
Assinatura anual de Economist.com.
Inclui acesso on-line a todos os artigos da *The Economist* desde 1997.

❑ **Assinatura impressa** – 125 dólares
Assinatura anual da edição impressa da *The Economist.*

❑ **Assinatura impressa & digital** – 125 dólares
Assinatura anual da edição impressa da *The Economist* e acesso on-line a todos os artigos da *The Economist* desde 1997.

Economist.com

OPINIÃO
MUNDO
NEGÓCIOS
FINANÇAS & ECONOMIA
CIÊNCIA & TECNOLOGIA
PESSOAS
LIVROS & ARTES
MERCADOS & DADOS
DIVERSÕES

ASSINATURAS

Bem-vindo ao
Centro de Assinaturas *The Economist*

Escolha o tipo de assinatura que deseja adquirir ou renovar:

❑ **Assinatura digital** – 59 dólares
Assinatura anual de Economist.com.
Inclui acesso on-line a todos os artigos da *The Economist* desde 1997.

❑ **Assinatura impressa & digital** – 125 dólares
Assinatura anual da edição impressa da *The Economist* e acesso on-line a todos os artigos da *The Economist* desde 1997.

* Por convenção neste livro, toda vez que menciono que as condições diferem entre si, trata-se de uma diferenciação estatisticamente significativa. No fim deste livro, encaminho o leitor interessado à lista de artigos acadêmicos originais e leituras relacionadas.

O que poderia tê-los feito mudar de ideia? Nada de racional, eu garanto. A mera presença do chamariz levou 84 deles à opção combinada de revista impressa e digital (e 16 à opção somente digital). E a ausência do chamariz mudou suas escolhas.

Esse resultado é previsivelmente irracional. Por quê? Fico feliz por você ter perguntado.

Permita que eu lhe ofereça esta demonstração visual da relatividade. Olhe bem as imagens:

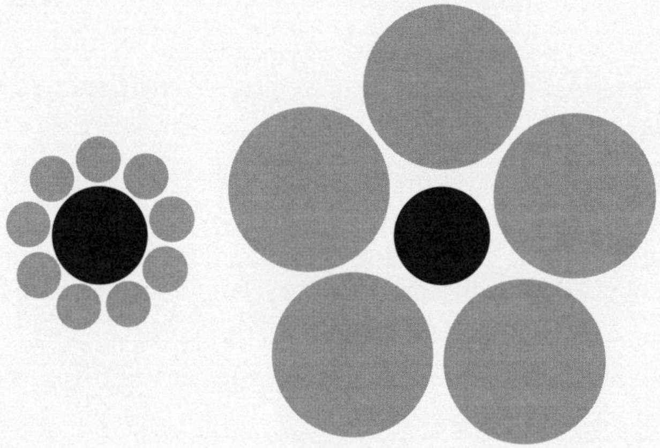

O círculo do meio tem o mesmo tamanho nas duas posições, mas parece mudar dependendo do que colocamos ao redor dele. Quando entre os círculos maiores, a impressão é de que ele está menor. Quando entre os círculos menores, é de que está maior.

Isso poderia ser mera curiosidade, não fosse o fato de refletir como a mente está programada: sempre olhamos as coisas à nossa volta em relação a outras. Não podemos evitar. Isso vale não apenas para algo físico – torradeiras, bicicletas, bonecas, entradinhas de restaurantes e cônjuges –, mas para experiências como férias e cursos e para coisas efêmeras como emoções, atitudes e pontos de vista.

Sempre comparamos empregos com empregos, férias com férias, namorados(as) com namorados(as) e vinhos com vinhos. Toda essa relatividade me lembra uma fala do filme *Crocodilo Dundee*, quando um bandido de rua ameaça nosso herói Paul Hogan com um canivete automático. "Você chama isto de faca?", indaga Hogan, incrédulo, sacando uma faca Bowie dos fundos da bota. "*Isto*, sim", diz ele com um sorriso maldoso, "é uma faca."

Relatividade é (relativamente) fácil de entender. Mas existe um aspecto dela que nos confunde de maneira sistemática: não apenas tendemos a comparar as coisas entre si, mas também a nos concentrar na comparação de coisas que são facilmente comparáveis – e evitamos fazer isso quando não podemos compará-las com facilidade.

Este pode ser um pensamento desconcertante, por isso vou dar um exemplo.

Suponha que você queira comprar um imóvel em outra cidade. O corretor o leva para conhecer três casas, e todas lhe interessam. Uma é contemporânea e duas são coloniais. Todas as três têm mais ou menos o mesmo preço. São igualmente desejáveis, e a única diferença é que uma das casas coloniais (o chamariz) precisa de um telhado novo, por isso o proprietário reduziu o preço em alguns milhares de dólares para compensar a despesa adicional.

Então qual delas você escolhe?

As chances são altas de que você *não* escolherá a contemporânea e *não* escolherá a colonial que precisa de um telhado novo, e sim a outra colonial. Por quê? Aqui está o fundamento lógico (que é na verdade meio ilógico): gostamos de tomar decisões baseadas em comparações. No caso das três casas, não sabemos muito sobre a contemporânea (não temos uma segunda casa para comparar com ela), de modo que ela já é excluída de primeira. Mas sabemos que uma das casas coloniais é melhor do que a outra. Ou seja, aquela com o telhado em bom estado é melhor do que a que precisa de um novo. Portanto, chegaremos à conclusão de que ela é melhor em termos gerais e preferiremos a colonial com telhado em bom estado, rejeitando as outras duas.

Para entender melhor como a relatividade funciona, considere a ilustração a seguir:

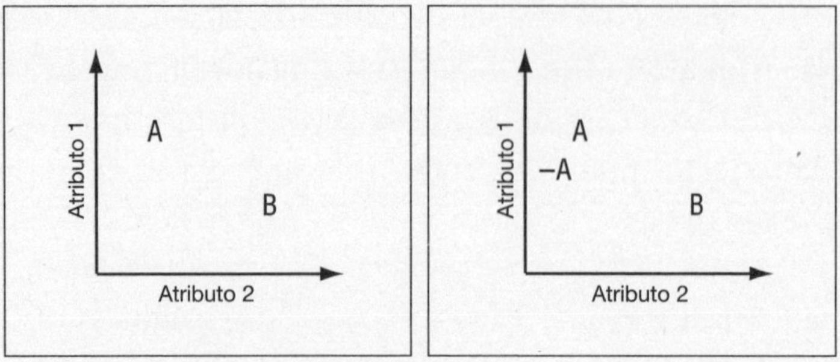

No gráfico da esquerda vemos duas opções, e cada uma se sobressai em um atributo diferente. A opção (A) é melhor no atributo 1 – digamos, qualidade. A opção (B) é melhor no atributo 2 – digamos, beleza. Obviamente são duas opções bem diferentes, e a escolha entre elas não é simples. Agora vejamos o que acontece quando acrescentamos outra opção, chamada (–A) (veja o gráfico da direita). Esta opção é claramente pior do que a opção (A), mas também se assemelha muito a ela, tornando fácil a comparação, além de sugerir que (A) não apenas é melhor do que (–A), mas também melhor do que (B).

Em essência, introduzir (–A), o chamariz, cria uma comparação relativa simples com (A), ou seja, faz (A) parecer melhor não apenas em relação a (–A), mas também no geral. Em consequência, a inclusão de (–A) no conjunto, ainda que nunca seja escolhido, torna as pessoas mais propensas a fazerem de (A) sua escolha final.

Esse processo de seleção soa familiar? Lembra a campanha de venda de assinaturas da revista *The Economist*? Os marqueteiros percebiam que não sabíamos escolher entre uma assinatura da edição digital ou da edição impressa. Mas sacaram que, dentre as três opções, a combinação entre a edição impressa e a digital seria a oferta que escolheríamos.

Eis outro exemplo do efeito chamariz. Suponha que você esteja planejando uma lua de mel na Europa. Já decidiu ir a uma das maiores cidades românticas e reduziu suas opções a Roma e Paris, suas favoritas. O agente de viagens lhe apresenta os pacotes de férias para cada cidade, que incluem passagem aérea, acomodações em hotel, excursões e café da manhã grátis. Qual delas você escolheria?

Para a maioria das pessoas, não é fácil decidir entre uma semana em Roma e uma semana em Paris. Roma tem o Coliseu; Paris, o Louvre.

Ambas têm ambientação romântica, culinária fabulosa e compras elegantes. Não é uma escolha fácil. Mas suponha que oferecessem uma terceira opção: Roma sem café da manhã grátis, que chamarei de -Roma, ou o chamariz.

Se você fosse considerar essas três opções (Paris, Roma, -Roma), imediatamente reconheceria que, enquanto Roma com o café da manhã grátis é quase tão atraente quanto Paris com o café da manhã grátis, a opção inferior, que é Roma sem o café da manhã grátis, é um retrocesso. A comparação entre a opção claramente inferior (-Roma) faz Roma com o café da manhã grátis parecer ainda melhor. Na verdade, -Roma faz Roma com o café da manhã grátis parecer tão boa que você a julga ainda melhor do que a opção difícil de comparar: Paris com o café da manhã grátis.

Uma vez que você vê o efeito chamariz em ação, percebe que ele é o agente secreto em mais decisões do que poderíamos imaginar. Até nos ajuda a decidir quem namorar - e em última análise com quem casar. Vou descrever um experimento que explorou esse tema.

Enquanto estudantes percorriam apressados o MIT em um frio dia letivo, perguntei a alguns se permitiriam que eu tirasse fotos deles para um estudo. Em alguns casos, obtive olhares desaprovadores. Uns poucos estudantes simplesmente foram embora. A maioria ficou contente em participar, e em pouco tempo o cartão de memória de minha câmera digital estava cheio de imagens de estudantes sorridentes. Retornei ao meu gabinete e imprimi 60 delas: 30 de mulheres e 30 de homens.

Na semana seguinte, fiz um pedido incomum a 25 de meus alunos de graduação. Solicitei que combinassem as 30 fotografias de homens e as 30 de mulheres por atratividade física (juntando homens com outros homens e mulheres com outras mulheres). Ou seja, fiz com que combinassem os Brad Pitts e os George Clooneys do MIT, bem como os Woody Allens e os Danny DeVitos (desculpem, Woody e Danny). Daqueles 30 pares, selecionei os seis - três femininos e três masculinos - que meus alunos pareceram concordar serem mais semelhantes.

Em seguida, como o próprio Dr. Frankenstein, manipulei aqueles rostos com meu tratamento especial. Usando o Photoshop, mudei as fotos só um pouquinho, criando uma versão ligeira mas perceptivamente menos atraente de cada um. Descobri que um mínimo movimento do nariz retirava a simetria. Usando outra ferramenta, aumentei um olho, eliminei parte do cabelo e acrescentei traços de acne.

Nenhum relâmpago iluminou meu laboratório, nem se ouviram uivos de mastins na charneca. Ainda assim, foi um bom dia para a ciência. Quando terminei, eu tinha o equivalente do MIT de George Clooney em seu auge (A) e o equivalente do MIT de Brad Pitt em seu auge (B), além de um George Clooney com um olho ligeiramente caído e o nariz mais grosso (–A, o chamariz) e uma versão menos simétrica de Brad Pitt (–B, outro chamariz). Segui o mesmo procedimento para os pares menos atraentes. Obtive o equivalente do MIT de Woody Allen com seu sorriso torto habitual (A) e um Woody Allen com um olho irritantemente deslocado (–A), bem como um Danny DeVito (B) e uma versão ligeiramente desfigurada de Danny DeVito (–B).

Para cada uma das 12 fotografias, eu tinha agora uma versão normal, assim como uma versão chamariz (–) inferior. (Veja na ilustração da página seguinte um exemplo das duas condições usadas no estudo.)

Chegara a hora da parte principal do experimento. Peguei todos os conjuntos de fotos e fui até o grêmio estudantil. Abordando um aluno após outro, pedia que participassem. Quando concordavam, eu entregava uma folha com três fotos (como na ilustração). Alguns deles ficaram com a foto normal (A), o chamariz daquela foto (–A) e outra foto normal (B). Outros ficaram com a foto normal (B), o chamariz daquela foto (–B) e a outra foto normal (A).

Por exemplo, um conjunto poderia incluir um Clooney normal (A), um Clooney chamariz (–A) e um Pitt normal (B); ou um Pitt normal (B), um Pitt chamariz (–B) e um Clooney normal (A). Após escolherem uma folha com fotos masculinas ou femininas, de acordo com suas preferências, pedi que os estudantes traçassem um círculo em torno das pessoas com quem sairiam se pudessem escolher. Tudo aquilo levou algum tempo e, quando terminei, eu havia distribuído 600 folhas.

Qual foi minha motivação nisso tudo? Simplesmente descobrir se a existência da foto distorcida (–A ou –B) induziria meus participantes a escolherem a foto semelhante, mas sem distorção. Em outras palavras, será que um George Clooney menos atraente (–A) induziria os participantes a escolherem o George Clooney perfeito em vez do Brad Pitt perfeito?

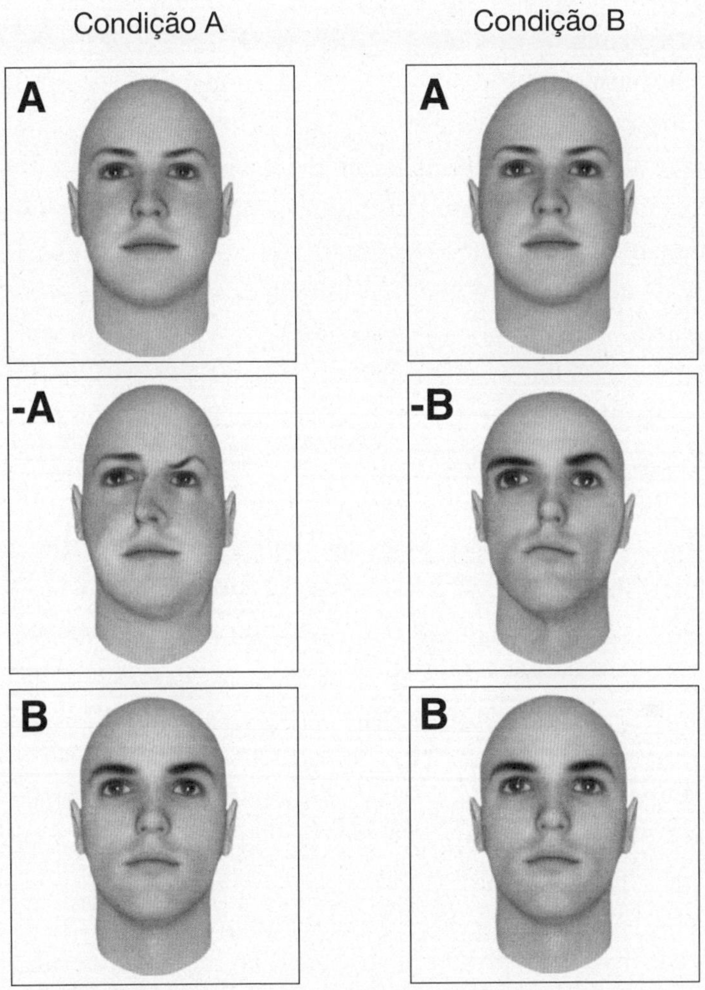

Nota: Para esta ilustração, usei rostos computadorizados, não aqueles dos estudantes do MIT. E, é claro, as letras não apareciam nas folhas originais.

Não havia fotos de Brad Pitt ou George Clooney no experimento. As fotos (A) e (B) mostravam estudantes normais. Mas você lembra como a existência de uma casa em estilo colonial precisando de um telhado novo poderia induzi-lo a escolher uma casa colonial perfeita, em vez de uma casa contemporânea, simplesmente porque o chamariz colonial serviria de comparação para a casa colonial normal? E como, no anúncio da *The Economist*, a opção somente impressa por 125 dólares induziu as pessoas a escolherem a opção combinada de edição impressa e digital por 125 dólares? De forma semelhante, a existência de uma pessoa menos perfeita (-A ou -B) induziria os alunos a escolherem a perfeita (A ou B) simplesmente porque a opção chamariz serviu de comparação?

Foi o que aconteceu. Sempre que eu entregava uma folha com uma foto normal, sua versão inferior e outra foto normal, os participantes diziam que preferiam sair com a pessoa "normal" – aquela que era semelhante, mas claramente superior, à versão distorcida –, em vez da pessoa não distorcida. Isso não foi apenas acaso: aconteceu 75% das vezes.

Para explicar melhor o efeito chamariz, vou contar algo sobre as panificadoras. Quando a Williams-Sonoma lançou pela primeira vez uma máquina de "pão caseiro" (por 275 dólares), a maioria dos consumidores não se interessou. O que era uma máquina de pão caseiro, afinal? Era boa ou ruim? Alguém precisava mesmo de pão feito em casa? Por que não comprar a linda cafeteira ao lado? Intrigado pelas vendas fracas, o fabricante chamou uma empresa de pesquisa de mercado, que sugeriu uma solução: lançar outro modelo que fosse não apenas maior, mas com valor cerca de 50% mais alto do que o da máquina inicial.

Então as vendas começaram a crescer (junto com muitos pães), embora não fosse do modelo maior. Por quê? Simplesmente porque os consumidores passaram a ter dois modelos de panificadoras para escolher. Como um era claramente maior e bem mais caro do que o outro, as pessoas não precisavam decidir a partir do nada. Elas podiam dizer: "Bem, não entendo muito de máquinas de fazer pão, mas sei que, se tivesse que comprar uma, preferiria a menor por menos dinheiro." E foi aí que as máquinas de fazer pão começaram a vender como água.[2]

Já ficou claro como funcionou para as panificadoras. Vamos dar uma olhada no efeito chamariz em uma situação completamente diferente. Suponhamos que você seja solteiro e queira atrair o máximo de potenciais namorados(as) num determinado evento. Meu conselho seria levar alguém parecido com você, mas ao lado de quem você se destaque de alguma forma.

Por quê? Porque as pessoas que você quer atrair terão dificuldade em avaliá-lo sem que haja alguém comparável por perto. Entretanto, se você for comparado com a outra pessoa, o chamariz contribuirá para que você pareça melhor, até mesmo em comparação com todos os outros ao redor. Isso pode parecer irracional (e não é garantido), mas são altas as chances de que você obtenha certa atenção extra.

A relatividade nos ajuda a tomar decisões na vida, mas pode também nos derrubar. Por quê? Porque o ciúme e a inveja brotam da comparação do que nos coube na vida com o que coube aos outros.

Foi por uma boa razão, afinal, que um dos Dez Mandamentos advertiu: "Não cobiçarás a casa do teu próximo. Não cobiçarás a mulher do teu próximo nem o seu servo nem a sua serva nem o seu boi nem o seu jumento nem coisa alguma que pertença ao teu próximo." Este deve ser o mandamento mais difícil de seguir, considerando que, por nossa própria natureza, somos programados para comparar.

A vida moderna torna essa fraqueza ainda mais evidente. Alguns anos atrás, por exemplo, encontrei-me com um alto executivo de uma das maiores empresas de investimento. No decorrer de nossa conversa, ele mencionou que um de seus funcionários o abordara para reclamar do salário.

– Há quanto tempo você está na empresa? – perguntou o executivo ao jovem.

– Três anos. Vim direto da faculdade – foi a resposta.

– E quando você se juntou a nós, quanto esperava estar ganhando depois de três anos?

– Eu esperava estar ganhando uns 100 mil por ano.

O executivo encarou-o, curioso.

– Agora você está ganhando quase 300 mil, então como pode estar reclamando? – perguntou ele.

– Bem – gaguejou o jovem –, é que o pessoal nas mesas ao meu lado não é melhor do que eu e está ganhando 310 mil.

O executivo assentiu.

Um aspecto irônico dessa história é que, em 1993, os regulamentadores federais de valores mobiliários obrigaram as empresas, pela primeira vez, a revelarem detalhes sobre o pagamento e as mordomias de seus altos executivos. A ideia era que, uma vez revelados os pagamentos, os conselhos diretores relutariam em conceder salários e benefícios exagerados a eles. Esperava-se que essa medida acabasse com os aumentos na remuneração dos executivos, algo que nem a regulamentação nem a legislação nem a pressão dos acionistas conseguira parar. E de fato precisava parar: em 1976, o CEO médio ganhava 36 vezes mais do que o trabalhador médio. Em 1993, o CEO médio ganhava 131 vezes mais.

Mas adivinhe o que aconteceu. Uma vez que o valor dos salários se tornou público, a mídia divulgou regularmente matérias especiais classificando os CEOs por pagamento. Em vez de suprimir as mordomias dos executivos, a publicidade fez com que os CEOs americanos comparassem seus pagamentos com os de todos os demais. Em reação, os salários dos executivos dispararam. A tendência foi estimulada por empresas de consultoria de remuneração, que aconselhavam seus clientes CEOs a exigirem aumentos exagerados. O resultado? Agora o CEO médio ganha 369 vezes mais do que o trabalhador médio – cerca de três vezes o salário de antes que a remuneração dos executivos se tornasse pública.

Levando isso em consideração, eu tinha algumas perguntas para o executivo com quem me encontrei.

– O que aconteceria se as informações no seu banco de dados de salários se tornassem conhecidas por toda a empresa?

O executivo me olhou, alarmado.

– Poderíamos superar muitas coisas aqui: *insider trading*, escândalos financeiros e coisas semelhantes. Mas, se todos soubessem dos salários uns dos outros, seria uma verdadeira catástrofe. Todos, menos os indivíduos mais bem remunerados, se sentiriam mal pagos, e eu não me surpreenderia se saíssem à procura de outro emprego.

Não é estranho? Já foi repetidamente demonstrado que a relação entre o montante do salário e a felicidade não é tão forte quanto seria de esperar (na verdade, é até fraca). Estudos revelaram que os países com as pessoas mais "felizes" não estão entre aqueles com a maior renda pessoal. No entanto, vivemos lutando por um salário maior. Grande parte disso pode ser atribuído à pura inveja. Como observou H. L. Mencken, o jornalista, satírico, crítico social, cético e livre-pensador do século XX, a satisfação de um homem com seu salário depende de – você está preparado para isso? – se ele ganha mais do que o marido da sua cunhada. Por que o marido da cunhada? Porque – e tenho a impressão de que a esposa de Mencken o mantinha plenamente informado sobre o salário do marido de sua irmã – esta é uma comparação que é evidente e está prontamente disponível.

Toda essa extravagância no pagamento dos CEOs teve um efeito danoso na sociedade. Em vez de causar vergonha, cada nova afronta na remuneração encoraja outros CEOs a exigirem ainda mais. "No mundo da web", de acordo com uma manchete do *The New York Times*, os "ricos agora invejam os super-ricos".

Em outra notícia, um médico explicou que se graduou em Harvard com o sonho de um dia receber um Prêmio Nobel pelas pesquisas sobre câncer. Aquele era seu objetivo. Aquele era seu sonho. Entretanto, alguns anos depois, ele percebeu que vários de seus colegas vinham ganhando, como consultores de investimentos médicos em empresas de Wall Street, mais do que na medicina. Ele antes estava satisfeito com sua renda, mas, ao ouvir falar dos iates e das casas de campo dos amigos, subitamente se sentiu bem pobre. Dessa forma, tomou outro rumo em sua carreira: o rumo de Wall Street.[3] Vinte anos após a formatura, ele estava ganhando 10 vezes mais do que a maioria dos seus colegas ganhava na medicina. Dá até para imaginá-lo, de pé no meio da reunião de ex-alunos, com um drinque na mão – um grande círculo de influência com círculos menores à sua volta. Ele não ganhou o Prêmio Nobel, mas abdicara de seus sonhos por um salário mais alto, por uma chance de parar de se sentir "pobre". É de admirar que médicos de família, que ganham em média 160 mil dólares anuais, estejam em falta nos Estados Unidos?*

Podemos fazer alguma coisa em relação a esse problema da relatividade?

A boa notícia é que às vezes podemos controlar os "círculos" à nossa volta, aproximando-nos de círculos menores que promovam uma felicidade relativa. Se estamos na reunião da turma da faculdade e existe um "gran-

* Claro que os médicos têm outros problemas também, incluindo formulários de seguro, burocracia e ameaças de processo por erros médicos.

de círculo" no meio do salão vangloriando-se dos altos salários, podemos conscientemente nos afastar um pouco e conversar com outras pessoas. Se estamos pensando em comprar uma casa nova, podemos ser seletivos com as casas que visitamos, evitando aquelas que estão acima de nossos recursos. Se cogitamos comprar um carro novo, podemos nos concentrar nos modelos ao nosso alcance, e assim por diante.

Podemos também mudar nosso foco, do estreito para o amplo. Vou explicar com o exemplo de um estudo realizado por dois pesquisadores brilhantes, Amos Tversky e Daniel Kahneman. Suponha que você tenha duas tarefas para realizar hoje. A primeira é comprar uma caneta nova; a segunda, um terno para o trabalho. Numa papelaria, você acha uma bonita caneta por 25 dólares. Você está disposto a comprá-la quando lembra que a mesma caneta está em oferta por 18 dólares em outra loja a 15 minutos de distância. O que você faria? A maioria das pessoas, diante desse dilema, revela que faria o percurso para poupar os 7 dólares.

Agora a segunda tarefa: comprar o terno. Você encontra um terno risca de giz cinza por 455 dólares e decide comprá-lo, mas aí outro cliente sussurra no seu ouvido que o mesmo terno está em oferta por apenas 448 dólares em outra loja, a 15 minutos de distância. Você faria esse segundo percurso de 15 minutos? Nesse caso, a maioria das pessoas diz que não faria.

Como assim? Quinze minutos do seu tempo valem 7 dólares ou não? Claro que, na verdade, 7 dólares são sempre iguais – não importa como você os conte. A única pergunta que você deveria se fazer é se o percurso e os 15 minutos extras valem os 7 dólares economizados. O preço do produto deveria ser irrelevante, não importando se é 10 dólares ou 10 mil dólares.

Esse é o problema da relatividade: olhamos nossas decisões de forma relativa e as comparamos localmente com a alternativa disponível. Comparamos a vantagem relativa da caneta barata com a cara, e esse contraste deixa óbvio para nós que devemos gastar o tempo extra para economizar 7 dólares. Ao mesmo tempo, a vantagem relativa do terno mais barato é bem pequena, levando-nos a não poupar os mesmos 7 dólares.

Por isso é tão fácil para uma pessoa pagar 200 dólares por uma sopa quando já há uma conta de 5 mil dólares no restaurante; por outro lado, ela recorta cupons para poupar 25 centavos por uma sopa enlatada de 1 dólar.

De maneira similar, é mais fácil gastar 3 mil dólares por assentos de couro extras quando se compra um carro novo de 25 mil, mas dificilmente se gasta a mesma quantia num sofá de couro novo (embora se passe mais tempo no sofá em casa do que no carro).

Contudo, se pensássemos a respeito partindo de uma perspectiva mais ampla, poderíamos avaliar melhor o que é possível fazer com o dinheiro que queremos gastar nos assentos de couro. Seria melhor gastar essa quantia em livros, roupas ou férias? Pensar assim não é fácil, porque julgamentos relativos são a nossa maneira natural de pensar. Você consegue resolver esse problema? Conheço alguém que consegue.

Trata-se de James Hong, um dos fundadores do site de namoro Hot or Not. (James, seu parceiro comercial Jim Young, os professores Leonard Lee e George Loewenstein e eu recentemente realizamos um projeto de pesquisa avaliando como a "atratividade" da própria pessoa afeta sua visão da "atratividade" dos outros.)

Com certeza, James ganhou um monte de dinheiro, e vê ainda mais dinheiro à sua volta. Um de seus bons amigos é o fundador do PayPal, que tem um patrimônio de dezenas de milhões de dólares. Mas Hong sabe como tornar os círculos de comparação menores, não maiores. Para isso, começou substituindo seu Porsche Boxster por um Toyota Prius.[4]

"Não quero viver a vida de um Boxster", contou ele ao *The New York Times*, "porque, quando você obtém um Boxster, deseja ter um 911, e sabe o que as pessoas que têm um 911 gostariam de ter? Uma Ferrari."

Esta é uma lição que todos podemos aprender: quanto mais temos, mais queremos. E a única cura é romper o círculo da relatividade.

Reflexões sobre namoro e relatividade

Neste capítulo sobre relatividade, ofereci alguns conselhos a respeito de namoro. Devido à natureza relativa dos julgamentos, os outros avaliam você com base em outras pessoas no mesmo local. Pela mesma lógica, se alguém o convida para ser seu "copiloto", você pode facilmente descobrir o que tal amigo pensa de você. Aliás, esqueci de incluir um alerta importante que é uma cortesia da filha de um colega meu do MIT.

"Susan" era uma estudante de graduação em Cornell que me escreveu contando que estava encantada com meu truque e que funcionara maravilhosamente. Depois que encontrou o chamariz ideal, sua vida social melhorou. Mas algumas semanas depois ela voltou a escrever contando que foi a uma festa e tomou uns drinques. Por algum motivo, decidiu contar à amiga por que a convidava para acompanhá-la por toda parte. É claro que a amiga ficou chateada, e a história não terminou bem.

A moral da história? Jamais conte ao amigo por que o convidou.

Reflexões sobre viagens e relatividade

Quando *Previsivelmente irracional* foi lançado, parti numa excursão de divulgação do livro que durou seis semanas. Viajei de um aeroporto a outro, de uma cidade a outra, de uma estação de rádio a outra, conversando com repórteres e leitores pelo que pareceram dias sem fim, não me envolvendo em nenhum tipo de discussão pessoal. Cada conversa era breve, "objetiva", concentrada na minha pesquisa. Não havia tempo para aproveitar uma xícara de café ou uma cerveja com nenhuma das pessoas maravilhosas que encontrei.

Quase no fim da excursão, achava-me em Barcelona. Ali conheci Jon, um turista americano que, como eu, não falava nada de espanhol. Ficamos amigos imediatamente. Imagino que esse tipo de vínculo seja comum entre viajantes do mesmo país que estão longe de casa e se veem trocando observações sobre como diferem da população local. Jon e eu acabamos tendo um jantar maravilhoso e uma discussão profundamente pessoal. Ele me contou coisas que parecia nunca ter compartilhado com ninguém, e fiz o mesmo. Houve uma proximidade incomum entre nós, como se fôssemos irmãos que não nos víamos havia muito tempo. Ficamos acordados até tarde conversando, mas chegou a hora de dormir. Não teríamos chance de nos encontrar de novo antes de seguirmos viagem para destinos diferentes na manhã seguinte, por isso trocamos nossos endereços de e-mail. Aquilo foi um erro.

Cerca de seis meses depois, Jon e eu voltamos a nos encontrar para um almoço em Nova York. Dessa vez, foi difícil descobrir por que senti tanta ligação com ele, e sem dúvida ele sentiu o mesmo. Tivemos um almoço perfeitamente amigável e interessante, mas faltou a intensidade do primeiro encontro e eu saí de lá querendo entender por quê.

Acredito que eu tenha sido vítima dos efeitos da relatividade. Quando Jon e eu nos encontramos pela primeira vez, todos à nossa volta eram espanhóis e, como forasteiros, éramos a melhor alternativa de amizade um para o outro. Mas, depois que voltamos para nossa querida família e nossos amigos americanos, a base de comparação mudou para o modo "normal". Nessa situação, ficou difícil entender por que Jon ou eu iríamos querer passar outra noite na companhia um do outro, e não com aqueles que amamos.

Meu conselho? Entenda que a relatividade está por toda parte e que vemos tudo por suas lentes. Quando você conhece alguém em um país ou uma cidade diferente e parece que vocês têm uma conexão mágica, perceba que o encantamento pode estar limitado às circunstâncias. Essa percepção pode impedir um desencanto subsequente.

2

A FALÁCIA DA OFERTA E DA DEMANDA

Por que o preço das pérolas
– e de todo o resto – está nas alturas

No início da Segunda Guerra Mundial, um comerciante de diamantes italiano, James Assael, fugiu da Europa para Cuba. Ali, encontrou um novo meio de vida: o Exército americano precisava de relógios à prova d'água, e Assael, mediante seus contatos na Suíça, conseguiu suprir a demanda.

Com o fim da guerra, o acordo de Assael com o governo americano acabou, e ele ficou com milhares de relógios suíços encalhados. Os japoneses precisavam de relógios, mas não tinham dinheiro. Porém, tinham pérolas – milhares delas. Em pouco tempo, Assael ensinara seu filho a trocar relógios suíços por pérolas japonesas. O negócio floresceu e, pouco depois, o filho, Salvador Assael, tornou-se conhecido como o "rei das pérolas".

Certo dia, em 1973, o rei das pérolas atracara seu iate em Saint-Tropez, quando um ousado jovem francês, Jean-Claude Brouillet, subiu a bordo, vindo de um iate ao lado. Ele acabara de vender sua empresa de frete aéreo e, com o dinheiro, comprara um atol na Polinésia francesa – um paraíso de lagoas azuis para si e sua jovem esposa taitiana. Brouillet explicou que suas águas turquesa estavam cheias de ostras-dos-lábios-negros, *Pinctada margaritifera*. E dos lábios negros daquelas ostras saía algo notável: pérolas pretas.

Naquela época, não existia um mercado para as pérolas pretas taitianas, portanto havia pouca demanda. Mas Brouillet persuadiu Assael a entrar no negócio com ele. Juntos, coletariam pérolas pretas e as venderiam para o mundo. De início, os esforços de venda de Assael falharam. As pérolas eram cinza como liga metálica, com o tamanho de balas de mosquete, e ele retornou à Polinésia sem vender uma sequer. Assael poderia ter descartado as pérolas ou as vendido para uma loja a um preço baixo. Poderia ter tentado empurrá-las para os consumidores junto com pérolas brancas. Em vez disso, esperou um ano, até que a operação produzisse espécimes melhores, e as levou a um velho amigo, Harry Winston, o lendário comerciante de joias. Winston concordou em exibi-las em sua vitrine na Quinta Avenida, com um preço absurdo. Assael, nesse ínterim, encomendou um anúncio de página inteira que apareceu nas revistas mais sofisticadas. Ali, um colar de pérolas pretas taitianas brilhou, em meio a um grupo de diamantes, rubis e esmeraldas.

As pérolas, que pouco antes se restringiam a um grupo de ostras-de-lábios-negros pendendo de uma corda no mar da Polinésia, logo desfilavam por Manhattan no pescoço das socialites mais prósperas da cidade. Assael transformara um produto de valor duvidoso em algo fabulosamente refinado. Ou, como Mark Twain certa vez observou sobre Tom Sawyer: "Tom havia descoberto uma grande lei da ação humana: para fazer um homem cobiçar algo, basta tornar esse algo difícil de obter."

Como o rei das pérolas conseguiu isso? Como persuadiu a nata da sociedade americana a se apaixonar pelas pérolas pretas taitianas – e a pagar regiamente por elas? Para responder a essa pergunta, preciso explicar algo sobre filhotes de ganso.

Algumas décadas atrás, o naturalista Konrad Lorenz descobriu que os pequenos gansos, após irromperem de seus ovos, apegam-se ao primeiro objeto movente que encontram (que em geral é sua mãe). Lorenz soube disso porque, num dos experimentos, os filhotes o viram primeiro e o seguiram fielmente dali em diante, até a adolescência. Dessa maneira, ele demonstrou não apenas que os filhotes de ganso tomam decisões iniciais baseados no que está disponível em seu ambiente, mas que se atêm a uma decisão que já foi tomada. Lorenz chamou esse fenômeno natural de cunhagem (*imprinting*).

O cérebro humano, então, está programado como o de um filhote de ganso? Nossas primeiras impressões e decisões ficam cunhadas? Em caso positivo, como essa cunhagem se manifesta? Quando encontramos um produto novo, por exemplo, aceitamos o primeiro preço que aparece? E, o mais importante, esse preço (que no jargão acadêmico chamamos de âncora) tem um efeito de longo prazo em nossa disposição de pagar pelo produto?

Parece que o que é bom para os gansos é bom para os humanos também. Isso inclui a ancoragem. Desde o princípio, por exemplo, Assael "ancorou" suas pérolas às joias mais refinadas do mundo – e os preços acompanharam a âncora. De forma semelhante, uma vez que compramos um produto novo a um preço específico, ficamos ancorados àquele preço. Mas como exatamente isso funciona? Por que aceitamos âncoras?

Considere o seguinte: se eu perguntasse a uma pessoa os dois últimos dígitos de sua inscrição na Previdência Social (os meus são 79), depois perguntasse se ela pagaria este número em dólares (79 dólares, no meu caso) por certa garrafa de Côtes du Rhône 1998, a mera sugestão desse número influenciaria quanto ela estaria disposta a gastar no vinho? Parece absurdo, certo? Bem, espere até ver o que aconteceu com um grupo de estudantes de MBA do MIT alguns anos atrás.

"Aqui temos um bom Côtes du Rhône Jaboulet Parallel", disse Drazen Prelec, professor da Sloan School of Management do MIT, ao erguer uma garrafa com admiração. "É de 1998."

Estavam sentados à sua frente 55 alunos de pesquisa de mercado. Naquele dia, Drazen, George Loewenstein (professor da Universidade Carnegie Mellon) e eu pediríamos aos futuros profissionais de marketing que escrevessem os dois últimos dígitos de sua inscrição na Previdência Social e nos dissessem se pagariam aquele montante por uma série de produtos, entre os quais a garrafa de vinho. Depois, pediríamos que de fato dessem lances para aqueles produtos num leilão.

O que estávamos tentando provar? A existência do que chamamos de *coerência arbitrária*. A ideia básica é esta: embora os preços iniciais (como o preço das pérolas de Assael) sejam "arbitrários", uma vez arraigados na mente, moldarão não apenas os preços atuais, mas também os futuros (o que os torna "coerentes"). Assim, pensar no número de inscrição na Previdência Social seria suficiente para criar uma âncora? E essa âncora inicial teria uma influência de longo prazo? Era o que queríamos ver.

"Para aqueles que não entendem muito de vinhos", continuou Drazen, "esta garrafa recebeu 86 pontos da *Wine Spectator*. Tem gosto de fruta vermelha, moca e chocolate preto. De corpo e intensidade médios e um vermelho bem balanceado, é uma bebida deliciosa."

Drazen ergueu outra garrafa. Era um Hermitage Jaboulet La Chapelle 1996, que recebera 92 pontos da revista *Wine Advocate*. "O melhor La Chapelle desde 1990", entoou Drazen, enquanto os alunos erguiam o olhar, curiosos. "Somente 8.100 caixas produzidas..."

Um por um, Drazen exibiu outros quatro itens: um mouse com *trackball* sem fio (TrackMan Marble FX da Logitech), um teclado e um mouse sem fio (iTouch da Logitech), um livro de artes gráficas (*The Perfect Package: How to Add Value through Graphic Design*) e uma caixa de 450 gramas de chocolates belgas da Neuhaus.

Drazen distribuiu formulários que listavam todos os itens. "Agora, anotem os dois últimos dígitos de sua inscrição na Previdência Social no alto da página", instruiu. "Depois, anotem esses dígitos de novo ao lado de cada item, em forma de preço. Por exemplo, se os dois últimos dígitos forem 23, anotem 23 dólares."

"Quando terminarem", acrescentou ele, "quero que indiquem em suas folhas, com sim ou não, se pagariam essa quantia por cada um dos produtos."

Depois, Drazen pediu que os estudantes anotassem o preço máximo que estavam dispostos a pagar por cada um dos produtos (seus lances). Eles me entregaram as folhas, digitei suas respostas no meu notebook e anunciei os vencedores. Um a um, os estudantes que tinham dado o maior lance por cada produto vinham à frente, pagavam pelo produto* e o levavam consigo.

* O preço pago pelo autor do maior lance não se baseava no seu próprio lance, mas no segundo lance mais alto. Trata-se de um leilão pelo segundo preço. William Vickrey recebeu o Prêmio Nobel de Economia por demonstrar que esse tipo de leilão cria as melhores condições para as pessoas darem como lance a quantia

Os estudantes adoraram aquele exercício, mas, quando perguntei se achavam que anotar os dois últimos dígitos da inscrição na Previdência Social influenciara seus lances finais, logo descartaram minha insinuação. De jeito nenhum!

Quando voltei ao meu gabinete, analisei os dados. Os dígitos das inscrições serviram de âncora? Por incrível que pareça, sim: os estudantes com os dígitos mais altos (de 80 a 99) deram os maiores lances, enquanto aqueles com os dígitos mais baixos (1 a 20) deram os menores. Os 20% maiores, por exemplo, deram um lance médio de 56 dólares pelo teclado sem fio; os 20% menores deram um lance médio de 16 dólares. No fim, era visível que os estudantes cujas inscrições terminavam nos 20% superiores deram lances que foram de 216% a 346% maiores do que os estudantes cujas inscrições terminavam nos 20% inferiores (veja tabela na página 43).

Isso não significa que esses estudantes sempre vão agir assim. As inscrições da Previdência Social foram a âncora naquele experimento apenas porque as solicitamos. Poderíamos, da mesma forma, ter medido a temperatura da pessoa ou fornecido o preço de tabela do produto. Na verdade, qualquer pergunta teria criado a âncora. Isso parece racional? Claro que não. Mas é assim que somos – filhotes de ganso, afinal.*

Os dados tiveram outro aspecto interessante. Embora a disposição de pagar por aqueles itens fosse arbitrária, houve também um aspecto lógico, coerente. Quando examinamos os lances para os dois pares de itens relacionados (os dois vinhos e os dois acessórios para computador), seus preços relativos pareceram incrivelmente lógicos. Todos estavam dispostos a pagar mais pelo teclado do que pelo mouse com *trackball* – e também a pagar mais pelo Hermitage 1996 do que pelo Côtes du Rhône 1998. Isso significa que, uma vez que os participantes estejam dispostos a pagar certo preço por um produto, sua disposição de pagar por outros itens na mesma categoria de produto foi julgada em relação àquele primeiro preço (a âncora).

---

máxima que estão dispostas a pagar por cada item (esta também é a lógica geral por trás do sistema de leilões no eBay).

* Quando testei esse tipo de experimento em executivos e gerentes (no Programa de Educação de Executivos do MIT), tive o mesmo sucesso ao fazer com que os dígitos finais deles influenciassem os preços que estavam dispostos a pagar por chocolates, livros e outros produtos.

Preços médios pagos pelos diferentes produtos para cada um dos cinco grupos de dígitos finais das inscrições na Previdência Social e as correlações entre esses dígitos e os lances submetidos no leilão:

	Faixa dos dois últimos dígitos da inscrição na Previdência Social					
Produtos	**00–19**	**20–39**	**40–59**	**60–79**	**80–99**	**Correlações***
Mouse com *trackball* sem fio	$8,64	$11,82	$13,45	$21,18	$26,18	0,42
Teclado sem fio	$16,09	$26,82	$29,27	$34,55	$55,64	0,52
Livro de artes gráficas	$12,82	$16,18	$15,82	$19,27	$30,00	0,32
Chocolates Neuhaus	$9,55	$10,64	$12,45	$13,27	$20,64	0,42
Côtes du Rhône 1998	$8,64	$14,45	$12,55	$15,45	$27,91	0,33
Hermitage 1996	$11,73	$22,45	$18,09	$24,55	$37,55	0,33

* Correlação é uma medida estatística que relaciona o movimento de duas variáveis. A faixa de correlações possíveis está entre -1 e +1, em que a correlação 0 significa que a mudança do valor de uma variável não tem efeito na mudança do valor de outra variável.

É o que chamamos de coerência arbitrária. Os preços iniciais são em grande parte "arbitrários" e podem ser influenciados por respostas a perguntas aleatórias. Mas, uma vez fixados na nossa mente, moldam não apenas o que estamos dispostos a pagar por um item, mas também quanto estamos dispostos a pagar por um produto afim (tornando-se, assim, coerentes).

Preciso acrescentar um esclarecimento importante à história que acabei de contar. Na vida, somos bombardeados por preços. Vemos o preço de tabela de carros, cortadores de grama e cafeteiras. Ouvimos a conversa do corretor de imóveis sobre os preços locais das casas. Mas as etiquetas de preço por si sós não são necessariamente âncoras. Tornam-se âncoras quando cogitamos comprar um produto ou serviço por aquele preço específico. Só então a cunhagem entra em ação. Dali em diante, estamos dispostos a aceitar uma faixa de preços – mas, como no puxão de uma corda elástica, sempre voltamos à âncora original. Assim, a primeira âncora influencia não apenas a decisão de compra imediata, mas muitas outras que se seguem.

Considere uma televisão LCD de alta definição de 57 polegadas por 3 mil dólares, por exemplo. A etiqueta de preço não é a âncora. Se decidimos comprá-la (ou seriamente cogitamos comprá-la) àquele preço, a decisão torna-se nossa âncora em termos de TVs LCD. É nosso ponto de referência, e dali em diante – quer saiamos para comprar outro televisor ou meramente tenhamos uma conversa num churrasco de fundo de quintal – todas as outras TVs de alta definição são julgadas em relação àquele preço.

A ancoragem influencia todos os tipos de compra. Uri Simonsohn (professor da Universidade da Pensilvânia) e George Loewenstein, por exemplo, constataram que pessoas que se mudam para outra cidade geralmente ficam ancoradas aos preços que pagavam pela moradia na cidade que deixaram. Em seu estudo, descobriram que, ao passar de mercados baratos (digamos, Lubbock, no Texas) a cidades de preços moderados (digamos, Pittsburgh), as pessoas não aumentam seus gastos para se adaptar ao mercado novo.* Em vez disso, elas gastam uma quantia similar à qual já estavam acostumadas, ainda que isso signifique ter que espremer a família em casas menores e menos confortáveis. De maneira semelhante, pessoas oriundas de cidades mais caras investem em sua nova moradia os mesmos dólares que no passado. Pessoas que se mudam de Los Angeles para Pittsburgh, em outras palavras, em geral não reduzem muito seus gastos ao chegarem lá: elas gastam uma quantia similar à que gastavam em Los Angeles.

Parece que nos acostumamos com as particularidades de nossos mercados imobiliários e não mudamos prontamente. A única forma de sair dessa armadilha é alugar uma casa no novo lugar por mais ou menos um ano. Assim, ajustamo-nos ao novo ambiente e, após um tempo, somos capazes de fazer uma compra alinhada com o mercado local.

Nós nos ancoramos aos preços iniciais. Mas será que saltamos de uma etiqueta de preço para outra, mudando constantemente nossa disposição em pagar? Ou a primeira âncora que encontramos se torna nossa âncora por um longo tempo e para muitas decisões? Para responder a essa per-

* O resultado não foi devido a riqueza, impostos ou outros motivos financeiros.

gunta, decidimos realizar outro experimento, no qual tentamos atrair os participantes para novas âncoras.

Para esse experimento, chamamos estudantes de graduação e de pós-graduação e alguns banqueiros que foram ao campus recrutar funcionários novos para suas empresas. Uma vez iniciado o experimento, apresentamos aos participantes três sons diferentes e, após cada um, perguntamos se gostariam de receber certa quantia em dinheiro (que serviu de âncora de preço) para ouvi-lo de novo. Um deles foi um som agudo de 3 mil hertz por 30 segundos, algo como alguém berrando com voz estridente. Outro foi um ruído de espectro total por 30 segundos (também chamado de ruído branco), que se assemelha ao ruído da TV quando não há recepção. O terceiro foi uma oscilação de 30 segundos entre sons agudos e graves. (Não sei se os banqueiros tinham plena consciência do que iam experimentar, mas talvez até esses sons irritantes fossem algo menos irritante do que falar sobre investimentos.)

Usamos sons porque não existe um mercado para eles (assim, os participantes não podiam usar um preço de mercado para determinar o valor daqueles sons). Usamos sons irritantes especificamente porque ninguém gosta deles (se tivéssemos usado música clássica, alguns teriam gostado mais do que outros). Criei centenas deles e escolhi esses três por serem, em minha opinião, igualmente irritantes.

Colocamos os participantes diante de monitores no laboratório e pedimos que pusessem fones de ouvido.

Quando a sala se aquietou, o primeiro grupo viu esta mensagem surgir na tela: “Em poucos segundos, vamos tocar um som desagradável no seu fone. Estamos interessados em saber quão irritante é para você. Logo após ouvir o som, vamos perguntar se, hipoteticamente, você estaria disposto a repetir o experimento em troca de 10 centavos.” O segundo grupo recebeu a mesma mensagem, mas com uma oferta de 90 centavos em vez de 10 centavos.

Os preços de âncora fariam alguma diferença? Para descobrir, ligamos o som – nesse caso, o guincho irritante de 30 segundos e 3 mil hertz. Alguns dos participantes fizeram uma careta. Outros reviraram os olhos.

Quando os guinchos terminaram, cada participante foi apresentado à pergunta de ancoragem. Após responderem, foi pedido que eles indicassem o preço mínimo que exigiriam para ouvir o som de novo. Aquela decisão era real, por sinal, já que determinaria se ouviriam o som novamente – e seriam pagos para isso.*

Logo depois que eles informaram seus preços, souberam do resultado. Os participantes cujos preços foram baixos o suficiente "ganharam" o som, tiveram a oportunidade (desagradável) de ouvi-lo de novo e foram pagos para isso. Os participantes cujos preços foram altos demais não ouviram o som e não foram pagos por aquela parte do experimento.

Qual foi o objetivo disso? Queríamos descobrir se os primeiros preços sugeridos (10 ou 90 centavos) serviriam de âncora. E de fato serviram. Aqueles que primeiro enfrentaram a decisão hipotética sobre ouvir o som por 10 centavos exigiram bem menos dinheiro para ouvir o som de novo (33 centavos, em média) do que aqueles que primeiro enfrentaram a decisão hipotética sobre ouvir o som por 90 centavos. Este segundo grupo exigiu mais do que o dobro de remuneração (73 centavos, em média) pela mesma experiência irritante. Está vendo a diferença que o preço sugerido fez?

Mas esse foi apenas o início da exploração. Queríamos saber também quão influente seria a âncora em decisões futuras. Suponhamos que déssemos aos participantes uma oportunidade de abandonar essa âncora e ir atrás de outra. Eles fariam isso? Eles nadariam pela lagoa conforme a cunhagem original e depois, no meio do caminho, passariam a ser fiéis a uma nova mãe gansa? No caso dos gansos, acho que você sabe que eles se manteriam com a mãe original. E quanto aos seres humanos? As duas fases seguintes do experimento permitiriam que respondêssemos a essas perguntas.

Na segunda fase, pegamos participantes dos grupos anteriores de 10 e de 90 centavos e os submetemos a 30 segundos de um ruído branco sibilante. "Hipoteticamente, você ouviria este som de novo por 50 centavos?",

* Para assegurar que os lances obtidos fossem de fato os preços mais baixos pelos quais os participantes ouviriam os sons irritantes, usamos o procedimento de Becker-DeGroot-Marschak. É um procedimento semelhante ao de leilões, em que cada participante faz um lance contra um preço aleatoriamente sorteado por um computador.

perguntamos no fim. Os participantes apertaram um botão no computador para indicar sim ou não.

"Ok, *quanto* você precisaria receber por isso, no mínimo?", perguntamos. Eles digitaram seu preço mais baixo, o computador fez seu serviço e, dependendo de seus lances, alguns ouviram o som de novo e foram pagos, enquanto outros não. Quando comparamos os preços, o grupo dos 10 centavos fez lances bem menores do que o grupo dos 90 centavos. Isso significa que, embora os dois grupos tivessem sido igualmente expostos aos 50 centavos sugeridos, a primeira âncora nessa categoria de som irritante (que foi de 10 centavos para alguns e 90 centavos para outros) predominou como reação à pergunta de ancoragem focal ("Hipoteticamente, você ouviria este som de novo por 50 centavos?").

Por quê? Talvez os participantes do grupo dos 10 centavos tenham pensado em algo como: "Bem, ouvi antes aquele som irritante por uma quantia baixa. Este som não é muito diferente. Assim, se eu pedi uma quantia baixa pelo anterior, acho que poderia suportar este som por mais ou menos o mesmo preço." Os que estavam no grupo dos 90 centavos usaram o mesmo tipo de lógica, mas, como seu ponto de partida foi diferente, o ponto de chegada também foi. Esses indivíduos disseram a si mesmos: "Bem, ouvi antes aquele som irritante por uma quantia alta. Este som não é muito diferente. Assim, se eu pedi uma quantia alta pelo anterior, acho que poderia suportar este som por mais ou menos o mesmo preço." De fato, o efeito da primeira âncora se manteve, ou seja, as âncoras têm efeito duradouro para os preços atuais, bem como para os preços futuros.

Na terceira etapa desse experimento, pedimos que nossos participantes ouvissem o som oscilante, cujo volume aumentava e diminuía, por 30 segundos. Perguntamos ao nosso grupo de 10 centavos: "Hipoteticamente, você ouviria este som de novo por 90 centavos?" Depois, perguntamos ao grupo dos 90 centavos: "Você ouviria este som de novo por 10 centavos?" Ao trocar nossas âncoras, veríamos agora qual delas, a âncora local ou a primeira âncora, exerceria mais influência.

De novo, os participantes indicaram sim ou não. Depois pedimos que dessem lances reais: "Quanto você pediria para ouvir isto de novo?" Àquela altura, eles tinham um histórico com três âncoras: a primeira encontrada no experimento (10 ou 90 centavos), a segunda (50 centavos) e a mais recente (90 ou 10 centavos, respectivamente). Qual delas teria mais influência sobre o preço que pediriam para ouvir o som?

De novo, foi como se a mente dos participantes lhes dissesse: "Se eu ouvi o primeiro som por *x* centavos e ouvi o segundo som por *x* centavos, então com certeza posso ouvir este por *x* centavos também!" E foi o que fizeram. Aqueles que depararam primeiro com a âncora de 10 centavos aceitaram preços baixos, mesmo após 90 centavos serem sugeridos como âncora. Por outro lado, aqueles que depararam primeiro com a âncora de 90 centavos continuaram pedindo preços mais altos, independentemente das âncoras subsequentes.

O que isso mostra? Que nossas primeiras decisões repercutem por uma longa sequência de decisões. As primeiras impressões são importantes, quer envolvam lembrar que nosso primeiro aparelho de DVD custou bem mais do que custam atualmente (e perceber que, em comparação, os preços atuais são uma pechincha) ou lembrar que o galão de gasolina já custou 1 dólar, o que torna cada ida ao posto para abastecer uma experiência dolorosa. Em todos esses casos, as âncoras aleatórias, e não tão aleatórias assim, que encontramos ao longo do caminho e nos influenciaram permanecem conosco bem depois da decisão inicial.

Agora que sabemos que nos comportamos como filhotes de ganso, é importante entender o processo pelo qual nossas primeiras decisões se convertem em hábitos de longo prazo. Para ilustrar esse processo, vejamos um exemplo. Você está passando por um restaurante e vê duas pessoas na fila aguardando para entrar. "Deve ser um bom restaurante", você pensa. "As pessoas estão esperando na fila." Assim, você se posta atrás delas. Mais alguém passa por lá, vê três pessoas na fila e pensa: "Este deve ser um restaurante fantástico", e se junta à fila. Outros chegam. Chamamos isso de comportamento de manada. Acontece quando supomos que algo é bom (ou ruim) com base no comportamento de outra pessoa, e nossas próprias ações seguem o exemplo.

Mas existe outro tipo de comportamento de manada, que chamamos de comportamento de automanada. Acontece quando acreditamos que algo é bom (ou ruim) com base em nosso próprio comportamento anterior. Essencialmente, uma vez que nos tornamos a primeira pessoa na fila do restaurante, começamos a nos enfileirar atrás de nós mesmos em experiências subsequentes. Faz sentido? Vou explicar.

Recorde sua primeira ida à Starbucks, talvez anos atrás. (Suponho que quase todos tiveram essa experiência, já que a Starbucks está por toda parte.) Você está sonolento e precisa desesperadamente de um reforço energético líquido ao sair para resolver algo em uma tarde. Olha pelas vitrines da Starbucks e entra. Os preços do café são chocantes – você vem tomando essa bebida alegremente em lanchonetes há anos. Mas, como já entrou lá e agora está curioso sobre o gosto que o café tem a esse preço, você se surpreende: compra um cafezinho, curte o sabor e seu efeito, e sai da loja.

Na semana seguinte, passa de novo pela Starbucks. É melhor entrar? O processo de tomada de decisões ideal deveria levar em conta a qualidade do café (Starbucks *versus* uma lanchonete qualquer), os preços nos dois locais e, é claro, o custo (ou valor) de andar mais uns quarteirões para chegar a uma lanchonete. Trata-se de um cálculo complexo – em vez disso, você recorre à abordagem simples: "Fui à Starbucks antes, me senti bem e gostei do café, então essa deve ser uma boa decisão para mim." Portanto, você entra e pede outro cafezinho.

Ao fazer isso, você se tornou a segunda pessoa da fila, postado atrás de si mesmo. Alguns dias depois, volta a passar pela Starbucks e dessa vez recorda vividamente suas decisões passadas e age com base nelas. Eis que você se torna a terceira pessoa da fila, de pé atrás de si mesmo. Com o passar das semanas, você volta a entrar e, a cada vez, sente mais fortemente que está agindo com base nas suas preferências. Comprar café na Starbucks tornou-se um hábito.

Mas a história não termina aqui. Agora que você se acostumou a pagar mais pelo café e se alçou a uma nova curva de consumo, outras mudanças também se tornam mais simples. Talvez você troque o copo pequeno pelo grande ou mesmo pelo de 600 mililitros, que é o dobro do valor. Embora você não entenda como entrou nessa faixa de preços originalmente, mudar para um café maior por um preço relativamente mais alto parece bem lógico. Isso também se aplica a uma mudança lateral para outras ofertas da Starbucks: Caffè Americano, Caffè Misto, Macchiato e Frappuccino, por exemplo.

Se você parasse para pensar a respeito, a escolha entre gastar todo esse dinheiro na Starbucks em vez de obter um café mais barato em uma lanchonete qualquer ou mesmo um café grátis no escritório não seria evidente. Mas você não pensa mais nesses dilemas. Já tomou essa decisão várias vezes no passado, de modo que agora supõe que é assim que quer gastar seu dinheiro. Você se tornou sua própria manada – ficando na fila atrás de sua experiência inicial na Starbucks – e agora faz parte da multidão.

No entanto, existe algo de estranho nessa história. Se a ancoragem se baseia em nossas decisões iniciais, como a Starbucks se tornou uma decisão inicial? Em outras palavras, se antes estávamos ancorados ao preço de lanchonetes baratas, como mudamos nossa âncora para a Starbucks? É aí que a coisa fica de fato interessante.

Quando Howard Shultz criou a Starbucks, era um homem de negócios tão intuitivo quanto Salvador Assael. Ele se esforçou ao máximo para distinguir sua empresa das outras cafeterias, não pelo preço, mas pela ambientação. Assim, projetou a Starbucks desde o início para dar a sensação de uma cafeteria europeia.

Nas primeiras lojas, sentia-se o perfume de grãos torrados (e de melhor qualidade do que os de uma lanchonete qualquer). Lá, eram vendidas elegantes prensas para café. As vitrines apresentavam lanches atraentes: croissants de amêndoas, biscoitos tipo italiano, tortinhas de creme de framboesa, entre outros. Enquanto lanchonetes tradicionais vendiam cafés pequenos, médios e grandes, a Starbucks oferecia Short, Tall, Grande e Venti, bem como bebidas com nomes sofisticados como Caffè Americano, Caffè Misto, Macchiato e Frappuccino. A Starbucks fez todo o possível para dar à experiência uma sensação diferente – tão diferente que não usaríamos os preços de uma lanchonete qualquer como âncora, mas nos abriríamos para uma âncora nova que a Starbucks vinha preparando para nós. E foi assim, em grande parte, que a franquia teve sucesso.

George, Drazen e eu ficamos tão empolgados com os experimentos de coerência arbitrária que decidimos levar a ideia um passo à frente. Dessa vez, tínhamos um aspecto diferente para explorar.

Você lembra que, em *As aventuras de Tom Sawyer*, Tom transformou a tarefa de pintar a cerca de tia Polly num exercício de manipulação dos amigos? Ele aplicou a tinta com prazer, fingindo gostar da atividade. "Vocês chamam isto de trabalho?", indagou aos amigos. "Não é todos os dias que meninos como nós têm a chance de pintar uma cerca." Dotados dessa "informação" nova, os amigos descobriram quão prazeroso era pintar uma cerca. Em pouco tempo, os amigos de Tom não apenas estavam pagando pelo privilégio, mas gostando realmente da tarefa – um resultado em que todos saíram ganhando, se é que isso é possível.

Da nossa perspectiva, Tom transformou uma experiência negativa em outra positiva – ele transformou uma situação que exigia remuneração em outra na qual as pessoas (os amigos de Tom) pagariam para entrar na diversão. Poderíamos fazer o mesmo? Resolvemos tentar.

Um dia, para a surpresa dos meus alunos, abri a aula sobre psicologia gerencial com uma seleção poética, uns versos de *Folhas de relva*, de Walt Whitman:

Quem quer que você seja, segurando agora minha mão,
Sem uma coisa tudo será inútil,
Eu lhe dou um aviso honesto antes que você me tente mais,
Não sou o que você supôs, mas bem diferente.
Quem é aquele que se tornaria meu seguidor?
Quem se alistaria como candidato aos meus afetos?
O caminho é suspeito, o resultado incerto, talvez destrutivo,
Você teria que abandonar todo o resto, somente eu esperaria ser o seu único e exclusivo padrão,
Seu noviciado seria mesmo então longo e exaustivo,

Toda a teoria antiga de sua vida e toda a conformidade às vidas ao seu redor teriam que ser abandonadas,
Por isso solte-me agora, antes de se perturbar ainda mais, tire a mão dos meus ombros,
Largue-me e siga o seu caminho.

Após fechar o livro, eu disse aos alunos que faria três leituras do poema naquela noite de sexta-feira: uma curta, uma média e outra longa. Como o espaço era limitado, informei que havia decidido fazer um leilão para definir quem poderia assistir. Entreguei folhas de papel para que pudessem dar lances por um lugar no evento. Mas, antes disso, eu tinha uma pergunta para eles.

Pedi à metade dos alunos que anotasse se, hipoteticamente, estaria disposta a me pagar 10 dólares por uma declamação de poesia de 10 minutos. À outra metade, pedi que anotasse se, hipoteticamente, estaria disposta a me ouvir recitando poesias por 10 minutos se eu lhe pagasse 10 dólares.

Essa, claro, era minha âncora. Em seguida, pedi aos alunos que dessem um lance por um lugar na minha declamação de poesia. Você acha que a âncora inicial influenciou os lances seguintes?

Antes que eu lhe conte, considere dois fatos. Primeiro, minhas habilidades de declamação não são grande coisa. Assim, pedir a alguém que me pagasse para fazer isso por 10 minutos poderia ser considerado um desafio. Segundo, embora eu perguntasse à metade dos alunos se me pagaria pelo privilégio de assistir à minha declamação, o lance não precisaria ser assim. Eles poderiam virar a mesa e exigir que eu lhes pagasse.

Agora, os resultados (rufos de tambor, por favor)! Aqueles que responderam à pergunta hipotética sobre me pagar estavam de fato dispostos a bancar o privilégio. Ofereceram, em média, cerca de 1 dólar pela leitura curta de poesia, uns 2 dólares pela leitura média e um pouco mais de 3 dólares pela leitura longa. (Talvez eu possa ganhar a vida fora do meio acadêmico, afinal.)

E os que estavam ancorados no pensamento de serem pagos (em vez de me pagarem)? Como era de esperar, eles exigiram pagamento: em média, quiseram 1,30 dólar para ouvir a leitura curta de poesia, 2,70 dólares para a leitura média e 4,80 dólares para a leitura longa.

À semelhança de Tom Sawyer, consegui transformar uma experiência ambígua (se você pudesse me ouvir recitar poesia, entenderia quão ambígua é), de maneira arbitrária, em uma experiência prazerosa ou dolorosa. Nenhum dos grupos de estudantes sabia se minha leitura de poesia tinha uma qualidade pela qual valia a pena pagar ou se só valeria a pena ouvi-la caso a experiência fosse financeiramente remunerada. Mas, uma vez formada a primeira impressão (de que iriam me pagar ou de que eu pagaria), o molde estava forjado e a âncora lançada. Além disso, uma vez tomada a primeira decisão, outras decisões se seguiram de uma forma que pareceu lógica e coerente. Os estudantes não sabiam se me ouvir recitando poesia seria uma experiência boa ou ruim, mas, fosse qual fosse a primeira decisão, eles a usaram como base para as decisões subsequentes e forneceram um padrão coerente de respostas nas três leituras de poesia.

Mark Twain chegou às mesmas conclusões, é claro: "Se Tom fosse um grande e sábio filósofo, como o autor deste livro, teria compreendido que trabalho consiste em tudo o que se é obrigado a fazer e que prazer consiste naquilo que não se é obrigado a fazer." Mark Twain observou ainda: "Há senhores muito ricos, na Inglaterra, capazes de guiar carros de passageiros puxados por quatro cavalos num caminho de 20 ou 30 milhas todos os dias no verão, porque para isso têm que pagar uma quantia considerável, mas que se recusariam a fazê-lo se lhes oferecessem um ordenado, pois isso passaria então a ser considerado trabalho."*

Para onde nos levam esses pensamentos? Entre outras coisas, ilustram as muitas escolhas que fazemos, do trivial ao profundo, em que a ancoragem desempenha um papel. Decidimos se iremos ou não comprar Big Macs, fumar, avançar o sinal, tirar férias na Patagônia, ouvir Tchaikovsky, escrever teses de doutorado, casar, ter filhos, viver no subúrbio, votar em um determinado político, e assim por diante. De acordo com a teoria econômica, baseamos essas decisões em nossos valores fundamentais: nossos gostos e nossas aversões.

* Retornaremos a esta questão perspicaz no Capítulo 4.

Mas quais são as principais lições que tiramos desses experimentos? A vida que forjamos com tanto cuidado seria, em grande parte, produto da coerência arbitrária? É possível que tenhamos tomado decisões arbitrárias em algum ponto do passado (como os filhotes de ganso que adotaram Lorenz como mãe) e desde então baseamos nelas nossa vida, supondo que as primeiras decisões foram sensatas? É dessa forma que escolhemos nossa carreira, nosso cônjuge, as roupas que vestimos e o estilo de cabelo? Essas decisões, em sua origem, foram inteligentes? Ou foram primeiras cunhagens parcialmente aleatórias que saíram do controle?

Descartes disse: *Cogito ergo sum* – "Penso, logo existo". Mas suponhamos que não passamos da soma de nossos primeiros comportamentos ingênuos e aleatórios. E aí?

Essas questões talvez sejam bastante complicadas, mas, em termos de vida pessoal, podemos melhorar ativamente nossos comportamentos irracionais. Podemos começar nos conscientizando de nossas vulnerabilidades. Suponha que você esteja planejando comprar um celular de última geração ou mesmo uma xícara de café gourmet diária. Você pode passar a questionar esse hábito. Como isso começou? Segundo, pergunte a si mesmo quanto prazer obtém disso. O prazer é aquele que pensava que obteria? Daria para reduzir um pouco a despesa e gastar o dinheiro restante em outra compra? Em tudo que faz, você deveria se treinar a questionar seus comportamentos repetitivos. No caso do celular, você poderia abrir mão do último modelo, reduzir sua despesa e empregar parte do dinheiro em algo diferente? E quanto ao café, em vez de pensar em qual *blend* vai beber hoje, pergunte se deveria estar bebendo aquela xícara cara.*

Devemos também dar atenção especial à primeira decisão no que será uma longa sequência delas (sobre roupas, comida, etc.). Quando deparamos com um momento assim, pode parecer que é apenas uma decisão isolada, sem maiores consequências. Mas na verdade a primeira decisão pode ter um efeito tão duradouro que permeará nossas decisões futuras por vários anos. Diante disso, ela é crucial, por isso deveríamos lhe dar uma atenção apropriada.

* Não estou afirmando que gastar dinheiro todos os dias, ou mesmo algumas vezes ao dia, em uma maravilhosa xícara de café seja necessariamente uma decisão ruim – estou dizendo apenas que deveríamos questionar nossas decisões.

Sócrates disse que a vida não examinada não vale a pena ser vivida. Talvez esteja na hora de inventariar as cunhagens e as âncoras de nossa própria vida. Ainda que antes fossem completamente razoáveis, continuam sendo? Uma vez reconsideradas as velhas escolhas, podemos nos abrir para novas decisões – e para as oportunidades trazidas por um novo dia. Isso não faz sentido?

Toda essa conversa sobre âncoras e filhotes de ganso tem, no entanto, implicações maiores do que as preferências dos consumidores. A economia tradicional supõe que os preços dos produtos no mercado são determinados por um equilíbrio entre duas forças: produção a cada preço (oferta) e o desejo daqueles com poder de compra a cada preço (demanda). O valor onde essas duas forças se encontram determina o preço de mercado.

Trata-se de uma ideia interessante, mas depende do pressuposto de que as duas forças são independentes e que juntas produzem o preço de mercado. Os resultados de todos os experimentos apresentados neste capítulo (e a ideia básica da coerência arbitrária) desafiam tais pressupostos. Primeiro, de acordo com o modelo econômico padrão, a disposição dos consumidores em pagar é um dos dois fatores que determinam os preços de mercado (demanda). Mas, como nossos experimentos demonstraram, o que os consumidores estão dispostos a pagar pode ser manipulado, ou seja, os consumidores não têm um bom controle sobre as próprias preferências e sobre os preços que estão dispostos a pagar por diferentes bens e experiências.

Segundo, embora o modelo econômico padrão presuma que as forças da oferta e da demanda são independentes, o tipo de manipulação de ancoragem mostrado aqui sugere que são, na verdade, dependentes. No mundo real, a ancoragem vem de preços sugeridos pelo fabricante, preços anunciados, promoções, lançamentos de produtos, etc. – que são variáveis da oferta. Dessa maneira, parece que não é a disposição que os consumidores têm de pagar que influencia os preços de mercado, a causalidade é de algum modo revertida e são os próprios preços de mercado que influenciam a disposição dos consumidores de pagar. Isso significa que a demanda não é, na verdade, uma força completamente separada da oferta.

★ ★ ★

Este não é o fim da história. No contexto da coerência arbitrária, as relações que vemos no mercado entre demanda e oferta (por exemplo, comprar mais iogurte quando há desconto) não se baseiam nas preferências, mas na memória. Eis um exemplo disso. Considere seu consumo atual de leite e vinho. Agora, imagine que dois impostos novos sejam criados amanhã. Um cortará o preço do vinho em 50% e o outro aumentará o preço do leite em 100%. O que você acha que acontecerá? Essas mudanças nos preços com certeza afetarão o consumo, e muitas pessoas andarão por aí ligeiramente mais alegres e com menos cálcio. Agora imagine o seguinte: e se os impostos novos forem acompanhados por uma amnésia induzida em relação aos preços anteriores de vinho e leite? E se os preços mudarem, mas você não se lembrar de quanto pagava por esses dois produtos no passado?

Suspeito que as mudanças de preço teriam enorme impacto sobre a demanda se as pessoas lembrassem os preços anteriores e notassem os aumentos, mas também suspeito que, sem lembrar quanto era antes, essas mudanças de preços teriam um efeito trivial sobre a demanda – se é que teriam algum efeito. Se as pessoas não recordassem os preços anteriores, o consumo de leite e de vinho continuaria essencialmente o mesmo, como se os preços não tivessem mudado. Em outras palavras, a sensibilidade em relação à mudança dos preços poderia, de maneira ampla, resultar de nossa lembrança dos preços pagos no passado e de nosso desejo de sermos coerentes com decisões anteriores – não um reflexo de nossas preferências reais ou do nosso nível de demanda.

Esse princípio básico também se aplicaria se o governo um dia decidisse criar um imposto que dobrasse o preço da gasolina. De acordo com a teoria econômica tradicional, isso reduziria a demanda. Mas será mesmo? As pessoas no início comparariam os preços novos com sua âncora, ficariam atônitas com o aumento e por isso talvez reduzissem seu consumo de gasolina ou até comprassem um carro híbrido. Mas, a longo prazo, uma vez que os consumidores se adaptassem ao novo preço e às novas âncoras (assim como nos adaptamos ao preço dos tênis Nike, da água mineral e de todo o resto), nosso consumo de gasolina, ao preço novo, poderia se aproximar do nível anterior ao imposto. Além disso, como no exemplo da Starbucks, esse processo de reajuste poderia ser acelerado se a mudança de preço fosse acompanhada de outras mudanças, como uma nova qualidade de gasolina ou um novo tipo de combustível (como o etanol à base de milho).

Não estou dizendo que dobrar o preço da gasolina não teria efeito algum sobre a demanda dos consumidores. Mas acredito que, a longo prazo, teria uma influência bem menor sobre a demanda do que levam a crer as reações de curto prazo do mercado aos aumentos de preço.

Outra implicação da coerência arbitrária tem a ver com os supostos benefícios do livre mercado e do livre comércio. A ideia básica do livre mercado é que, se eu possuo algo que você valoriza mais do que eu – digamos, um sofá –, comercializar esse item beneficiará a ambos. Isso significa que o benefício mútuo do comércio pressupõe que todos os protagonistas no mercado conhecem o valor do que possuem e o valor do que estão pensando em adquirir.

Mas, se nossas escolhas são com frequência afetadas por âncoras iniciais aleatórias, como observamos em nossos experimentos, as escolhas e os negócios que fazemos não serão necessariamente um reflexo exato do prazer, ou utilidade real, obtido desses produtos. Em outras palavras, em muitos casos tomamos decisões no mercado que podem não refletir o prazer que obtemos de diferentes itens. Ora, se não conseguimos calcular o valor desses prazeres, mas, em vez disso, seguimos com frequência âncoras arbitrárias, não está claro que a oportunidade de comercializar de fato nos beneficiará. Por exemplo, devido a algumas âncoras iniciais lastimáveis, poderíamos, por equívoco, trocar algo que nos dá muito prazer (mas infelizmente possui uma âncora inicial baixa) por algo que nos dá menos prazer (mas que, devido a alguma circunstância aleatória, possui uma âncora inicial alta). Se âncoras e lembranças dessas âncoras – mas não preferências – determinam nosso comportamento, por que o comércio deveria ser considerado uma chave para maximizar a felicidade (utilidade) pessoal?

★ ★ ★

Para onde tudo isso nos leva? Se não podemos confiar que as forças de mercado da oferta e da demanda fixarão ótimos preços de mercado, e não podemos contar que mecanismos do livre mercado ajudem a maximizar nossa utilidade, talvez tenhamos que buscar outra solução. Isso se aplica aos fundamentos da sociedade, como assistência médica, medicamentos, água, eletricidade, educação e outros recursos críticos. Se você aceita a premissa de que forças do mercado e livres mercados nem sempre regularão a economia para melhor, pode estar entre os que acreditam que o governo (um governo razoável e sensato, esperamos) deve desempenhar um papel maior na economia, mesmo que isso limite a livre iniciativa. Isso mesmo: um livre mercado baseado na oferta, na demanda e sem nenhum atrito seria o ideal se fôssemos de fato racionais. No entanto, uma vez que somos irracionais, as políticas deveriam levar em conta esse fator importante.

Reflexões sobre a existência de preferências bem definidas

Uma das lições deste capítulo foi que, em geral, acreditamos que temos preferências precisas e bem nítidas, mas na realidade apenas *pensamos* que sabemos o que queremos. Vou dar um exemplo: uma situação em que entrei com um conjunto de ideias sobre o que eu queria e saí com uma compreensão bem diferente.

Quando completei 30 anos, decidi que estava na hora de trocar minha moto por um carro, mas não conseguia decidir qual carro era adequado para mim. A internet começava a decolar e, para minha sorte, encontrei um site que fornecia conselhos sobre compras de carros. O site, que não existe mais, fazia uma série de perguntas: desde meu grau de segurança preferido a distância de frenagem desejada, raio de manobra ideal, número de passageiros que gostaria de transportar e, é claro, a faixa de preço.

Passei 15 minutos respondendo àquelas perguntas. No alto de cada página, observei a barra de progresso se aproximar do resultado. Foi empolgante – eu estava muito interessado em saber qual recomendação o site daria. A tela final exibiu todas as respostas que eu havia fornecido naqueles 15 minutos. Tudo que eu tinha que fazer era clicar em "Enviar" para receber minha recomendação sob medida. No segundo em que fiz isso, soube que meu carro perfeito era (rufar de tambores, por favor) um Ford Taurus.

O quê?

Ora, eu podia não entender muito sobre carros (na verdade, entendo pouquíssimo a respeito), mas sabia que não queria um Ford Taurus (e não quero desmerecer o que, tenho certeza, é um bom carro). O problema era que, tendo acabado de renunciar à minha moto, não conseguia me imaginar dirigindo um sedan careta. Enfrentava agora um dilema: eu havia tentado um processo deliberado e ponderado para escolher o carro ideal e não gostei da recomendação recebida. Assim, fiz o que acredito que qualquer um na minha situação faria. Apertei o botão VOLTAR algumas vezes, retrocedi aos estágios iniciais do questionário e mudei muitas de minhas respostas originais para outras que me convenci serem mais exatas e apropriadas. Reduzi meu interesse na segurança e no número de passageiros que queria levar comigo, e alterei muitas de minhas respostas para que se adequassem ao que eu considerava um substituto mais apropriado à minha moto. De tempos em tempos, eu conferia como as diferentes respostas resultavam em recomendações diferentes.

Fiz isso até que o site sugeriu um Mazda Miata. No momento em que o programa teve a gentileza de recomendar um conversível pequeno, senti-me grato pelo software fantástico e decidi seguir seu conselho. Poucas semanas depois, tornei-me o orgulhoso proprietário de um Miata, que me serviu fielmente por muitos anos.

O que aconteceu? Por um lado, eu sabia que comprar um carro não era algo trivial e queria tomar essa grande decisão avaliando com cuidado a relação custo-benefício de forma fria, calculada e sensata. Ao mesmo tempo, sabia que estava fazendo uma transição importante e simbólica para a vida adulta e entendia que filhos e a inevitável minivan (que dirijo hoje em dia) estavam me aguardando. Mesmo assim, meu cérebro e meu coração tinham se envolvido num cabo de guerra prático. No fundo, o que eu queria mesmo era um carro que desse uma sensação mais próxima da moto – algo divertido de dirigir.

A abordagem sistemática e calculada para resolver o problema não forneceu a resposta "correta", o que me fez retroceder e alterar minhas respostas, permitindo que o método computadorizado racionalizasse a escolha para mim. Desse modo, acabei obtendo uma decisão que me deixou satisfeito – e, ao mesmo tempo, que me convenceu com facilidade. Com um processo computadorizado perfeito e programado, ficou óbvio por que o pequeno conversível era, de fato, a melhor escolha para mim.

Esse elaborado processo de justificação computadorizada pode parecer artificial e extremo, mas desconfio que os mesmos elementos básicos acabam se manifestando em muitas decisões importantes. Essa experiência me ensinou que às vezes queremos que nossas decisões tenham um verniz racional quando, na verdade, brotam de uma sensação profunda – do nosso desejo íntimo. Ao tentarmos assegurar que nossas decisões acabem sendo fundamentadas e ponderadas, acabamos fazendo muita ginástica mental e criando justificativas desnecessárias, em particular quando as escolhas são grandes e importantes. Às vezes essas racionalizações são complexas e exigem tempo, e às vezes temos a ajuda de um software para uma racionalização mais eficiente. Talvez tenha sido essa a função real do site: não foi necessariamente projetado para me ajudar a tomar uma decisão melhor, mas para me ajudar a justificar minha escolha e a me sentir confiante.

Seguir nossa intuição e racionalizá-la depois nem sempre é ruim. Pode às vezes nos levar a escolher um resultado satisfatório ou, no mínimo, impedir que fiquemos com um carro que na verdade não queremos.

3

O EFEITO DO PREÇO ZERO

Por que costumamos pagar demais quando não pagamos nada

Você já ganhou um voucher oferecendo um pacote de grãos de café GRÁTIS, embora não beba café nem tenha uma máquina para prepará-lo? Que tal aquelas porções extras GRÁTIS que você empilhou no seu prato em um bufê, ainda que seu estômago já tivesse começado a doer de tanta comida ingerida? E o que dizer das bugigangas GRÁTIS acumuladas: a camiseta promocional da estação de rádio, o ursinho que veio com a caixa de chocolates ou o calendário magnético que sua seguradora envia todos os anos?

Não é segredo para ninguém que é ótimo ganhar algo grátis. Acontece que zero não é um preço como os outros. Zero é um catalisador emocional – uma fonte de excitação irracional. Você compraria algo de 50 centavos que, com um desconto, ficaria por 20? Talvez. Você compraria se o desconto fosse de 50 centavos para 2? Talvez. Você agarraria o produto se o desconto fosse de 50 para zero? Com certeza!

Por que achamos o preço zero tão irresistível? Por que o GRÁTIS nos deixa tão felizes? Afinal, o GRÁTIS pode nos causar problemas: itens que jamais pensaríamos em comprar tornam-se incrivelmente atraentes assim que se tornam GRÁTIS! Por exemplo, você já coletou lápis, chaveiros e blocos grátis numa conferência, embora tivesse que carregá-los para casa e jogasse quase tudo fora? Já ficou plantado numa fila por um tempão (bota tempo nisso!) só para ganhar uma casquinha de sorvete grátis? Ou comprou dois produtos que normalmente nem teria escolhido só para ganhar o terceiro grátis?

O zero tem uma longa história. Foram os babilônios que inventaram o conceito de zero. Os gregos antigos debateram-no em termos elevados (como algo poderia ser nada?). O antigo sábio indiano Pingala juntou o zero ao número 1 para obter dois dígitos. E tanto os maias quanto os romanos o tornaram parte de seus sistemas numéricos. Porém, o zero encontrou de fato o seu lugar em 498 d.C., quando o astrônomo indiano Ariabata sentou-se na cama uma manhã e exclamou: "*Sthanam sthanam dasa gunam!*", cuja tradução aproximada é: "De uma posição à outra o valor aumenta 10 vezes." Nasceu assim o sistema de notação posicional de base decimal. Assim, o zero deslanchou: espalhou-se para o mundo árabe, onde prosperou; atravessou a Península Ibérica até a Europa (graças aos mouros espanhóis); foi aperfeiçoado pelos italianos; e acabou navegando pelo Atlântico até o Novo Mundo, onde passou a ser largamente utilizado (junto com o dígito 1) num local chamado Vale do Silício.

Esta foi uma breve história do zero. Mas o conceito de zero aplicado ao dinheiro tem uma compreensão menos clara. Na verdade, acho que nem sequer tem uma história. Não obstante, o GRÁTIS tem enormes implicações, estendendo-se não apenas aos preços com desconto e às promoções, mas também a como podemos usá-lo para nos ajudar a tomar decisões que beneficiariam a nós e à sociedade.

Se o GRÁTIS fosse um vírus ou uma partícula subatômica, eu poderia usar um microscópio eletrônico para sondar o objeto sob as lentes, tingi-lo com diferentes compostos químicos para revelar sua natureza ou retalhá-lo para expor sua composição interna. Porém, na economia comportamental, usamos um instrumento diferente, que nos permite desacelerar o comportamento humano e examiná-lo quadro a quadro, à medida que se desenrola. Como você já percebeu, esse procedimento se chama experimento.

* * *

Em um experimento, Kristina Shampanier (doutoranda do MIT), Nina Mazar (professora da Universidade de Toronto) e eu ingressamos no ramo dos chocolates. Bem, mais ou menos. Montamos uma mesa num prédio público e oferecemos dois tipos de chocolates: trufas Lindt e Hershey's Kisses. Um grande cartaz sobre a mesa dizia: "Um chocolate por cliente." Quando os clientes potenciais se aproximavam, podiam ver os dois tipos de chocolate e seus preços.*

Para quem não entende de chocolates, a Lindt é uma empresa suíça que vem mesclando cacaus finos há 160 anos. Suas trufas de chocolate são muito apreciadas – refinadamente cremosas e irresistíveis. Custam cerca de 30 centavos cada quando compradas a granel. Os Hershey's Kisses, por outro lado, são bons chocolatinhos, mas, verdade seja dita, bastante comuns: a Hershey produz 80 milhões de Kisses por dia. Na cidade de Hershey, que fica na Pensilvânia, até os postes de rua são feitos no formato do ubíquo Hershey's Kiss.

E o que aconteceu quando os "clientes" chegaram à nossa mesa? Quando fixamos o preço de uma trufa Lindt em 15 centavos e um Hershey's Kiss em 1 centavo, não nos surpreendemos ao constatar que nossos clientes agiram com uma boa dose de racionalidade: compararam o preço e a qualidade do Kiss com o preço e a qualidade da trufa Lindt, e fizeram sua escolha. Cerca de 73% escolheram a trufa, e 27%, um Kiss.

Então resolvemos verificar como o GRÁTIS poderia mudar a situação. Assim, oferecemos a trufa Lindt por 14 centavos, e um Kiss, grátis. Haveria diferença? Deveria haver? Afinal, tínhamos apenas reduzido o preço dos dois tipos de chocolate em 1 centavo.

Mas o GRÁTIS fez muita diferença. O humilde Hershey's Kiss tornou-se o grande favorito. Cerca de 69% dos nossos clientes (bem mais do que os 27% anteriores) escolheram o Kiss GRÁTIS, abrindo mão da oportunidade de obter uma trufa Lindt por um ótimo preço. Enquanto isso, a trufa Lindt despencou. Os clientes que a escolheram caíram de 73% para 31%.

O que estava acontecendo? Em primeiro lugar, admito que existem ocasiões em que obter produtos GRÁTIS pode fazer total sentido. Se você

* Afixamos os preços de modo que só ficassem visíveis quando as pessoas se aproximassem da mesa. Fizemos isso porque queríamos nos assegurar de não atrair tipos diferentes de pessoas nas diferentes condições – evitando a chamada autosseleção.

acha uma caixa de meias atléticas grátis numa loja de departamentos, por exemplo, não há problema algum em pegar o máximo de meias possível. A questão crítica surge quando o GRÁTIS se torna uma competição entre um item grátis e outro item – uma competição na qual a presença do GRÁTIS nos faz tomar uma má decisão. Por exemplo, imagine que você vai a uma loja de artigos esportivos comprar um par de meias brancas, com enchimento no calcanhar e ponta dourada. Quinze minutos depois, você deixa a loja, mas não com essas meias, e sim com um par mais barato de que você nem gosta (sem o enchimento no calcanhar e sem a ponta dourada), que veio em um pacote com um segundo par GRÁTIS. Este é um caso no qual você abriu mão de uma transação melhor e se conformou com algo que não queria só porque foi atraído pelo GRÁTIS.

Para replicar essa experiência em nosso experimento do chocolate, informamos aos clientes que eles poderiam escolher apenas um chocolate: o Kiss ou a trufa. Era uma decisão exclusiva, como escolher uma meia esportiva no lugar de outra. Foi isso que tornou a reação dos clientes ao Kiss GRÁTIS tão impressionante: ambos os chocolates tiveram o mesmo desconto. A diferença relativa de preços entre os dois não mudou – tampouco a satisfação esperada de ambos.

De acordo com a teoria econômica tradicional (análise de custo-benefício simples), a redução dos preços não deveria levar a nenhuma mudança no comportamento de nossos clientes. Antes, cerca de 27% escolheram o Kiss e 73% escolheram a trufa. Como nada mudou em termos relativos, a reação à redução dos preços deveria ter sido exatamente a mesma. Um economista de passagem, rodando sua bengala e adotando a economia convencional, teria dito que, como tudo na situação era igual, nossos clientes deveriam ter escolhido as trufas com a mesma margem de preferência.*

Mas eis que as pessoas se aproximaram da mesa para pegar nossos Hershey's Kisses, não porque fizeram uma análise fundamentada de custo-benefício antes de abrirem caminho, mas simplesmente porque eles eram GRÁTIS. Como os seres humanos são estranhos (mas previsíveis)!

* * *

* Para um relato mais detalhado de como um consumidor racional deveria tomar decisões nesses casos, ver o apêndice deste capítulo.

Essa conclusão, por sinal, foi a mesma em outros experimentos. Em uma situação, cobramos pelo Hershey's Kiss 2 centavos, 1 centavo e zero centavo, e pela trufa 27, 26 e 25 centavos, respectivamente. Fizemos isso para ver se reduzir o preço do Kiss de 2 centavos para 1 e o da trufa de 27 para 26 centavos faria diferença na proporção de compradores de cada chocolate. Não fez. Mas, de novo, quando zeramos o preço do Kiss, a reação foi substancial. A maioria esmagadora dos compradores pediu os Kisses.

Achamos que o experimento pudesse ter sido deturpado, já que os compradores talvez não tivessem vontade de catar moedas na carteira ou na mochila ou talvez estivessem sem dinheiro. Tal efeito faria a oferta grátis parecer mais atraente. Para testar essa possibilidade, fizemos outros experimentos numa das cafeterias do MIT. Naquele ambiente, os chocolates foram expostos perto do caixa como uma das promoções normais da cafeteria, e os estudantes interessados em chocolates os acrescentavam à compra do almoço e pagavam ao passar pela fila do caixa. O que aconteceu? A maioria dos estudantes continuou preferindo a opção GRÁTIS.

O que é tão sedutor no GRÁTIS? Por que temos um impulso irracional de pegar um item GRÁTIS, ainda que não seja o que de fato queremos?

Acredito que a resposta seja esta. Grande parte das transações tem um lado positivo e um negativo, mas, quando algo é GRÁTIS, esquecemos o lado negativo. O GRÁTIS nos dá tamanha carga emocional que percebemos o que está sendo oferecido como imensamente mais valioso do que na verdade é. Por quê? Talvez porque o ser humano sinta um temor intrínseco de perdas. A atração real do GRÁTIS está ligada a esse temor. Não existe possibilidade visível de perda quando escolhemos um item GRÁTIS (afinal, é grátis!). Mas suponha que escolhamos o item que *não* é grátis. Poxa, agora existe o risco de termos tomado uma decisão ruim – a possibilidade de perda. Assim, diante da escolha, preferimos o que é grátis.

Por esse motivo, na terra dos preços, zero não é apenas outro preço. Com certeza, 10 centavos podem fazer uma enorme diferença na demanda (suponha que você esteja vendendo milhões de barris de petróleo), mas nada supera a onda emocional do GRÁTIS! O *efeito do preço zero* é uma categoria própria.

Sem dúvida, "comprar algo por nada" é um tanto paradoxal. Mas vou dar um exemplo de como caímos com frequência na armadilha de comprar algo que não queremos só por causa desta substância pegajosa: GRÁTIS!

Em 2007, vi em um jornal o anúncio de um grande fabricante de eletrônicos oferecendo sete DVDs GRÁTIS se eu comprasse seu novo aparelho de DVD de alta definição. Em primeiro lugar, eu precisava daquilo? Provavelmente não. Mesmo que precisasse, não seria mais sensato aguardar a queda do preço? Ele sempre cai – e o aparelho de DVD de alta definição que hoje custa 600 dólares logo custará 200 dólares. Segundo, o fabricante tinha uma intenção clara por trás de sua oferta. Seu sistema de DVD de alta definição sofria uma competição acirrada com o Blu-Ray, um sistema respaldado por muitos outros fabricantes. Na época, o Blu-Ray estava na frente e, desde então, passou a dominar o mercado. Quanto vale o GRÁTIS quando a máquina oferecida logo estará obsoleta (como os videocassetes Betamax)? Estes são dois pensamentos racionais que poderiam nos impedir de cair sob o feitiço do GRÁTIS. Mas, poxa, esses DVDs GRÁTIS parecem bons!

Obter algo GRÁTIS é com certeza um atrativo quando a questão é o preço. Mas o que aconteceria se a oferta não fosse algo grátis, mas uma troca livre? Somos suscetíveis a comprar produtos grátis tanto quanto a obter produtos de graça? Alguns anos atrás, com o Halloween se aproximando, tive uma ideia para um experimento a fim de sondar esse ponto. Dessa vez eu nem precisaria sair de casa para obter minhas respostas.

No início daquela noite, Joey, um menino de 9 anos vestido de Homem-Aranha carregando uma grande sacola amarela, subiu os degraus de nossa varanda. Sua mãe o acompanhava, para assegurar que ninguém desse ao menino uma maçã com uma lâmina de barbear dentro. (Aliás, nunca houve um caso de lâminas de barbear dentro de maçãs no Halloween; trata-se de uma lenda urbana). Porém, ela permaneceu na calçada, para dar a Joey a sensação de estar brincando de Halloween sozinho.

Depois da tradicional pergunta "Doce ou travessura?", pedi a Joey que mantivesse aberta a mão direita. Coloquei três Hershey's Kisses ali e pedi que os segurasse por um momento. "Você também pode obter uma destas duas barras de Snickers", falei, mostrando uma pequena e outra grande. "Na verdade, se você me der um desses Hershey's Kisses, vou trocá-lo por esta barra de Snickers menor. E se você me der dois de seus Hershey's Kisses, vou trocá-lo por esta barra de Snickers maior."

Uma criança pode estar vestida de aranha, mas não é burra. A barra de Snickers pequena pesava 30 gramas, e a barra de Snickers grande, 60 gramas. Tudo que Joey tinha que fazer era me dar um Hershey's Kiss adicional (que pesa uns 5 gramas) para obter 30 gramas extras de Snickers. Aquele negócio poderia ter desconcertado um cientista espacial, mas para um menino de 9 anos o cálculo era fácil: ele obteria seis vezes o retorno do investimento (no peso líquido do chocolate) se preferisse a barra de Snickers maior. Joey, no mesmo segundo, colocou dois de seus Kisses na minha mão, pegou a barra de Snickers de 60 gramas e enfiou na sacola.

Joey não foi o único a tomar aquela decisão rápida. Todas as crianças às quais apresentei a oferta, exceto uma, trocaram dois Kisses pelas barras de chocolate maiores.

Zoe foi a criança seguinte. Estava vestida de fada, num longo vestido branco, com uma varinha de condão em uma das mãos e um balde de abóbora de Halloween na outra. Sua irmã mais nova repousava confortável nos braços do pai, parecendo uma fofura no seu traje de coelhinho. Ao se aproximarem, Zoe bradou, em voz alta e esperta: "Doce ou travessura?" No passado, admito que às vezes eu respondia diabolicamente: "Travessura." A maioria das crianças ficava embasbacada, porque nunca tinha analisado aquela pergunta a ponto de perceber que havia uma resposta alternativa.

Naquele caso, dei a Zoe seu doce: três Hershey's Kisses. Mas eu tinha uma carta na manga. Fiz à pequena uma oferta: escolher entre obter uma barra de Snickers grande em troca de um de seus Hershey's Kisses ou obter a pequena barra de Snickers GRÁTIS, sem abrir mão de nenhum Hershey's Kisses.

Ora, um pequeno cálculo racional (que no caso de Joey foi amplamente demonstrado) concluiria que o melhor negócio é renunciar à barra de Snickers pequena grátis, pagar o preço de um Hershey's Kiss e ficar com a barra de Snickers grande. Numa comparação grama a grama, era bem melhor abrir mão de um Hershey's Kiss e obter a barra de Snickers bem maior (60 gramas), em vez de uma barra de Snickers menor (30 gramas). Essa lógica foi perfeitamente clara para Joey e para as crianças que se depararam com a condição em que ambas as barras de Snickers tinham um preço. Mas o que Zoe faria? Sua mente infantil esperta faria a escolha racional... ou o fato de a barra de Snickers pequena ser GRÁTIS a cegaria para a resposta racionalmente correta?

Como você já deve ter adivinhado, Zoe, assim como as outras crianças às quais fiz essa oferta, ficou completamente cega pelo GRÁTIS! Cerca de 70% delas renunciaram à melhor oferta e ficaram com a pior só porque era GRÁTIS!

Os resultados com estudantes do MIT repetiram o padrão visto no Halloween, com as crianças. De fato, a atração do preço zero não se limita a transações monetárias. Sejam produtos ou dinheiro, não conseguimos resistir à atração centrípeta do GRÁTIS!

E você? Acha que tem controle sobre o GRÁTIS!?

Ok. Aqui está um teste. Suponha que eu lhe ofereça duas opções: um vale-brinde de 10 dólares da Amazon grátis e um vale-brinde de 20 dólares por 7 dólares. Pense rápido. Qual você escolheria?

Se você preferiu o vale-brinde GRÁTIS, foi como a maioria das pessoas que testamos em um dos shoppings de Boston. Mas veja bem: um vale-brinde de 20 dólares por 7 dólares proporciona um lucro de 13 dólares. Isso é claramente melhor do que ganhar um vale-brinde de 10 dólares grátis (lucro de 10 dólares). Conseguiu perceber o comportamento irracional em ação?*

Vou contar uma história que descreve a influência real do GRÁTIS sobre nosso comportamento. Há algum tempo, a Amazon.com começou a oferecer frete grátis nos pedidos acima de certa quantia. Alguém que comprasse

* Como nos outros experimentos, quando aumentamos o preço de ambos os vale-brindes em 1 dólar, fazendo com que o vale de 10 dólares custasse 1 dólar e o de 20 dólares custasse 8 dólares, a maioria preferiu o vale de 20 dólares.

um só livro por 16,95 dólares poderia pagar mais 3,95 dólares pelo frete, por exemplo. Mas se o cliente comprasse outro livro, a um total de 31,90 dólares, ganharia o frete GRÁTIS!

Alguns compradores provavelmente não queriam o segundo livro (estou falando aqui com base em minha experiência pessoal), mas o frete GRÁTIS foi tão tentador que, para obtê-lo, estavam dispostos a pagar o preço do livro extra. O pessoal na Amazon ficou bastante satisfeito com essa oferta, mas observou que em um único lugar - a França - as vendas não aumentaram. O consumidor francês é mais racional do que o resto de nós? Dificilmente. Constatou-se que os clientes franceses estavam reagindo a uma oferta diferente.

Eis o que aconteceu. Em vez de oferecer frete GRÁTIS nos pedidos acima de certa quantia, a divisão francesa cobrou 1 franco pelo frete daqueles pedidos. Só 1 franco - uma ninharia. Não parece muito diferente de GRÁTIS, mas foi. Na verdade, quando a Amazon mudou a promoção na França para incluir o frete grátis, o país aderiu ao resto do mundo num aumento substancial das vendas. Em outras palavras, enquanto o frete por 1 franco - uma verdadeira pechincha - foi praticamente ignorado pelos franceses, o frete GRÁTIS causou uma reação entusiasmada.

A America Online (AOL) passou por uma experiência semelhante anos atrás, quando mudou do serviço pago por hora para um sistema de pagamento mensal (em que você poderia se conectar por quantas horas quisesse por um valor fixo de 19,95 dólares). A AOL estimava que haveria um pequeno aumento da demanda com a nova estrutura de preços e se preparou para isso. O que aconteceu? Um aumento da noite para o dia de 140 mil para 236 mil clientes conectando-se no sistema, e uma duplicação do tempo médio on-line. Pode parecer bom, mas não foi. Os clientes da AOL se depararam com linhas telefônicas ocupadas, logo a empresa foi forçada a arrendar serviços de outros provedores on-line (que ficaram bem felizes por venderem banda larga à AOL - a preço de ouro). O que Bob Pittman (presidente da AOL na época) não percebeu foi que os consumidores reagiriam à atração do GRÁTIS como gente faminta em um bufê.

* * *

Ao escolhermos entre dois produtos, com frequência reagimos exageradamente a favor daquele que é grátis. Poderíamos optar por uma conta-corrente GRÁTIS (sem qualquer benefício extra) em vez de outra que custa 5 dólares ao mês. Mas se a conta-corrente de 5 dólares inclui milhas, serviços on-line, etc., e a conta GRÁTIS não, podemos acabar gastando mais por esse pacote na conta GRÁTIS do que com a conta de 5 dólares. De forma semelhante, poderíamos escolher uma hipoteca sem despesas de encerramento, mas com taxas de juros e tarifas extorsivas. E podemos adquirir um produto que não queremos só porque vem com um brinde.

Minha experiência pessoal mais recente com esse fenômeno envolveu um carro. Quando eu estava procurando um carro novo alguns anos atrás, sabia que na verdade deveria comprar uma minivan. De fato, eu me informara sobre as minivans da Honda e sabia tudo a respeito. Mas aí um Audi atraiu meu olhar, de início por uma oferta tentadora – trocas de óleo GRÁTIS nos três anos seguintes. Como eu poderia resistir?

Para ser honesto, o Audi era esportivo e vermelho, e eu ainda resistia à ideia de ser o pai maduro e responsável de duas criancinhas. Não que a troca de óleo grátis me dominasse por completo, mas sua influência sobre mim, de uma perspectiva racional, foi injustificadamente grande. O fato de ser GRÁTIS serviu de atrativo adicional ao qual eu poderia me prender.

O fato é que comprei o Audi – e a troca de óleo GRÁTIS! (Alguns meses depois, enquanto dirigia por uma estrada, a transmissão quebrou – mas esta é outra história.) Com a cabeça mais fria, é claro, eu poderia ter feito um cálculo mais racional. Dirijo uns 11 mil quilômetros por ano. O óleo precisa ser trocado a cada 16 mil quilômetros, e a troca custa cerca de 75 dólares. Em três anos, eu economizaria uns 150 dólares ou cerca de 0,5% do preço de compra do carro – não era um bom motivo para basear minha decisão. O negócio piora ainda mais: agora tenho um Audi repleto até o teto de bonecos colecionáveis, um carrinho de bebê, uma bicicleta e outras parafernálias infantis. Ah, quem dera eu tivesse uma minivan!

O conceito de zero também se aplica ao tempo. O tempo gasto em uma atividade, afinal, é o tempo retirado de outra. Assim, se passamos 45 minutos em uma fila até chegar nossa vez de provarmos um sorvete grátis ou passamos meia hora preenchendo um longo formulário por um desconto minúsculo, existe algo mais que estamos deixando de fazer com o nosso tempo.

Meu exemplo pessoal favorito é o dia de entrada grátis em um museu. Apesar do fato de a maioria dos museus não serem caros, acho mais atraente satisfazer meu desejo por arte quando o preço é zero. Claro que não estou sozinho. Nesses dias, em geral constato que o museu está superlotado, a fila é longa, é difícil ver qualquer coisa, e enfrentar as multidões é desagradável. Será que é um erro ir ao museu no dia de entrada grátis? Claro que sim – mas vou assim mesmo.

O zero pode afetar também as compras de comida. Fabricantes de alimentos estampam todo tipo de informações na lateral da caixa: calorias, teor de gordura, fibras, etc. É possível que a mesma atração exercida pelo preço zero também se aplique a zero caloria, zero gordura trans, zero carboidrato? Se as regras gerais se aplicam, a Pepsi venderá mais latas se o rótulo disser "caloria zero" do que se disser "1 caloria".

Suponha que você está em um bar curtindo uma conversa com amigos. Uma marca fornece uma cerveja sem calorias, e outra, uma cerveja com 3 calorias. Qual marca fará você sentir que está bebendo uma cerveja realmente leve? Ainda que a diferença entre as duas cervejas seja desprezível, a cerveja de caloria zero aumentará sua sensação de que está fazendo a coisa certa, em termos de saúde. Você pode até se sentir tão bem a ponto de pedir uma porção de fritas.

Portanto, você pode manter o status quo com uma taxa de 20 centavos (como no caso do frete da Amazon na França) ou pode iniciar um tumulto oferecendo algo GRÁTIS! Pense no poder dessa ideia! Zero não é apenas mais um desconto. Zero é um lugar diferente. A diferença entre 2 dólares e 1 dólar é pequena. Mas a diferença entre 1 dólar e nada é enorme!

Se você é um negociante e entende esse fenômeno, pode fazer maravilhas. Quer atrair uma multidão? Ofereça algo GRÁTIS! Quer vender mais produtos? Torne parte da compra GRÁTIS!

De forma semelhante, podemos usar o GRÁTIS para afetar a política social. Quer que as pessoas dirijam carros elétricos? Não somente reduza as taxas de registro e vistoria – elimine-as, de modo a criar algo GRÁTIS! Da mesma forma, se a saúde é sua preocupação, enfoque no diagnóstico precoce como meio de eliminar o desenvolvimento de doenças graves. Quer que as pessoas realizem exames regulares como colonoscopias, mamografias, exames de colesterol e de glicose? Ofereça algo GRÁTIS para quem os fizer.

Não acho que a maioria dos estrategistas políticos percebe que o GRÁTIS é um trunfo em suas mãos e, menos ainda, que saiba como explorá-lo. Parece de fato um contrassenso, nessa época de cortes orçamentários, oferecer algo GRÁTIS. Mas, quando paramos para pensar, o GRÁTIS pode ter um enorme poder, e faz bastante sentido.

Reflexões sobre o preço do GRÁTIS

Com nossos experimentos, aprendemos que todos ficamos empolgados demais quando algo é GRÁTIS e, como consequência, podemos tomar decisões que não atendem ao nosso interesse.

Por exemplo, imagine que você estivesse escolhendo entre dois cartões de crédito: um que oferece uma taxa de juros de 12% ao ano, mas sem tarifa anual (GRÁTIS), e outro que oferece uma taxa de juros de menos de 9%, mas cobra uma tarifa anual de 100 dólares. Qual você escolheria? A maioria das pessoas superenfatizaria a taxa anual e, em busca da oferta GRÁTIS, acabaria obtendo o cartão que custa bem mais a longo prazo – quando inevitavelmente atrasarem um pagamento ou financiarem o saldo devedor.*

Embora identificar e combater a sedução do GRÁTIS seja importante para evitar armadilhas quando temos que tomar decisões, existem também alguns casos em que podemos usar o GRÁTIS a nosso favor. Tomemos, por

* Quando se trata de cartões de crédito, o apelo do GRÁTIS aumenta, porque a maioria das pessoas é superotimista quanto ao seu futuro financeiro e superconfiante quanto à capacidade de sempre pagar as contas no prazo.

exemplo, a experiência comum de ir ao restaurante com amigos. Quando o garçom entrega a conta no fim da refeição, as pessoas costumam discutir para definir o pagamento. Cada um paga o próprio pedido? Rachamos a conta igualmente, embora John tenha bebido um cálice de vinho extra e pedido o *crème brûlée*? O GRÁTIS pode nos ajudar a resolver este problema e, no processo, aumentar o prazer de jantar com amigos.

A resposta, ao que se revela, é que uma pessoa deveria pagar a conta inteira, e os outros se revezariam no pagamento ao longo do tempo. Eis a lógica: quando pagamos – independente da quantia de dinheiro –, sentimos certa dor psicológica, que os cientistas sociais chamam de "dor de pagar". É o desprazer associado a abrir mão de nosso dinheiro ganho com sacrifício, quaisquer que sejam as circunstâncias. Acontece que a dor de pagar possui duas características interessantes. A primeira, e mais óbvia, é que, quando não pagamos nada (por exemplo, quando outra pessoa banca a conta), não sentimos nenhuma dor de pagar. A segunda, e menos óbvia, é que a dor de pagar é relativamente insensível ao montante que pagamos. Ou seja, sentimos mais dor de pagar à medida que a conta aumenta, mas cada adicional da conta dói menos. (Chamamos isso de "diminuição da sensibilidade". De forma análoga, se você acrescenta 1 quilo a uma mochila vazia, parece um aumento de peso substancial. Mas acrescentar 1 quilo a uma mochila já preenchida com um notebook e alguns livros não faz tanta diferença assim.) Essa diminuição da sensibilidade à dor de pagar significa que o primeiro dólar causará a dor maior, o segundo dólar causará menos dor, e assim por diante, até uma pequena pontada pelo, digamos, 47º.

Assim, se estamos jantando com outras pessoas, ficamos mais contentes quando não pagamos nada (GRÁTIS!); ficamos menos contentes quando temos que pagar algo. E o dinheiro adicional que entregamos causa cada vez menos dor conforme a conta aumenta. A conclusão lógica é que uma pessoa deveria pagar a conta inteira.

Se você ainda não se convenceu, veja o seguinte exemplo: imagine que quatro pessoas compartilham uma refeição e a conta chega a 100 dólares. Ora, se cada pessoa na mesa paga 25 dólares, ela sentiria alguma dor de pagar. Para tornar isso menos abstrato, é preciso medir a dor em "unidades". Vamos supor que pagar 25 dólares gere 10 unidades de dor, com um total de 40 unidades de dor para a mesa inteira na hora de rachar a conta. Mas e se uma pessoa paga a conta inteira? Como a dor de pagar não aumenta linearmente com a quantidade de dinheiro, a pessoa que está pagando sentirá 10 unidades de dor pelos primeiros 25 dólares que está pagando; talvez sete unidades pelos próximos 25 dólares; cinco unidades pelos próximos 25 dólares; e quatro unidades pelos últimos 25 dólares. O total de 26 unidades de dor reduz a quantidade de dor da mesa inteira em 14 unidades. O argumento geral é: todos adoramos obter nossas refeições de graça e, na medida em que se alternam os pagadores, podemos curtir muitos jantares grátis e, no processo, nos beneficiar mais de nossas amizades.

"Ah", você pode dizer, "e se eu comer apenas uma salada, enquanto o marido de minha amiga pede uma salada, um filé-mignon, dois cálices do Cabernet Sauvignon mais caro e um *crème brûlée* de sobremesa? Ou se o número de pessoas mudar na próxima vez em que nos reunirmos? Ou se algumas pessoas do grupo mudarem de cidade? Tudo isso vai me deixar no prejuízo."

Não há dúvida de que esses fatores tornam a abordagem "eu pago dessa vez, você paga da próxima" economicamente menos eficiente. Mesmo assim, dados os enormes benefícios em termos da dor de pagar que esse método fornece, eu estaria disposto a sacrificar uns dólares vez ou outra para reduzir a dor de pagar sentida por meus amigos e por mim.

APÊNDICE: CAPÍTULO 3

Vou explicar como a lógica da teoria econômica tradicional se aplicaria ao nosso cenário. Quando uma pessoa pode escolher um, e apenas um, entre dois chocolates, precisa levar em conta não o valor absoluto de cada chocolate, mas seu valor relativo – o que obtém e o que deixa de obter. Como um primeiro passo, o consumidor racional precisa calcular os benefícios líquidos relativos dos dois chocolates (o valor do sabor esperado menos o custo) e tomar uma decisão baseada em qual chocolate tem o maior benefício líquido. Qual seria o aspecto disso quando o preço da trufa Lindt era de 15 centavos e o preço do Hershey's Kiss era de 1 centavo? O consumidor racional estimaria a quantidade de prazer que espera obter da trufa e do Kiss (digamos que sejam 50 unidades de prazer e 5 unidades de prazer, respectivamente) e subtrairia o desprazer que teria ao pagar 15 centavos e 1 centavo (digamos que sejam 15 unidades de desprazer e 1 unidade de desprazer, respectivamente). O resultado seria um prazer esperado total de 35 unidades (50 - 15) para a trufa, e um prazer esperado total de 4 unidades (5 - 1) para o Kiss. A trufa lidera por 31 pontos, sendo, portanto, uma escolha fácil – e ganha com facilidade.

E no caso em que o preço é reduzido proporcionalmente em ambos os produtos? (As trufas custam 14 centavos e o Kiss é grátis.) A mesma lógica se aplica. O sabor dos chocolates não mudou, de modo que o consumidor racional estimaria o prazer como sendo de 50 *versus* 5 unidades de prazer, respectivamente. O que mudou foi o desprazer. Nesse cenário, o consumidor racional teria um nível de desprazer menor para ambos os chocolates, porque os preços foram reduzidos em 1 centavo (e 1 unidade de desprazer). Eis o ponto principal: como ambos os produtos receberam um desconto com o mesmo valor, sua diferença relativa permaneceria inalterada. O prazer total esperado para a trufa seria agora de 36 unidades de prazer (50 - 14), e o esperado para o Kiss, de 5 unidades de prazer (5 - 0). A trufa lidera pelos mesmos 31 pontos, de modo que deveria ser a mesma escolha fácil. A trufa vence com facilidade.

Assim *deveria* ser o padrão de escolha se as únicas forças em jogo fossem as de uma análise racional de custo-benefício. O fato de os resultados de nossos experimentos serem tão diferentes informa de maneira objetiva que algo mais está ocorrendo e que o preço zero desempenha um papel singular em nossas decisões.

4

O CUSTO DAS NORMAS SOCIAIS

Por que gostamos de fazer coisas, mas não quando somos pagos para fazê-las

Você está na casa de sua sogra para a ceia de Natal, e que banquete suntuoso ela serviu! O peru foi assado e tem uma cor marrom-dourada, o recheio é caseiro, do jeito que você gosta. Seus filhos estão encantados com as rabanadas. E sua mulher ficou lisonjeada: sua torta de bacalhau favorita foi escolhida para o prato principal.

A festança prossegue até tarde da noite. Você afrouxa o cinto e bebe-rica um cálice de vinho. Olhando com afeto para sua sogra, no outro lado da mesa, você se levanta, pega a carteira e pergunta: "Por todo o amor que a senhora dedicou a esta celebração, quanto estou devendo?" Conforme o silêncio cai sobre o ambiente, você acena com um punhado de notas. "Acha que 300 dólares são suficientes? Não, espere, talvez seja melhor 400!"

Essa não é a cena que todos esperam para a noite de Natal. Um cálice de vinho é derrubado. Sua sogra levanta-se enrubescida. Sua mulher lança um olhar fulminante para você. E sua sobrinha irrompe em lágrimas. A festa do ano que vem, ao que parece, talvez seja comida congelada diante da televisão.

* * *

O que aconteceu? Por que uma oferta de pagamento direto atrapalhou tanto a festa? Como Margaret Clark, Judson Mills e Alan Fiske sugeriram muito tempo atrás, a resposta é que vivemos simultaneamente em dois mundos diferentes: um onde as normas sociais prevalecem e outro onde as normas do mercado fazem as regras. As normas sociais incluem os pedidos amigáveis que as pessoas fazem umas às outras. Poderia me ajudar a remover este sofá? Poderia me ajudar a trocar este pneu? As normas sociais estão envoltas em nossa natureza social e espírito comunitário. Costumam ser calorosas e confusas. Não é preciso retribuir na hora: você pode ajudar a remover o sofá do seu vizinho sem que isso signifique que ele tenha que vir à sua casa e remover o seu. É como abrir uma porta para alguém: fornece prazer a ambos e não é exigido nada em troca.

O segundo mundo, aquele governado pelas normas do mercado, é bem diferente. Não há nada de caloroso ou confuso nele. As trocas são bem definidas: salários, preços, aluguéis, juros e custos-benefícios. Tais relacionamentos de mercado não são necessariamente ruins ou mesquinhos – na verdade, incluem autossuficiência, inventividade e individualismo –, mas implicam benefícios semelhantes e pagamentos imediatos. Quando você está no domínio das normas do mercado, obtém aquilo pelo que paga – é assim que funciona.

Quando separamos as normas sociais e as normas do mercado, a vida flui perfeitamente. Tomemos o sexo como exemplo. Podemos tê-lo grátis no contexto social – esperamos que seja caloroso e emocionalmente revigorante. Mas existe também o sexo de mercado, sob demanda, que custa dinheiro. Isso parece bem simples: maridos (ou esposas) não chegam em casa exigindo um pagamento. Nem prostitutas esperam amor eterno.

Quando as normas sociais e do mercado colidem, começam os problemas. Vejamos o sexo de novo. Um rapaz leva uma moça para jantar e ver um filme, e paga as contas. Os dois voltam a sair duas vezes e ele continua pagando por tudo. Sua carteira está ficando perigosamente vazia, mas o pior é o que ocorre em sua cabeça: ele está tendo dificuldade em conciliar a norma social (cortesia) com a norma do mercado (retribuição pelo dinheiro gasto). No quarto encontro, ele menciona de maneira casual quanto o romance está lhe custando. Agora ele transpôs o limite. Violação! Ela o chama de grosseiro e vai embora. Ele deveria saber que não se pode mesclar normas sociais e do mercado – ainda mais nesse caso – sem implicar que a garota é uma vadia.

Alguns anos atrás, James Heyman (professor da Universidade St. Thomas) e eu decidimos explorar os efeitos das normas sociais e do mercado. Simular o incidente do Natal teria sido maravilhoso, mas, considerando o dano que poderíamos causar aos relacionamentos familiares dos participantes, escolhemos algo mais trivial. Na verdade, foi uma das tarefas mais maçantes que conseguimos encontrar (existe uma tradição na ciência social de usar tarefas bem maçantes).

Nesse experimento, um círculo foi apresentado do lado esquerdo da tela de um computador e uma caixa do lado direito. A tarefa era arrastar o círculo, usando o mouse, para dentro da caixa. Assim que essa tarefa era realizada, o círculo desaparecia e outro igual surgia no ponto de partida. Pedimos aos participantes que arrastassem o máximo de círculos possível e medimos quantos círculos conseguiam arrastar em cinco minutos. Esse foi o modo que encontramos para medir sua produção no trabalho: o esforço que fariam na tarefa.

Como aquele cenário poderia lançar luz sobre as normas sociais e do mercado? Alguns dos participantes receberam 5 dólares pela participação no experimento. Receberam o dinheiro ao entrar no laboratório e foram informados de que, ao cabo de cinco minutos, o computador avisaria que a tarefa foi concluída, e então deveriam deixar o laboratório. Uma vez que pagamos pelo esforço, esperamos que aplicassem normas do mercado à situação e agissem de acordo.

Os participantes de um segundo grupo foram apresentados às mesmas instruções básicas e tarefa, mas para eles a recompensa foi bem menor (50 centavos em um experimento e 10 centavos em outro). De novo, esperamos que esses participantes aplicassem normas do mercado à situação e agissem de acordo.

Por fim, tivemos um terceiro grupo ao qual apresentamos as tarefas como um pedido social. Não lhe oferecemos nada de concreto em troca do esforço nem mencionamos dinheiro. Foi um mero favor. Esperávamos que esses participantes aplicassem normas sociais à situação e agissem de acordo.

Quanto os diferentes grupos se esforçaram? Dentro do espírito das normas do mercado, aqueles que receberam 5 dólares arrastaram em média 159 círculos e aqueles que receberam 50 centavos arrastaram em média 101 círculos. Conforme esperado, dinheiro a mais fez com que nossos participantes ficassem mais motivados e trabalhassem mais (cerca de 50%).

E os que não receberam nada? Esses trabalharam menos do que os que receberam o pagamento monetário menor ou, na ausência do dinheiro, aplicaram normas sociais à situação e se esforçaram mais? Os resultados mostraram que, em média, eles arrastaram 168 círculos, bem mais do que quem ganhou 50 centavos e um pouco mais do que quem recebeu 5 dólares. Em outras palavras, nossos participantes se esforçaram mais sob as normas sociais do que pelo dinheiro todo-poderoso (ok, 50 centavos).

Talvez devêssemos ter previsto isso. Existem muitos exemplos para mostrar que as pessoas trabalharão mais por uma causa do que por dinheiro. Alguns anos atrás, por exemplo, a Associação Americana dos Aposentados perguntou a alguns advogados se eles poderiam oferecer serviços menos caros para aposentados necessitados, cerca de 30 dólares por hora. Os advogados disseram que não. Então o gerente do programa da associação teve uma ideia brilhante: perguntou a eles se ofereceriam serviços grátis aos aposentados necessitados. A maioria esmagadora respondeu que sim.

O que isso significa? Como zero poderia ser mais atraente do que 30 dólares? Quando o dinheiro foi mencionado, os advogados usaram normas do mercado e acharam a oferta insuficiente em relação ao salário previsto. Quando nenhum dinheiro foi mencionado, usaram normas sociais e ficaram felizes por oferecer seu tempo. Por que não aceitaram o dinheiro, imaginando-se como voluntários que recebiam 30 dólares? Porque, uma vez que as normas do mercado entram em cena, as normas sociais desaparecem.

Uma lição semelhante foi aprendida por Nachum Sicherman, professor de economia na Universidade Columbia, que estava tendo aulas de artes marciais no Japão. O *sensei* (mestre) não estava cobrando do grupo pelo treinamento. Os alunos, sentindo que aquilo era injusto, abordaram o professor um dia e sugeriram pagar por seu tempo e esforço. Abaixando seu *shinai* de bambu, o mestre calmamente respondeu que, se cobrasse, eles não conseguiriam pagar.

★ ★ ★

No experimento anterior, então, aqueles que receberam 50 centavos não pensaram "Que bom. Farei este favor a esses pesquisadores e obterei algum dinheiro em troca" nem continuaram se esforçando mais do que aqueles que não receberam nada. Pelo contrário, eles mudaram para as normas do mercado, decidiram que 50 centavos não era muito e trabalharam sem esforço. Em outras palavras, quando as normas do mercado adentraram o laboratório, as normas sociais foram deixadas de lado.

O que aconteceria se substituíssemos os pagamentos por um presente? Com certeza sua sogra aceitaria uma boa garrafa de vinho no jantar. Ou que tal um presente para a casa de uma amiga (uma planta, por exemplo)? Os presentes são métodos de troca que nos mantêm dentro das normas do relacionamento social? Os participantes que recebessem esses brindes trocariam as normas sociais pelas normas do mercado ou oferecer brindes como recompensas iria mantê-los no mundo social?

Para descobrirmos onde os presentes se situam no limite entre as normas sociais e do mercado, James e eu decidimos realizar outro experimento. Dessa vez, não oferecemos dinheiro para nossos participantes arrastarem círculos pela tela do computador. Oferecemos brindes. Substituímos a recompensa de 50 centavos por uma barra de Snickers pequena (que tem mais ou menos o mesmo preço) e o incentivo de 5 dólares por uma caixa de chocolates Godiva (cujo preço também é equivalente).

Os participantes foram ao laboratório, receberam sua recompensa, trabalharam tanto quanto quiseram e partiram. Então, olhamos os resultados. Ao que se revelou, todos os três grupos experimentais se esforçaram mais ou menos da mesma forma durante a tarefa, independentemente de terem recebido a barra de Snickers pequena (esses participantes arrastaram em média 162 círculos), os chocolates Godiva (em média 169 círculos) ou nada (em média 168 círculos). A conclusão: ninguém se ofende com um presentinho, porque os menores presentes nos mantêm no mundo do relacionamento social, longe das normas do mercado.

★ ★ ★

O que aconteceria se misturássemos os sinais para os dois tipos de norma? O que aconteceria se mesclássemos a norma do mercado com a norma social? Em outras palavras, se disséssemos que daríamos uma "barra de Snickers de *50 centavos*" ou uma "caixa de chocolates Godiva de *5 dólares*", o que os participantes fariam? Uma "barra de Snickers de 50 centavos" os faria se esforçarem tanto quanto uma "barra de Snickers"? Ou eles fariam corpo mole, como aconteceu com o grupo dos 50 centavos? Ou haveria um meio-termo? O experimento seguinte testou essas ideias.

Ao que se revelou, os participantes não se sentiram motivados quando receberam a barra de Snickers de 50 centavos, e o esforço investido foi o mesmo de quando receberam o pagamento da quantia correspondente. Eles reagiram ao brinde com preço explícito exatamente como reagiram ao dinheiro, e o brinde deixou de invocar as normas sociais – com a menção do preço, o brinde passou para o domínio das normas do mercado.

Aliás, replicamos o cenário mais tarde, perguntando a passantes se poderiam nos ajudar a descarregar um sofá de um caminhão. Os resultados foram os mesmos. As pessoas estão dispostas a trabalhar de graça ou por um salário razoável. Mas, se você oferecer como pagamento um valor baixo, elas se afastarão. Oferecer às pessoas um presente, ainda que pequeno, é suficiente para fazê-las ajudarem. No entanto, basta mencionar quanto custou o presente e você as verá dar as costas mais rápido do que consegue dizer "normas do mercado".

Esses resultados mostram que, para que as normas do mercado emerjam, é suficiente mencionar o dinheiro (ainda que não haja troca). Claro que as normas do mercado não envolvem somente o esforço – elas se relacionam com uma grande variedade de comportamentos, inclusive independência financeira, ajuda e individualismo. Basta fazer com que as pessoas pensem em dinheiro para influenciá-las a se comportarem de forma diferente nesses aspectos? Essa premissa foi explorada por Kathleen Vohs (professora da Universidade de Minnesota), Nicole Mead (estudante de pós-graduação da Florida State University) e Miranda Goode (estudante de pós-graduação da Universidade de British Columbia) num conjunto de experimentos fantásticos.

Elas pediram aos participantes que realizassem uma "tarefa de sentenças embaralhadas", ou seja, reagrupassem conjuntos de palavras para formar sentenças. Para um dos grupos, a tarefa baseou-se em sentenças neutras (por exemplo, "faz frio lá fora"); para o outro, em sentenças ou expressões relacionadas a dinheiro (por exemplo, "salário elevado").* Apenas pensar sobre dinheiro seria suficiente para mudar o comportamento dos participantes?

Em um dos experimentos, eles concluíram a tarefa de decifrar a sentença e receberam um quebra-cabeça difícil, no qual tiveram que encaixar 12 discos em um quadrado. Quando o pesquisador deixou a sala, informou que poderiam procurá-lo se precisassem de orientação. Quem você acha que pediu ajuda mais rápido: aqueles que haviam lidado com as sentenças sobre "salário", com sua sugestão implícita de dinheiro, ou os que haviam lidado com as sentenças "neutras", sobre o clima e outros temas do gênero? Como se revelou, os estudantes que antes haviam lidado com a tarefa sobre o dinheiro lutaram com o quebra-cabeça por uns cinco minutos e meio antes de procurarem o pesquisador, enquanto os que lidaram com a tarefa neutra o procuraram após cerca de três minutos. Pensar sobre dinheiro deixou os participantes do grupo do "salário" mais confiantes e menos dispostos a pedirem ajuda.

Mas eles também ficaram menos dispostos a ajudar os outros. Na verdade, após pensarem sobre dinheiro, estiveram menos dispostos a ajudar um pesquisador a digitar dados, menos propensos a ajudar outro participante que parecia confuso e menos solícitos com um "estranho" (um pesquisador disfarçado) que "sem querer" derrubou uma caixa de lápis.

No todo, os participantes do grupo do "salário" mostraram muitas das características do mercado: foram mais egoístas e confiantes; quiseram passar mais tempo sozinhos; estavam mais propensos a escolher tarefas que requeressem contribuições individuais em vez de trabalho em equipe; e, ao decidirem onde queriam se sentar, escolheram assentos mais afastados das outras pessoas. De fato, o simples pensamento sobre dinheiro faz com que nos comportemos como a maioria dos economistas acredita

* Esse procedimento geral chama-se "pré-ativação", e a tarefa de decifrar a sentença é usada para fazer os participantes pensarem num tema específico – sem instruções diretas para tal.

que nos comportamos – e menos como os animais sociais que somos por natureza.

O que me leva a um último pensamento: quando estiver em um restaurante com sua namorada, não mencione o preço dos pratos escolhidos. Sim, eles estão impressos no menu. Sim, essa poderia ser uma oportunidade de impressionar sua namorada com o calibre do restaurante. Mas, se falar disso, tenderá a mudar seu relacionamento da norma social para a do mercado. Sim, sua namorada pode não reconhecer quanto essa refeição está lhe custando. Sim, sua sogra pode achar que a garrafa de vinho que você deu de presente é uma marca comum de 10 dólares, quando na verdade é um Merlot reserva especial de 60 dólares. Mas esse é o preço que você deve pagar para manter seu relacionamento no domínio social, longe das normas do mercado.

Nós vivemos em dois mundos: um caracterizado pelas trocas sociais e outro, pelas trocas de mercado. E aplicamos normas diferentes a esses dois tipos de relacionamentos. Além disso, introduzir normas do mercado nas trocas sociais, como vimos, viola as normas sociais e prejudica os relacionamentos. Uma vez cometido esse erro, fica difícil recuperar um relacionamento social. Uma vez que você ofereceu um pagamento pela deliciosa ceia de Natal, sua sogra se lembrará do incidente por anos. E se você alguma vez ofereceu a um parceiro romântico em potencial a chance de ir direto ao assunto, dividir o custo do processo de cortejar e ir para a cama, há grandes chances de você ter destruído o romance para sempre.

Meus bons amigos Uri Gneezy (professor da Universidade da Califórnia em San Diego) e Aldo Rustichini (professor da Universidade de Minnesota) forneceram um teste bem sagaz sobre os efeitos de longo prazo de uma mudança das normas sociais para as do mercado.

Alguns anos atrás, eles estudaram uma creche em Israel para descobrir se daria certo cobrar uma multa dos pais que chegassem atrasados para buscar seus filhos. Uri e Aldo concluíram que a multa não funcionou bem e, na verdade, teve efeitos negativos a longo prazo. Por quê? Antes da criação da multa, os professores e os pais tinham um contrato social, com normas sociais sobre chegar atrasados. Assim, se os pais se atrasassem – como ocorria ocasionalmente – sentiam-se culpados, e sua culpa os compelia a serem mais pontuais no futuro. (Em Israel, a culpa parece ser um meio eficaz de obter aquiescência.) Contudo, uma vez cobrada a multa, a creche inadvertidamente substituíra as normas sociais por normas do mercado. Agora que estavam *pagando* por sua falta de pontualidade, os pais interpretaram a situação em termos de normas do mercado. Em outras palavras, como estavam sendo multados, podiam decidir por si mesmos se chegariam atrasados ou não e com frequência optavam pelo atraso. Desnecessário dizer que aquele não era o intuito da creche.

Mas a história estava apenas começando. A parte mais interessante ocorreu algumas semanas depois, quando a creche retirou a multa. Agora o centro havia retornado à norma social. Os pais também retornariam? Sua culpa voltaria? De jeito nenhum. Depois de removida a multa, o comportamento dos pais não mudou. Eles continuaram chegando atrasados. Na verdade, quando a multa foi retirada, houve um ligeiro aumento no número de atrasos (afinal, tanto as normas sociais quanto a multa haviam sido removidas).

Esse experimento ilustra um fato triste: quando uma norma social colide com uma norma do mercado, a primeira desaparece por um longo tempo. Em outras palavras, os relacionamentos sociais não são fáceis de restabelecer. Uma vez que a norma social é substituída pela norma do mercado, raramente retorna.

O fato de vivermos tanto no mundo social quanto no mundo do mercado tem muitas implicações para nossa vida pessoal. De tempos em tempos, todos precisamos de alguém para nos ajudar a mudar algo de lugar, tomar conta de nossos filhos por algumas horas ou recolher nossa correspondência quando estivermos fora da cidade. Qual a melhor forma de motivar nossos amigos e vizinhos a nos ajudarem? Dinheiro funcionaria, um presente talvez? Quanto? Ou absolutamente nada? Essa dança social, como você já deve saber, não é fácil de resolver – especialmente quando existe o risco de transformar um relacionamento social em uma transação de mercado.

Eis algumas respostas. É aceitável pedir a um amigo que ajude a mudar de lugar uma grande peça de mobília ou umas poucas caixas. Mas pedir a ele que ajude a carregar um montão de caixas ou móveis não – sobretudo se o amigo está trabalhando lado a lado com o pessoal da mudança que está sendo pago pela tarefa. Nesse caso, seu amigo pode sentir que está sendo explorado. De forma semelhante, é aceitável pedir ao vizinho (por acaso, um advogado) que recolha sua correspondência enquanto você está de férias. Mas pedir que gaste o mesmo tempo preparando um contrato de locação (grátis) para você não é.

O equilíbrio delicado entre as normas sociais e do mercado também é evidente no mundo dos negócios. Nas últimas décadas, empresas tentaram se vender como companheiras sociais – ou seja, gostariam que pensássemos que elas e nós somos uma família ou, ao menos, amigos que passam pelas mesmas dificuldades.

Quem começou o movimento de tratar os clientes segundo as normas sociais teve uma ótima ideia. Se os clientes e uma empresa são uma família, a empresa obtém diversos benefícios. A fidelidade é o principal. Pequenas infrações – errar na sua conta ou mesmo impor um modesto aumento em suas taxas de seguro – são aceitas. Os relacionamentos, é claro, têm altos e baixos, mas no geral são positivos.

Mas eis o que acho estranho: embora as empresas tenham gastado bilhões de dólares em marketing e propaganda para criar relacionamentos sociais – ou ao menos uma impressão disso –, não parecem entender a natureza dos relacionamentos sociais nem seus riscos, em particular.

Por exemplo, o que acontece quando o cliente emite um cheque sem fundos? Se a relação se baseia nas normas do mercado, o banco cobra uma taxa e o cliente paga. Negócios são negócios. Embora a taxa seja desagradável, ainda assim é aceitável. Mas, em um relacionamento social, uma taxa tardia e cara – em vez de um telefonema amigável do gerente ou uma dispensa automática da taxa – não apenas envenena o relacionamento, como é uma punhalada nas costas. Os consumidores vão se sentir pessoalmente ofendidos. Sairão dali furiosos e passarão horas reclamando com os amigos sobre aquele banco horroroso. Afinal, aquele era um relacionamento enquadrado como social. Por mais brindes, slogans e gestos de amizade que o banco ofereça, uma violação do relacionamento social significa que o consumidor está de volta ao relacionamento de mercado. Pode acontecer rápido assim.

Qual a conclusão? Se você é uma empresa, meu conselho é lembrar que não dá para ter as duas coisas. Você não pode tratar seus clientes como um membro da família em um momento e depois tratá-los de maneira impessoal - ou pior, como um estorvo ou um concorrente -, quando isso se torna mais conveniente ou lucrativo. Não é assim que as relações sociais funcionam. Se você quer uma relação social, busque-a, mas lembre-se de que precisa sustentá-la sob quaisquer circunstâncias.

Por outro lado, se você acha que precisa bancar o durão de tempos em tempos - cobrando taxas extras por serviços adicionais ou repreendendo para manter os consumidores na linha -, talvez nem convenha gastar dinheiro para tornar sua empresa a escolha mais simpática. Nesse caso, atenha-se a uma proposição de valor simples: declare o que você oferece e o que espera em troca. Como não está criando nenhuma norma social ou expectativa, tampouco pode violar alguma - afinal, negócios são negócios.

As empresas também tentaram instituir normas sociais com seus funcionários. Nem sempre foi assim. Anos atrás, a força de trabalho dos Estados Unidos tendia mais para um relacionamento industrial, voltado para o mercado. Naquela época, a mentalidade costumava ser relacionada ao relógio de ponto, das nove às cinco. Você dedicava suas 40 horas e recebia seu contracheque na sexta-feira. Como eram pagos por hora, os trabalhadores sabiam exatamente quando estavam trabalhando para o patrão e quando não estavam. Assim que o apito da fábrica soava (ou o equivalente corporativo ocorria), a transação se encerrava. Tratava-se de um relacionamento de mercado que funcionava de forma adequada para ambos os lados.

Hoje as empresas acham vantajoso criar um relacionamento social. Afinal, no mercado atual, somos os produtores de ativos intangíveis. A criatividade conta mais do que máquinas industriais. A divisão entre trabalho e lazer também se tornou indistinta. Os gestores de empresas querem que pensemos no trabalho enquanto voltamos para casa ou tomamos banho. Eles nos deram notebooks e celulares para reduzir a lacuna entre o local de trabalho e o lar.

Muitas empresas americanas aderiram à tendência de trocar o pagamento por hora pelo salário mensal, o que torna ainda mais indefinidos os limites do horário do expediente, que já não funcionam mais das nove às cinco. Nesse ambiente de trabalho de 24 horas por dia, sete dias por semana, as normas sociais têm grande vantagem: tendem a tornar os funcionários empolgados, esforçados, flexíveis e preocupados. Em um mercado no qual a fidelidade dos funcionários aos seus empregadores costuma esmorecer, as normas sociais são um dos melhores meios de tornar os funcionários fiéis, bem como motivados.

Softwares de fonte aberta mostram o potencial das normas sociais. No caso do Linux e de outros projetos colaborativos, você pode postar um problema sobre um bug em um dos *bulletin boards* e observar a rapidez com que alguém, ou com frequência muitas pessoas, reagirá ao seu pedido e consertará o software – usando o próprio tempo de lazer. Você poderia pagar por esse nível de serviço? Provavelmente. Mas, se tivesse que contratar pessoas do mesmo calibre, custariam os olhos da cara. No entanto, as pessoas nessas comunidades estão satisfeitas em oferecer seu tempo à sociedade em geral (obtendo com isso os mesmos benefícios sociais que todos obtemos ao ajudar um amigo a pintar um quarto). Como podemos aplicar isso ao mundo dos negócios? Existem recompensas sociais que motivam fortemente o comportamento – e uma das menos usadas na vida corporativa é o encorajamento das recompensas sociais e da reputação.

No tratamento com seus funcionários – assim como no tratamento com seus clientes –, as empresas precisam entender seu compromisso de longo prazo implícito. Se os funcionários prometem se esforçar para cumprir um prazo importante (chegando a cancelar compromissos de família), se são solicitados a pegarem um avião a qualquer momento para comparecerem a uma reunião, então precisam receber algo similar em troca – por exemplo, apoio quando estão doentes ou uma chance de manter seus empregos quando o mercado ameaça deixá-los desempregados.

Embora algumas empresas tenham sido bem-sucedidas em criar normas sociais com seus trabalhadores, a obsessão atual com lucros em curto prazo, terceirização e cortes de custos draconianos ameaça solapar essas conquistas. Afinal, em um relacionamento social, as pessoas acreditam que, se algo der errado, a outra parte estará ao seu lado, para protegê-las e ajudá-las. Essas crenças não são explicitadas em contrato, mas são obrigações gerais quanto a fornecer assistência e ajuda em momentos de necessidade.

De novo, as empresas não podem ter as duas coisas. Em especial, estou preocupado com a possibilidade de que os cortes recentes nos benefícios aos funcionários – creche, aposentadorias, horário flexível, academia, cafeteria, piqueniques com a família – provavelmente ocorrerão à custa do relacionamento social, afetando, dessa maneira, a produtividade dos funcionários. Em particular, temo que cortes e mudanças nos benefícios médicos tendam a transformar grande parte do relacionamento social entre empregado e empregador em um relacionamento de mercado.

Se as empresas desejam se beneficiar das vantagens das normas sociais, precisam cultivá-las melhor. Benefícios médicos, em particular uma cobertura médica abrangente, estão entre os melhores meios para uma empresa expressar seu lado do relacionamento social. Mas o que muitas têm feito? Exigem altas franquias em seus planos de seguro e, ao mesmo tempo, reduzem o alcance dos benefícios. Em termos simples, estão solapando o contrato social entre a empresa e os funcionários, substituindo-o por normas do mercado. À medida que as empresas mudam as regras do jogo e os funcionários passam das normas sociais para as do mercado, será que podemos culpá-los por desertarem quando uma oferta melhor aparece? Não surpreende que a "fidelidade corporativa", em termos da fidelidade dos funcionários à empresa, tenha se tornado um paradoxo.

As organizações podem também pensar conscientemente sobre como as pessoas reagem às normas sociais e do mercado. Você deveria dar a um funcionário um presente no valor de mil dólares ou pagar mil dólares extras? O que é melhor? Se consultar os funcionários, a maioria preferirá o dinheiro ao presente. Mas o presente tem seu valor, embora às vezes seja mal entendido. Pode impulsionar o relacionamento social entre empregador e empregado e, com isso, fornecer benefícios de longo prazo para todos. Pense nisto: quem você acha que tenderá a se esforçar mais, mostrar mais fidelidade e amar verdadeiramente seu trabalho? Alguém que está ganhando mil em dinheiro ou alguém que está ganhando um presente pessoal?

Claro que um presente é um gesto simbólico. E claro que ninguém vai trabalhar por presentes em vez de salário. Por sinal, ninguém vai trabalhar em troca de nada. Mas se você observar empresas como a Google, que oferece uma ampla variedade de benefícios aos funcionários (inclusive almoços gourmet grátis), poderá ver que, quando se enfatiza o lado social do relacionamento empresa-trabalhador, cria-se boa vontade. É incrível quanto trabalho as empresas (em particular as startups) conseguem obter das pessoas quando as normas sociais (a empolgação de desenvolver algo em conjunto) são mais fortes do que as normas do mercado (aumentos de salário a cada promoção).

Se as grandes empresas começassem a pensar em termos de normas sociais, perceberiam que essas normas desenvolvem a fidelidade e – o mais importante – fazem as pessoas quererem se esforçar conforme tem sido necessário às empresas atuais: sendo mais flexíveis, interessadas e dispostas a se dedicarem. Eis o que um relacionamento social fornece.

Deveríamos estar pensando na questão das normas sociais no ambiente de trabalho. A produtividade americana depende cada vez mais do talento e dos esforços de seus trabalhadores. Será que estamos tirando os negócios do domínio das normas sociais e levando-os para as normas do mercado? Os trabalhadores estão pensando em termos de dinheiro, em vez dos valores sociais da fidelidade e da confiança? Qual será o efeito disso sobre a produtividade americana a longo prazo em termos de criatividade e empenho? E como fica o "contrato social" entre governo e cidadão? Está em risco também?

Em algum nível, todos sabemos as respostas. Entendemos, por exemplo, que apenas um salário não motivará as pessoas a colocarem sua vida em risco. Policiais, bombeiros e soldados não morrem por seu pagamento. São as normas sociais – orgulho pela profissão e sensação de dever – que os motivam a sacrificar sua vida e sua saúde. Certa vez um amigo meu em Miami acompanhou um funcionário da alfândega americana em patrulha em águas costeiras. O agente portava um fuzil de assalto e com certeza poderia ter feito vários furos em um barco de traficantes de drogas em fuga. Mas alguma vez agira assim? De jeito nenhum, respondeu. Ele não ia arriscar a vida pelo salário que o governo lhe pagava. Na verdade, ele confidenciou, seu grupo tinha um acordo velado com os traficantes: os agentes federais não atirariam se eles não atirassem. Talvez por isso raramente (ou nunca) ouvimos falar de tiroteios nas fronteiras da "guerra contra as drogas" nos Estados Unidos.

Como poderíamos mudar essa situação? Primeiro, poderíamos tornar o salário federal tão bom que o funcionário da alfândega estaria disposto a arriscar sua vida. Mas quanto seria isso? Uma remuneração equivalente ao que um traficante de drogas típico obtém por pilotar um barco das Bahamas até Miami? A alternativa seria promover a norma social, fazendo com que o agente sentisse que sua missão vale mais do que seu pagamento básico – que nós o honramos (como honramos nossa polícia e nossos bombeiros) por uma profissão que não apenas estabiliza a estrutura da sociedade, mas também salva nossas crianças de todos os perigos. Isso, é claro, requereria certa liderança inspiradora, mas poderia ser feito.

Vou descrever como esse mesmo pensamento se aplica ao mundo da educação. Recentemente aderi a um comitê federal sobre incentivos e responsabilização na educação pública. Este é um aspecto das normas sociais e do mercado que eu gostaria de explorar nos próximos anos. Nossa tarefa é reexaminar a política de "Nenhuma Criança Deixada para Trás" e ajudar a encontrar meios de motivar estudantes, professores, administradores e pais.

Minha sensação até agora é que as provas padronizadas e os salários baseados no desempenho tendem a empurrar a educação das normas sociais para as normas do mercado. Os Estados Unidos já gastam mais dinheiro por estudante do que qualquer outra sociedade ocidental. Seria sensato acrescentar mais? A mesma consideração se aplica às provas: já estamos testando com muita frequência, e mais provas dificilmente melhorarão a qualidade da educação.

Suspeito que haja uma resposta no domínio das normas sociais. Como constatamos em nossos experimentos, o dinheiro só consegue levá-lo até certo ponto – as normas sociais são as forças capazes de fazer a diferença a longo prazo. Em vez de concentrar a atenção de professores, pais e crianças nas notas das provas, nos salários e na competitividade, talvez fosse melhor infundir em todos uma sensação de propósito, missão e orgulho pela educação. Para isso, não podemos tomar o caminho das normas do mercado. Os Beatles já proclamavam "Can't Buy Me Love" ("Amor não se pode comprar"), e isto se aplica ao amor por aprender – você não pode comprá-lo. Se tentar, poderá afugentá-lo.

Então como podemos melhorar o sistema educacional? Talvez devêssemos primeiro repensar os currículos escolares e associá-los de formas mais óbvias às metas sociais (eliminação da pobreza e do crime, elevação dos direitos humanos, etc.), às metas tecnológicas (promover a conservação de energia, exploração espacial, nanotecnologia, etc.) e às metas médicas (curas para o câncer, o diabetes, a obesidade, etc.) com que nos preocupamos enquanto sociedade. Desse modo, estudantes, professores e pais poderiam ver o objetivo mais amplo da educação e se entusiasmar e se motivar com ele. Deveríamos também fazer um esforço para tornar a educação uma meta em si e parar de confundir o número de horas que os estudantes passam na escola com a qualidade da educação recebida. As crianças conseguem se entusiasmar com muitas coisas (beisebol, por exemplo), e é nosso desafio como sociedade fazer com que queiram saber tanto sobre os vencedores do Prêmio Nobel quanto sabem sobre os jogadores de beisebol. Não estou afirmando que é simples desencadear uma paixão social pela educação. Mas, se conseguirmos desencadeá-la, o valor poderia ser imenso.

Com frequência, o dinheiro, pelo que vimos, é o meio mais caro de motivar as pessoas. As normas sociais, além de mais baratas, muitas vezes são também mais eficazes.

Então de que serve o dinheiro? Nos tempos antigos, o dinheiro facilitava o comércio: você não precisava carregar um ganso nas costas quando ia ao mercado ou decidir qual parte do ganso equivalia a um pé de alface. Nos tempos modernos, o dinheiro tem ainda mais benefícios, já que nos permite fazer especializações, empréstimos e poupanças.

Mas o dinheiro também assumiu vida própria. Como vimos, ele pode eliminar o que há de melhor nas interações humanas. Então precisamos do dinheiro? Claro que sim. Mas haveria alguns aspectos de nossa vida que seriam, de certa forma, melhores sem ele?

Eis uma ideia radical que não é fácil imaginar. Alguns anos atrás, tive uma amostra dela. Fui convidado por John Perry Barlow, um ex-letrista do Grateful Dead, para um evento que se revelou uma experiência pessoal importante e um exercício interessante de criar uma sociedade sem dinheiro. Barlow me disse que eu tinha que ir ao Burning Man com ele e que, se fosse, me sentiria em casa. Burning Man é um evento anual de autoexpressão e autoconfiança, com duração de uma semana, realizado no deserto de Black Rock, em Nevada, com público regular de mais de 40 mil pessoas. O Burning Man começou em 1986 em Baker Beach, São Francisco, quando uma pequena multidão projetou, construiu e depois tacou fogo em uma estátua de madeira de 2,5 metros, representando um homem e um cão menor. Desde então, o tamanho do homem queimado e o número de pessoas comparecendo às festividades cresceram substancialmente, e o evento é agora um dos maiores festivais de arte e um experimento permanente sobre comunidade temporária.

O Burning Man tem muitos aspectos extraordinários, mas para mim um dos mais notáveis é a rejeição das normas do mercado. Não se aceita dinheiro no evento. Pelo contrário, o local inteiro funciona com uma economia de troca de presentes: você dá coisas, com o pressuposto de que as outras pessoas darão a você algo de volta em algum ponto do futuro. Assim, pessoas que sabem cozinhar podem preparar uma refeição. Psicólogos oferecem sessões de aconselhamento grátis. Massoterapeutas massageiam pessoas deitadas em estrados. Aqueles que dispõem de água oferecem duchas. Distribuem bebidas, bijuterias e abraços. (Preparei alguns quebra-cabeças na oficina de hobbies do MIT e ofereci às pessoas. A maioria adorou tentar solucioná-los.)

De início, tudo aquilo foi bem estranho, mas em pouco tempo adotei as normas do evento. Surpreendi-me ao constatar que o Burning Man foi o lugar mais acolhedor, social e atencioso onde já estive. Não sei ao certo se conseguiria sobreviver daquela forma o ano inteiro. Mas essa experiência me convenceu de que a vida com menos normas do mercado e mais normas sociais seria mais satisfatória, criativa, realizadora e divertida.

A resposta, acredito, não é recriar a sociedade como no Burning Man, mas lembrar que as normas sociais podem desempenhar um papel bem maior do que acreditamos. Se examinarmos como as normas do mercado foram aos poucos dominando nossa vida nas últimas décadas – com ênfase em salários altos, mais renda e mais gastos –, podemos reconhecer que, afinal de contas, um retorno a algumas das antigas normas sociais não seria tão ruim. Na verdade, poderia trazer um pouco da antiga civilidade de volta à nossa vida.

Reflexões sobre as normas sociais: lições sobre presentes

Quando misturamos normas sociais e monetárias, coisas estranhas e indesejáveis podem acontecer. Por exemplo, se você leva sua namorada para casa após uma noite maravilhosa juntos, não mencione quanto aquela noite lhe custou. Não é uma boa estratégia para obter um beijo apaixonado de boa-noite. (Com certeza não recomendo isso como um experimento, mas, se tentar, conte-me qual foi o resultado.) O namoro, claro, é apenas uma das áreas em que podemos estragar um relacionamento social introduzindo normas financeiras, e esse perigo espreita em muitos cantos.

Em certo nível, todos sabemos disso e, portanto, às vezes tomamos decisões deliberadas que não se alinham com a teoria econômica racional. Pense nos presentes, por exemplo. Da perspectiva econômica convencional, são um desperdício de dinheiro. Imagine que você tenha me convidado para jantar em sua casa e decidi gastar 50 dólares numa bela garrafa de Bordeaux em sinal de gratidão. Existem alguns problemas nessa decisão: você pode não apreciar Bordeaux. Talvez preferisse algo diferente: um exemplar de *Previsivelmente irracional*, um DVD de *Cidadão Kane* ou um liquidificador. Isso significa que a garrafa que me custou 50 dólares poderia valer, no máximo, 25 dólares para você em termos de utilidade. Ou seja, por 25 dólares, você poderia obter algo diferente que o deixaria tão contente quanto minha garrafa de vinho de 50 dólares.

Ora, se dar presentes fosse uma atividade racional, eu chegaria ao jantar e diria: "Obrigado pelo convite. Pretendia gastar 50 dólares em uma garrafa de Bordeaux, mas acho que isso o deixaria bem menos feliz do que 50 dólares em dinheiro." Eu pegaria cinco notas de 10, entregaria a você e acrescentaria: "Aqui está. Você pode decidir qual a melhor forma de gastá-los." Ou talvez eu lhe desse 40 dólares em dinheiro, e ambos sairíamos ganhando – sem falar que eu pouparia o trabalho de comprar o vinho.

Embora todos percebamos que oferecer dinheiro em vez de presente é economicamente mais eficiente, não espero que muita gente siga este conselho racional, porque isso não agradará aos nossos anfitriões. Se quer demonstrar afeição ou fortalecer seu relacionamento, dar um presente – mesmo sob o risco de não ser tão apreciado quanto você esperava – é o único caminho viável.

Assim, imagine dois cenários. Digamos que chegou o fim do ano, e dois vizinhos diferentes o convidaram para suas festas na mesma semana. Você aceita ambos os convites. Num dos casos, faz a coisa irracional e dá ao Vizinho X uma garrafa de Bordeaux. Na segunda festa, você adota a abordagem racional e dá 50 dólares em dinheiro ao Vizinho Z. Na semana seguinte, você precisa de ajuda para mudar o sofá de lugar. Quanto você se sentiria à vontade ao abordar cada um de seus vizinhos e como acha que cada um reagiria ao seu pedido? Há chances de que o Vizinho X se ofereça para ajudar. E o Vizinho Z? Como você já lhe pagou uma vez, sua reação lógica ao pedido de ajuda poderia ser: "Bem, quanto você vai me pagar desta vez?" De novo, a perspectiva de agir de forma racional, falando do ponto de vista financeiro, soa profundamente irracional em termos de normas sociais.

O fato é que, embora os presentes sejam financeiramente ineficientes, constituem um importante lubrificante social. Ajudam a fazer amigos e criar relacionamentos de longo prazo que podem nos apoiar nos altos e baixos da vida. Às vezes, pelo que vimos, um desperdício de dinheiro pode valer muito.

Reflexões sobre as normas sociais: benefícios no local de trabalho

Os mesmos princípios gerais relativos às normas sociais também se aplicam ao local de trabalho. Em geral, as pessoas trabalham pelo contracheque, mas existem outros benefícios intangíveis que podemos obter dos empregos. Estes também são bem reais e importantes, embora bem menos entendidos.

Com frequência, quando estou num voo e as pessoas da mesma fileira não colocam de imediato seus fones de ouvido, entro em uma discussão interessante com algum deles. Invariavelmente, aprendo muito sobre o trabalho do meu vizinho, seu histórico profissional e projetos futuros. Por outro lado, descubro pouquíssimo sobre sua família ou as músicas, os filmes ou os hobbies favoritos dele. A não ser que meu vizinho me dê um cartão de visita, quase nunca descubro seu nome até o momento em que estamos prestes a desembarcar. Existem provavelmente muitas razões para tal, mas suspeito que uma delas é que a maioria das pessoas se orgulha muito de seu trabalho. Isso não se aplica a todos, é claro, mas acredito que para muitas delas o local de trabalho não é apenas fonte de dinheiro, mas também uma fonte de motivação e autodefinição.

Esses sentimentos beneficiam tanto o local de trabalho quanto o funcionário. Empregadores que conseguem fomentá-los recebem em troca funcionários dedicados e motivados que pensam em resolver problemas ligados ao trabalho mesmo após o expediente. E funcionários que se orgulham do seu trabalho têm uma sensação de felicidade e propósito. Mas, assim como normas do mercado podem solapar normas sociais, talvez também corroam o orgulho e o sentido que as pessoas obtêm do local de trabalho (por exemplo, quando pagamos aos professores de acordo com o desempenho de seus alunos em provas padronizadas).

Imagine que você trabalhe para mim e eu queira lhe oferecer um bônus de fim de ano. Eu lhe dou a opção: mil dólares em dinheiro ou uma semana nas Bahamas com todas as despesas pagas, que me custaria mil dólares. Qual opção você escolheria? Se você é como a maioria que respondeu a esta pergunta, optaria pela grana. Afinal, talvez já tenha estado nas Bahamas e não goste muito de lá ou talvez prefira passar um fim de semana num resort mais perto de casa e usar o resto do dinheiro do bônus para comprar um celular novo. De qualquer modo, você acha que consegue decidir melhor como gastar seu dinheiro.

Esse esquema parece financeiramente eficiente, mas aumentaria sua felicidade no trabalho ou sua fidelidade à empresa? Faria de mim um chefe melhor? Melhoraria de algum modo o relacionamento empregador/empregado? Desconfio que tanto os seus quanto os meus interesses seriam mais bem servidos se eu deixasse de oferecer uma opção e apenas enviasse você de férias às Bahamas. Pense em quão mais relaxado e renovado você se sentiria e como melhoraria seu desempenho, após um fim de semana relaxante de sol e praia, comparado a como você se sentiria e se comportaria após ganhar o bônus de mil dólares. O que o ajudaria a se sentir mais comprometido com seu emprego, mais contente no trabalho e mais dedicado ao seu chefe? Qual presente o deixaria mais propenso a trabalhar longas horas uma noite para cumprir um prazo importante? Em todos esses quesitos, as férias ganham facilmente do dinheiro.

Esse princípio não se aplica apenas ao dinheiro. Muitos empregadores, num esforço por mostrar aos seus funcionários como os tratam bem, acrescentam diferentes rubricas aos seus contracheques, descrevendo quanto dinheiro estão gastando em assistência médica, planos de aposentadoria e academia de ginástica no trabalho. Esses itens são todos legítimos e refletem os custos reais para o empregador, mas declarar abertamente esses valores transforma o local de trabalho, que deixa de ser um ambiente social, onde empregador e empregado têm forte compromisso mútuo, em um relacionamento transacional. Declarar de forma explícita o valor financeiro desses benefícios pode também reduzir a satisfação, a motivação e a fidelidade – afetando de modo negativo tanto o relacionamento empregador/empregado quanto nosso próprio orgulho e felicidade no trabalho.

Presentes e benefícios aos funcionários parecem, à primeira vista, uma forma estranha e ineficiente de alocar recursos. Mas, com a compreensão de que desempenham um papel importante em criar relacionamentos de longo prazo, reciprocidade e sentimentos positivos, as empresas deveriam tentar manter benefícios e presentes no domínio social.

Reflexões sobre romance e normas do mercado

Um dos grandes filósofos de nossa era, Jerry Seinfeld, involuntariamente demonstrou que normas sociais e do mercado colidem se tentamos misturá-las. Em um episódio de *Seinfeld*, Jerry contrata uma empregada doméstica, o que não é nada incomum, não fosse o fato de ela ser atraente e naturalmente (para a cidade de Nova York) estar esperando ser "descoberta" para a fama. Elaine prevê o inevitável: Jerry vai acabar namorando a empregada. Mais tarde, após celebrar o acerto de sua previsão, ela comenta com sarcasmo a prudência do empreendimento de namorar a própria empregada. Elaine aponta as dificuldades inerentes a unir a norma do mercado (empregada doméstica) à norma social (namorada). Jerry, esperando por isso, faz uma defesa improvisada, argumentando que jamais seria leviano numa situação tão delicada e alegando que seus relacionamentos pessoais e de trabalho não se misturam. Quando ocorre a próxima evolução inevitável de seu "relacionamento"– isto é, a empregada/namorada para de fazer a faxina (mas fica com o dinheiro mesmo assim) –, Kramer fica horrorizado e diz que Jerry está pagando uma prostituta, baseado no fato de que não é normal pagar à sua cara-metade por serviços prestados. Ambos os relacionamentos (namorada e empregada) terminam quando Jerry afirma que acabou e, ao mesmo tempo, a despede. O que aconteceu foi que Jerry misturou duas normas concorrentes – a social e a do mercado – antes de perceber que elas não podem coexistir facilmente.

Relacionamentos românticos, seja na ficção ou na vida real, podem fornecer vislumbres proveitosos de uma série de áreas da economia comportamental. Mas, como já vimos, eles são particularmente úteis em nos ajudar a pensar nas estranhas combinações das normas sociais e do mercado. Um exemplo triste de uma pessoa que não entendeu essa complexidade é uma mulher em Nova York que, em 2007, publicou um anúncio pessoal no site Craigslist. Em seu anúncio, ela disse que buscava um marido que ganhasse mais de 500 mil dólares anuais. Ela se descreveu como "espetacularmente bonita" e "articulada". Também disse que, embora não tivesse dificuldade em namorar homens de negócios que ganhavam 250 mil dólares, era incapaz de romper essa barreira e encontrar alguém acima desse nível de renda. Esperava encontrar alguém que pudesse obter para ela o que realmente queria: um belo apartamento em Central Park West.

Suponhamos, para fins de argumentação, que a mulher fosse mesmo linda, articulada e maravilhosa em todos os aspectos. O que aconteceria se ela entrasse em um bar cheio de corretores de valores, achasse o seu homem e declarasse sua meta de maneira explícita, como fez no anúncio, e ele aceitasse sua oferta? As cláusulas do relacionamento seriam definidas, situando-se firmemente no domínio da norma do mercado, e não da norma social.

Ora, digamos que esse casal "feliz" acabe se casando. O que aconteceria na primeira vez que ela não quisesse fazer sexo com seu marido corretor ou se recusasse a passar as festas de fim de ano com a mãe dele? Suponho que as concessões mútuas tão comuns e aceitáveis nos relacionamentos românticos normais (e em todas as trocas sociais) não fariam parte desse relacionamento... e que a troca explícita de beleza por dinheiro asseguraria o fim do relacionamento.

Não sei de fato qual foi o destino da mulher, mas as respostas ao seu anúncio me fazem suspeitar de que essa abordagem para encontrar um marido não foi feliz. Como ela introduziu abertamente normas do mercado no relacionamento que buscava, muitos dos que responderam compararam sua oferta a uma transação comercial. Na verdade, um anônimo levou suas normas do mercado a um nível pior. Ele assegurou à mulher que satisfazia os critérios dela, mas explicou que a proposta era uma "transação comercial sórdida" porque seus ativos (dinheiro) tendiam a se valorizar com o tempo, enquanto os ativos dela (aparência) certamente se depreciariam com a idade. De fato a abordagem da mulher não foi nada boa.

5

O PODER DO BISCOITO GRÁTIS

Como o GRÁTIS pode nos tornar menos egoístas

Algum tempo atrás, decidi assistir em primeira mão a um dos atos mais deploráveis do bruto e despudorado capitalismo de oferta e demanda em ação. Estou falando da Corrida das Noivas da Filene's Basement – um evento realizado anualmente, desde 1947, que é a resposta dessa loja de departamentos à famosa Corrida dos Touros em Pamplona, na Espanha. Em vez de observar touros de 450 quilos pisoteando e chifrando seres humanos destemidos, observei cerca de mil futuras noivas enrubescidas (e seus asseclas) pisoteando umas às outras numa disputa em massa por vestidos de casamento de grife com descontos. De acordo com o site da loja,[5] vestidos que custam originalmente milhares de dólares são oferecidos nesse dia por uma ninharia: de 249 a 699 dólares.

Na madrugada do dia da liquidação, as noivas, cada uma com um pequeno exército de mães e amigas, fazem fila na frente da loja (algumas chegam a acampar na véspera). No minuto em que as portas se abrem, transformam-se em uma multidão frenética, berrando e empurrando, correndo até as prateleiras para arrebatar o máximo de vestidos que conseguem carregar. (Um conselho particularmente útil para noivas: peça que suas amigas vistam uniformes de cores vivas ou chapéus chamativos para você conseguir identificá-las na confusão enquanto agarram montes de vestidos.)

Leva apenas cerca de um minuto para que as prateleiras sejam esvaziadas totalmente. Assim que conseguem seus vestidos, as mulheres se despem e começam a prová-los. Aqueles que não servem são postos de lado, e os pobres e desesperados funcionários da loja tentam pegá-los do chão e recolocá-los nas prateleiras.

Embora eu tenha ouvido relatos horripilantes de ferimentos e lutas, pessoalmente não vi muita violência. Mas testemunhei um egoísmo desenfreado, sem falar no ar carregado de uma linguagem terrível. (Suspeito que, se os noivos delas presenciassem esse evento, poderiam repensar seriamente suas propostas de casamento.)

Ora, a economia tradicional tem uma visão bem simples e direta a respeito da cena na Filene's Basement, quando os preços dos vestidos de noiva são tão drasticamente reduzidos. Se um vestido Vera Wang é reduzido de 10 mil dólares para 249 dólares, a empolgação ("demanda", no jargão econômico) pelo vestido dispara. Mais precisamente, ela aumenta por dois motivos. De acordo com a primeira lei da demanda, aumenta porque as mulheres estão agora no mercado de vestidos de grife (elas agora conseguem comprá-los). E, de acordo com a segunda lei, aumenta porque, com esses preços, as mulheres poderiam comprar várias unidades. A segunda lei é menos aplicável aos vestidos de noiva, porque as mulheres supostamente precisam apenas de um, mas é fundamental em casos em que precisamos de várias unidades (biscoitos, suéteres, etc.). Todavia, mesmo no caso de vestidos de noiva, muitas mulheres foram vistas deixando a Filene's Basement com mais de um. Essas duas leis são os detalhes práticos da regra econômica da demanda. (É preciso admitir: o evento na Filene's não é uma mera ocorrência de "demanda maior"; mais parece um campo de batalha de noivas.)

Essas duas leis econômicas da demanda parecem perfeitamente razoáveis, mas, conforme aprendemos no Capítulo 4, "O custo das normas sociais", as normas do mercado são apenas algumas das forças que atuam sobre nós. Como animais sociais, também temos que enfrentar forças sociais – e quando as forças do mercado e sociais se misturam, o resultado é às vezes diferente do que esperaríamos. Ao explorarmos as interações entre normas sociais e do mercado, basicamente constatamos que, quando acrescentamos dinheiro a uma situação que funciona com base em normas sociais, a motivação pode diminuir em vez de aumentar. Por exemplo, se eu pedisse que você me ajudasse a trocar o pneu, você pensaria: "Tudo bem, Dan quase sempre é um sujeito legal, por isso será um prazer ajudá-lo." Mas se eu lhe perguntasse: "Pode me ajudar a trocar o pneu do carro? Que tal [conferindo minha carteira] 3 dólares pela ajuda?", você pensaria: "Cara, sem essa, que idiota! Ele acha que meu tempo vale essa mixaria?" O que isso significa é que, quando lhe peço um favor e acrescento 3 dólares ao pacote, você não pensa: "Que legal! Posso ajudar Dan *e* ganhar 3 dólares." Pelo contrário, você muda sua perspectiva da situação, encara-a como um trabalho e conclui que não vale seu tempo (claro que, se eu lhe oferecesse 180 dólares, você aceitaria a tarefa).

A lição básica é que, quando oferecemos às pessoas um pagamento financeiro em uma situação governada por normas sociais, a oferta poderia reduzir a motivação delas em se envolver e ajudar.

Mas e se a situação fosse invertida e pedíssemos às pessoas que *nos* pagassem por algo? O efeito das normas sociais funcionaria da mesma maneira? Essa foi a pergunta que Uri Gneezy (professor da Universidade da Califórnia em San Diego), Ernan Haruvy (professor da Universidade do Texas em Dallas) e eu quisemos explorar: o efeito de misturar normas sociais e do mercado à *demanda*.

Para pensarmos mais concretamente sobre esse efeito, imagine que uma de suas colegas de trabalho – vamos chamá-la de Susan – é uma confeiteira talentosa. Num fim de semana, em um ataque de tédio, Susan assa 100 biscoitos com gotas de chocolate e aveia usando a famosa receita da avó, e existem umas 100 pessoas no escritório. Como sua escrivaninha fica ao lado da dela, Susan passa na sua mesa primeiro e coloca diante de você a caixa com todas aquelas guloseimas cheirosas. Quantas você pegaria e como decidiria isso? Há grandes chances de que você consideraria, entre outros fatores, seu nível de fome, sua dieta, sua paixão por biscoitos com chocolate e aveia. Você também poderia pensar em como seus colegas se sentiriam se os biscoitos acabassem e se soubessem que você pegou um montão deles.

Com tudo isso em mente, inclusive a importância das normas sociais, você decide pegar um ou dois.

Agora vejamos uma variação dessa situação. Dessa vez, Susan passa na sua mesa perguntando se você quer comprar biscoitos por 50 centavos cada. Quantos você pegaria e o que determinaria sua decisão? Provavelmente, você de novo levaria em conta seu nível de fome, sua dieta e sua paixão por biscoitos com gotas de chocolate e aveia. Mas, ao contrário do caso anterior, dessa vez você não terá escrúpulos em comprar um montão para comer e levar para casa (sabendo como seus filhos os adoram) nem sequer pensaria no fato de que, ao ficar com tantos biscoitos, estará privando seus colegas da mesma alegria.

Por que sua decisão mudaria tanto pelo fato de Susan pedir 50 centavos por biscoito? Porque, ao cobrar por eles, ela introduziu normas do mercado na equação, as quais expulsaram as normas sociais que regiam o caso dos biscoitos grátis. E o mais interessante: fica óbvio em ambos os casos que, se pegar vários biscoitos, sobrará menos para as demais pessoas no seu escritório. Mas, se Susan oferece seus biscoitos de graça, aposto que você vai pensar na justiça social, nas consequências de parecer ganancioso e no bem-estar dos colegas. Quando o dinheiro é introduzido na troca, você não pensa no que é socialmente certo ou errado e quer maximizar seu consumo de biscoitos.

Da mesma forma, se você vai à Filene's Basement e descobre uma oferta fantástica de vestidos de noiva, não pensa em todas as outras mulheres que também gostariam de obter uma oferta similar – e, portanto, arrebata o máximo de vestidos que consegue. Nas trocas econômicas, somos egoístas e injustos. E achamos que seguir nossa carteira é a atitude certa.

Uri, Ernan e eu decidimos descobrir o que aconteceria nos dois cenários dos biscoitos de Susan. Para isso, armamos uma de nossas bancas de doces improvisadas no MIT e observamos o resultado de dois cenários experimentais.

Cenário 1: Imagine que você é um estudante que se apressa pelo centro estudantil a caminho de uma aula no fim da tarde. Você vê um estande à frente com um cartaz que diz: "Balas de Frutas Starburst por 1 centavo cada". Digamos que, pensando rápido, você lembra que ainda não almoçou, que a última vez que comprou uma Starburst foi no cinema e, oba!, está custando apenas 1 centavo. Assim, você vai lá e compra 10 Starbursts. O almoço está servido!

Cenário 2: O cenário é o mesmo, mas dessa vez o cartaz diz: "Balas de Frutas Starburst grátis". Você curte a lembrança de levar essas balas à boca quando foi ao cinema na infância, recordando feliz que foi uma das poucas vezes em que seus pais permitiram que você comesse montes de açúcar. O que você faria? Quantas Starbursts pegaria? De acordo com as duas leis da demanda, com este novo preço reduzido e irresistível (zero), mais pessoas vão pegar as Starbursts, e em maior quantidade.

Armamos nosso estande de balas nas horas vespertinas, quando o fluxo de estudantes era mais ou menos constante, e de tempos em tempos mudamos as condições, alternando os cartazes entre grátis e 1 centavo (o preço baixo representava o que chamamos de "condição monetária"). Contamos o número de estudantes que pararam no nosso estande e quantos Starbursts compraram ou pegaram. Constatamos que, durante uma hora comum na condição monetária, 58 estudantes pararam para comprar as balas, enquanto em uma hora comum na condição grátis, 207 estudantes pararam para pegar as balas. No todo, cerca de três vezes mais estudantes pararam no estande quando as Starbursts eram grátis. Exatamente como a lei da demanda prevê, a redução do preço resultou num maior *número* de pessoas consumindo o produto. Até aqui tudo bem para a primeira lei da demanda.

Ora, dada a segunda lei, você presumiria que, uma vez que o preço caísse de 1 centavo para zero, cada um dos estudantes que pegou balas levaria mais unidades. E, como o número de estudantes que parou ali foi quase três vezes maior, seria de esperar que, juntas, essas duas forças da demanda tornarão a demanda total em nossa condição gratuita bem maior do que a demanda na condição monetária. Então quantas Starbursts a mais nossos estudantes pegaram quando se tornaram grátis? Pergunta capciosa: eles pegaram *menos* Starbursts!

Quando as Starbursts custavam 1 centavo cada, o número médio de balas por cliente foi 3,5, mas, quando o preço caiu para zero, a média caiu para 1,1 por cliente. Os estudantes limitaram-se em grande medida quando a bala foi grátis. De fato, quase todos os estudantes aplicaram uma norma social bem simples naquela situação: educadamente pegaram uma, e somente uma, Starburst. Claro que isso é o oposto da segunda lei da demanda. E como essas duas forças da demanda funcionaram juntas? No total, o aumento devido ao maior número de pessoas que pararam ali e a diminuição devido à redução no número de balas que cada pessoa pegou resultaram que os estudantes pegaram, ao todo, *menos* Starbursts quando o preço caiu de 1 centavo para grátis.

Isso significa que, quando o preço não faz parte da troca, tornamo-nos menos maximizadores egoístas e começamos a nos importar mais com o bem-estar dos outros. Vimos isso demonstrado pelo fato de que, quando o preço caiu para zero, os clientes se restringiram e pegaram bem menos unidades. Assim, embora o produto (bala, no nosso caso) fosse mais atraente para mais pessoas, também fez com que elas pensassem mais nas outras, se importassem mais com elas e sacrificassem os próprios desejos em benefício das outras. Conclui-se que somos animais sociais atenciosos, mas, quando as regras do jogo envolvem dinheiro, essa tendência é arrefecida.

Os resultados do nosso experimento também podem ajudar a explicar um dos grandes mistérios da vida: quando estamos jantando fora com amigos, por que pegar a última azeitona parece um problema.

Imagine que você vai à festa de aniversário de um amigo. Os aperitivos são suculentos: uma adorável pasta de queijo e frutas; picles, azeitonas *kalamata* e *tapenades*; montes de crostinis pequenos. Você percorre o salão conversando com velhos amigos, e o vinho está fluindo. A certa altura, você vai até a cozinha e observa o bolo *red velvet* de quatro camadas e aspecto delicioso (seu favorito). Ao bater papo com outros convivas, você não consegue parar de pensar naquele bolo de dar água na boca. Tudo o que gostaria de fazer é sumir com ele, comer o máximo que puder na lavanderia sem que ninguém saiba e culpar o cachorro se alguém perguntar. Mas o que você faz? Você contrabalança seu próprio desejo com os desejos de seus amigos e acaba comendo apenas uma fatia média.

Recentemente, estive em uma situação análoga com dois de meus colegas e amigos: Jiwoong Shin e Nina Mazar. Se você já foi a um restaurante de sushi com amigos, sabe que, à medida que os sushis e sashimis começam a rarear, as pessoas sentadas à mesa gradualmente ficam mais tímidas em levá-los à boca. Ao fim de nossa refeição, sobrou um atum condimentado solitário, e nenhum de nós parecia disposto a tirá-lo de seu isolamento. Quando a garçonete veio trazer a conta e retirar o prato com o sushi que sobrou, perguntei com que frequência as pessoas deixam um único pedaço no fim da refeição. "Ah", respondeu ela, "eu sempre acho um último pedaço sobrando. Acho que é até mais comum do que as pessoas comerem todo o sushi."

Ora, comi um montão de sushi na minha vida, e não consigo lembrar de uma única vez em que estivesse jantando sozinho ou recebesse minha própria porção de sushi, e deixasse algo no prato. De algum modo, quando estou comendo só, sempre dou um jeito de raspar o prato. Mas, quando o sushi é servido num prato grande no meio da mesa, parece que comer o último seria "falta de educação". "Não consigo comer mais nada", eu poderia dizer aos amigos. "Vão em frente. Peguem vocês."

Que magia é essa do sushi? Em suma, o prato comunitário transforma a comida em um recurso compartilhado e, uma vez que algo faça parte do bem social, leva-nos ao domínio das normas sociais e, com elas, às regras de compartilhamento.

De volta aos nossos experimentos, a próxima pergunta que queríamos examinar era se o padrão de demanda que observamos nos experimentos se deveu de fato à mudança de algum para nenhum pagamento. Ou isso também ocorreria se reduzíssemos os preços das balas para algo acima de zero? De acordo com a teoria das normas sociais, esse comportamento estranho da demanda deveria se manifestar apenas quando o preço cai para zero – porque somente quando o preço não faz parte de uma troca começamos a pensar nas consequências sociais de nossas ações. Uri, Ernan e eu decidimos dar uma olhada mais próxima nessa hipótese em nosso próximo experimento.

Esse experimento funcionou mais ou menos como o primeiro, exceto que voltamos às confiáveis e superdeliciosas trufas de chocolate Lindt (que agora já eram comuns em nossos experimentos). Oferecemos os chocolates a estudantes de passagem, a uma faixa de preço maior. Já tínhamos visto o que os economistas chamam de "curva de demanda inclinada para trás", quando o preço foi reduzido de 1 centavo para zero (significando que a demanda caiu em vez de aumentar com a diminuição do preço). O que aconteceria com a demanda se reduzíssemos o preço de 10 para 5 centavos? De 5 para 1 centavo? Ou, como no primeiro experimento, se reduzíssemos o preço de 1 centavo para grátis?

Quando reduzimos os preços do chocolate de 10 para 5 centavos, as previsões de ambas as leis da demanda se verificaram e no total vimos um aumento da demanda de uns 240%. Da mesma forma, quando o preço caiu de 5 centavos para 1 centavo, as previsões de ambas as leis da demanda se verificaram e no total vimos um aumento da demanda de uns 400%. Mas, como vimos no primeiro experimento, quando reduzimos o preço de 1 centavo para grátis, a primeira lei da demanda se verificou (mais pessoas pararam para obter chocolate), mas a segunda lei foi desmentida (as pessoas pegaram menos chocolates, não mais) e no total, com mais pessoas pegando menos, vimos uma queda da demanda de uns 50%.

Esses resultados significam que a teoria da demanda é sólida - *exceto* quando estamos lidando com o preço zero. Sempre que o preço não faz parte da troca, as normas sociais se entrelaçam. Essas normas levam as pessoas a considerarem o bem-estar das outras e, portanto, a limitarem o consumo num nível que não comprometa muito o recurso disponível. Em essência, quando os preços são zero e as normas sociais fazem parte da equação, as pessoas olham para o mundo como um bem comunitário. A lição importante de tudo isso? Não mencionar preços introduz as normas sociais, e com elas começamos a nos importar mais com os outros.

Outra lição importante do Capítulo 4 foi sobre a capacidade de disfarçar trocas em termos não financeiros e, com isso, evitar a supressão dos benefícios das normas sociais ("*crowding out*", em termos econômicos). (Dar à sua sogra um presente é uma boa ideia, mas pagar pela ceia maravilhosa de Natal não é recomendado, ainda que ambos os gestos lhe custassem a mesma quantia.)

Se o disfarce pode fornecer uma proteção importante que nos mantém cantarolando ao longo da trilha da norma social, e se os presentes são um mecanismo para o disfarce, como ficam outros desses mecanismos? Como fica o esforço? Ao longo dos anos, fui um testador beta de muitos softwares e, em retrospecto, é incrível perceber quanto tempo e esforço dediquei a essa atividade e quantas panes de computador tive que enfrentar. Será que, como essas empresas de software pediram meu tempo e esforço sem oferecer dinheiro, estive disposto e ávido em ajudá-las mesmo a um custo substancial para mim?

Ora, o esforço não é o mesmo que um presente, mas será que também é diferente do dinheiro? Será que existe um espectro com normas de trocas financeiras rigorosas em um extremo, puras normas sociais no outro, e o esforço se situa em algum ponto intermediário? Queríamos saber o que poderia acontecer em uma troca não monetária envolvendo somente o esforço. Este solaparia as normas sociais da mesma forma que as transações financeiras? Uma troca de esforço mantém as normas sociais intactas, como o efeito de não mencionar nenhum dinheiro? Ou essa troca poderia se situar em algum ponto no meio desse espectro?

Para explorar essa ideia, organizamos um novo experimento. Dessa vez, uma assistente de pesquisa percorreu o Laboratório de Mídia do MIT com uma bandeja sempre abastecida com 50 trufas Lindt. Na condição "grátis", ela perguntava às pessoas: "Gostaria de alguns chocolates?" (Observe o plural, indicando que seria aceitável pegar mais de um.) Na condição "monetária", ela perguntava: "Gostaria de alguns chocolates? O preço é 1 centavo cada." Finalmente, na condição do "esforço", ela entregava às pessoas uma pilha de páginas com arranjos aleatórios de letras impressas. Para cada par de *s* encontrado, poderiam pegar uma trufa Lindt (mas não obrigatoriamente). Poderiam trabalhar o tempo que quisessem, usando a quantidade de esforço que desejassem. (Havia bem mais de 50 pares de *s* nos arranjos, e era bem fácil detectá-los.)

As pessoas aparentemente vorazes na condição monetária pegaram em média 30 trufas cada. Na condição grátis, pegaram uma média moderada de 1,5. Como você acha que foi aceito o esforço como pagamento pelas trufas? Esse grupo ficou num ponto mediano, porém mais próximo da condição grátis: nossos participantes pegaram uma média de 8,6 trufas cada um em troca de achar pares de *s* (ou uma média de cerca de 21 trufas a menos que aqueles na condição monetária).

Esses resultados indicam que o esforço se situa em algum ponto no meio do espectro. Não produz o mesmo nível de autoconsciência social que o GRÁTIS, mas os participantes pareceram levar em conta as implicações de suas ações sobre os outros quando decidiram quantas trufas pegar. Constatamos que, quando o esforço faz parte da equação, consegue manter grande parte das normas sociais, embora não todas. Conclui-se que a velha máxima "Tempo é dinheiro" – ou, em nosso caso, "Esforço é dinheiro" – não está exatamente correta. Talvez um reenquadramento mais exato de nossas descobertas seria que o esforço está em algum ponto do espectro entre as normas do mercado e as sociais.

A principal lição aqui é que, como as trocas envolvendo esforço conseguem conservar as normas sociais mais do que as trocas financeiras, talvez queiramos pensar em como induzir as pessoas a deixarem de pagar por serviços para investirem mais em seus próprios esforços. Ao longo de nossa vida diária, com frequência somos requisitados para investir esforço em reciclagem, passar tempo vigiando o bairro, ajudar na escola de nossos filhos, trabalhar voluntariamente distribuindo sopa aos pobres e muito mais. Em cada um desses casos, poderíamos argumentar que participar dessas atividades faz pouco sentido econômico. Por que não pagar alguém para reciclar para nós, vigiar nosso bairro, ajudar na escola de nossos filhos ou distribuir comida aos pobres? Certo, investir esforço em vez de dinheiro pode ser economicamente ineficiente, mas poderia contribuir para nos manter no domínio das normas sociais e, portanto, para que levemos em conta o bem-estar dos outros.

Na maior parte deste capítulo, discuti casos em que os preços mudam de algum para nenhum. Algumas coisas que costumam ser grátis ou são consideradas um recurso em comum podem, é claro, ser transferidas para o domínio das forças do mercado. Por exemplo, o comércio de emissões de carbono é uma área na qual deveríamos considerar a interseção entre as normas sociais e do mercado.* "Cap and Trade" ("Limitar e Negociar") é um programa de incentivos econômicos que visa encorajar as indústrias e

* Independentemente de sua opinião sobre o efeito (ou a falta dele) das emissões de carbono, para fins deste exemplo, suponhamos que queiramos limitá-las.

as empresas a poluírem menos. Quanto menos poluem, menos direitos de emissão precisam comprar. Além disso, se as empresas não usam todos os seus direitos, podem lucrar a partir dessa limpeza vendendo seus direitos extras para empresas que poluem mais. É a virtude que recompensa!

No entanto, à luz dos experimentos descritos neste capítulo (bem como dos experimentos no Capítulo 4), poderíamos querer analisar o lado negativo de cobrar um preço pela poluição. Se uma empresa for cobrada por despejar veneno no meio ambiente, poderia perfeitamente decidir, após uma análise de custo-benefício, que pode poluir bem mais. Uma vez que a poluição se torna um mercado e as empresas pagam pelo direito de poluir, a moralidade e a preocupação com o meio ambiente saem de cena. Por outro lado, se a poluição não pode ser comprada nem negociada, se enquadraria mais naturalmente no domínio das normas sociais.

Sem dúvida, se queremos colocar a poluição sob o controle das normas sociais, não podemos vacilar e esperar que as pessoas comecem a se importar. Precisamos falar da poluição em termos de quantidades facilmente mensuráveis e observáveis e fazer com que as pessoas prestem atenção nela e entendam sua importância. Poderíamos, por exemplo, afixar publicamente as quantidades de poluentes de diferentes países, estados e empresas, junto com seu impacto ambiental. Poderíamos incluir essas informações nos relatórios financeiros das empresas para seus acionistas ou talvez forçá-las a afixá-las nos seus produtos, como já ocorre com as informações nutricionais nas embalagens de alimentos.

Não estou dizendo que o programa "Cap and Trade" seja ruim, mas creio que, se política pública ou questões ambientais estão em jogo, nossa tarefa é descobrir qual das duas – normas sociais ou do mercado – produzirá o resultado mais desejável. Em particular, formuladores de políticas deveriam ter o cuidado de não introduzir normas do mercado que pudessem solapar as normas sociais.

Agora que vimos como as normas sociais levam as pessoas a se importarem menos com os próprios objetivos egoístas e a prestarem atenção no bem-estar dos outros, talvez você espere que eu proponha uma ideia brilhante para injetar mais normas sociais e civilidade na Corrida das Noivas da

Filene's Basement. Gostaria de ter uma solução para que essas mulheres se comportassem de forma mais polida ou, no mínimo, menos violenta. Mas as lembranças assustadoras de assistir ao evento ao vivo me sugerem que fazer uma futura esposa se concentrar na ideia abstrata de "outras pessoas", em vez de na realidade concreta do vestido de noiva com desconto talvez seja quase impossível. (Nas semanas que se seguiram, eu encarei minhas amigas e imaginei se elas também seriam capazes de se pisotearem mutuamente em um ato abjeto de ânsia pelo consumo.)

E por que, você poderia indagar, estou desistindo com tanta facilidade desse desafio da ciência social? Porque suspeito que, para as normas sociais funcionarem, as pessoas não podem se encontrar em um estado de maior excitação emocional. Se você está concentrado, de corpo e alma, em um objetivo altamente emocional – agarrando aquele vestido de noiva –, fica difícil levar em conta o bem-estar dos outros. Como veremos no próximo capítulo, quando as emoções estão a mil, as normas sociais inevitavelmente são pisoteadas como tantos véus Vera Wang.

6

A INFLUÊNCIA DA EXCITAÇÃO

Por que o calor é bem mais quente do que percebemos

Pergunte a um estudante universitário de 20 e poucos anos se arriscaria fazer sexo desprotegido, e ele fará um discurso sobre o risco de terríveis doenças e gravidez. Pergunte em circunstâncias isentas – enquanto fazem o dever de casa ou assistem a uma aula – se gostaria de praticar sadomasoquismo ou sexo a três com outro homem, e ele fará cara feia. "De jeito nenhum", dirá. Além disso, ele o olhará desconfiado e pensará: "Que tipo de pervertido é você fazendo esse tipo de pergunta?"

Em 2001, durante minha residência em Berkeley, eu e meu amigo, herói acadêmico e velho colaborador George Loewenstein convidamos uns poucos alunos brilhantes para nos ajudarem a entender em que grau pessoas racionais e inteligentes conseguem prever como suas atitudes mudarão em um estado de fortes emoções. Para tornar o estudo realista, poderíamos ter feito com que nossos participantes se sentissem zangados, frustrados ou aborrecidos. Mas preferimos que sentissem uma emoção agradável.

Optamos por estudar a tomada de decisões sob excitação sexual – não porque nós próprios tivéssemos predileções eróticas, mas porque entender o impacto da excitação no comportamento poderia ajudar a sociedade a enfrentar alguns de seus problemas mais difíceis, como a gravidez na adolescência e a disseminação do vírus HIV. Embora existam motivações sexuais para onde quer que olhemos, entendemos bem pouco sobre como elas influenciam nossa tomada de decisões.

Além disso, como queríamos entender se os participantes seriam capazes de prever seu comportamento em um estado emocional específico, a emoção precisava ser familiar a eles. Isso facilitou nossa decisão. Se existe algo previsível e familiar para estudantes universitários na faixa dos 20 anos, é a regularidade com que ficam excitados sexualmente.

Roy, um estudante de biologia afável e esforçado em Berkeley, está suando – mas não de preocupação com as provas finais. Recostado na cama de solteiro do seu dormitório escuro, ele se masturba rapidamente com a mão direita. Com a esquerda, segura um teclado para uma só mão a fim de manipular um notebook envolto em película plástica. Ao percorrer fotos de mulheres nuas peitudas exibindo-se em várias poses eróticas, seu coração bate cada vez mais rápido.

Conforme fica cada vez mais excitado, Roy ajusta para cima o "medidor de excitação" na tela. Ao atingir a zona vermelha brilhante "alta", uma pergunta aparece na tela:

"Você conseguiria curtir sexo com alguém que odeia?"

Roy move a mão esquerda para uma escala que varia de "não" a "sim" e digita sua resposta. Surge a próxima pergunta: "Você daria uma droga a uma mulher sem ela perceber para aumentar a chance de fazer sexo com você?"

De novo, Roy seleciona sua resposta, e uma pergunta nova aparece: "Você sempre usaria camisinha?"

Berkeley é um lugar dicotômico. Foi local de manifestações contra a ordem estabelecida nos anos 1960, e o pessoal da baía refere-se ferinamente à famosa cidade liberal como "República Popular de Berkeley". Mas o grande campus atrai uma população surpreendentemente conformista de estudantes de alto nível. Em uma pesquisa com os calouros de 2004, apenas 51,2% se julgaram liberais. Mais de um terço (36%) considerou suas visões centristas, e 12% afirmaram ser conservadores. Para minha surpresa, quando cheguei a Berkeley, constatei que os estudantes em geral não eram muito frenéticos, rebeldes, nem estavam dispostos a correr riscos.

Os anúncios que afixamos em torno da Sproul Plaza diziam: "Procuram-se participantes para uma pesquisa, homens, heterossexuais, a partir de 18 anos, para um estudo sobre tomada de decisões e excitação." O anúncio observava que as sessões experimentais exigiriam cerca de uma hora do tempo dos participantes, que eles receberiam 10 dólares por sessão e que os experimentos poderiam envolver material sexualmente excitante. Os interessados em participar poderiam responder ao Mike, o assistente de pesquisa, por e-mail.

Para aquele estudo, decidimos buscar apenas homens. Em termos de sexo, a estrutura deles é bem mais simples do que a das mulheres (conforme concluímos após muita discussão entre a equipe, composta tanto por homens quanto por mulheres). Um exemplar da *Playboy* e uma sala escura eram tudo de que precisaríamos para um alto grau de sucesso.

Outra preocupação era obter a aprovação do projeto pela Sloan School of Management do MIT (onde eu exercia meu principal cargo). Foi uma provação. Antes de permitir que a pesquisa começasse, o reitor Richard Schmalensee nomeou um comitê, composto em sua maioria por mulheres, para examinar o projeto. Aquele comitê tinha várias preocupações. E se um participante descobrisse lembranças reprimidas de abuso sexual como resultado da pesquisa? E se ele se descobrisse viciado em sexo? Suas questões me pareceram injustificadas, já que qualquer estudante universitário com um computador conectado à internet consegue obter a pornografia mais explícita imaginável.

Embora a escola de negócios obstruísse o projeto, tive a sorte de ocupar um cargo no Laboratório de Mídia do MIT também, e Walter Bender, que era o diretor, aprovou o projeto com animação. Eu estava avançando. Mas minha experiência com a Sloan School do MIT deixou claro que, mesmo meio século após o Relatório Kinsey, e apesar de sua grande importância, o sexo ainda é um assunto tabu para um estudo – ao menos em algumas instituições.

★ ★ ★

De qualquer modo, nossos anúncios foram divulgados; sendo os universitários como são, logo dispúnhamos de uma longa lista de sujeitos empolgados aguardando a chance de participar – incluindo Roy.

Roy era um participante típico, como a maioria dos 25 jovens em nosso estudo. Nascido e criado em São Francisco, era talentoso, inteligente e gentil – o tipo de rapaz com que toda sogra em potencial sonha. Roy tocava *études* de Chopin ao piano e gostava de dançar ao som de música techno. Tivera notas máximas em todas as matérias no ensino médio, quando foi capitão do time de vôlei. Simpatizava com os libertários e tendia a votar no Partido Republicano. Amigável e afável, tinha uma namorada firme havia muitos anos. Planejava estudar medicina e tinha uma fraqueza por sushis condimentados e pelas saladas do Café Intermezzo.

Roy se encontrou com nosso assistente Mike no café Strada – com estilo espanhol, a céu aberto, o café é o berço de muitos pensamentos intelectuais, inclusive a ideia da solução para o último teorema de Fermat. Mike era esguio e alto, com cabelos curtos, ar artístico e um sorriso envolvente.

Mike o cumprimentou com um aperto de mão, e eles se sentaram. "Obrigado por responder ao anúncio, Roy", disse o assistente, pegando umas folhas de papel e pondo-as na mesa. "Primeiro vamos ver os formulários de consentimento."

Mike entoou as regras do ritual: o estudo envolveria tomada de decisões e excitação sexual. Os participantes eram voluntários. Os dados seriam confidenciais. Os participantes tinham o direito de contatar o comitê encarregado de proteger seus direitos, e assim por diante.

Roy assentiu o tempo todo. Impossível encontrar um participante mais cordato.

– Você pode interromper o experimento a qualquer momento – concluiu Mike. – Tudo entendido?

– Sim – disse Roy.

Pegou uma caneta e assinou. Mike deu-lhe um novo aperto de mão.

– Ótimo! – Mike pegou uma bolsa de pano na mochila. – Vou mostrar o que vai acontecer.

Desembalou um computador iBook da Apple e o abriu. Além do teclado-padrão, Roy viu um teclado complementar multicolorido.

– Este é um computador especialmente equipado – explicou Mike. – Por favor, use apenas esse teclado complementar para responder.

Ele tocou nas teclas do teclado colorido.

– Vamos lhe dar uma senha para entrar, e com essa senha você poderá começar o experimento. Durante a sessão, você receberá uma série de perguntas que pode responder numa escala variando de "não" a "sim". Se achar que gostaria de praticar a atividade descrita na pergunta, responda "sim" e, se achar que não gostaria, responda "não". Lembre-se de que estamos pedindo que você preveja como se comportaria e quais tipos de atividades curtiria quando excitado.

Roy assentiu.

– Vamos pedir que você se sente na cama e ponha o computador numa cadeira do lado esquerdo, bem à vista e ao alcance de sua cama – prosseguiu Mike. – Coloque o teclado complementar junto de você para poder usar sem dificuldade, e garanta que estará sozinho.

Os olhos de Roy piscaram um pouco.

– Quando terminar a sessão, mande um e-mail. Nós nos encontraremos de novo, e você vai ganhar seus 10 dólares.

Mike não contou a Roy sobre o que eram as perguntas. A sessão começou pedindo que Roy imaginasse que estava sexualmente excitado e respondesse a todas as perguntas como faria se estivesse excitado. Um conjunto de perguntas era sobre preferências sexuais. Por exemplo, ele achava eróticos sapatos de mulher? Conseguia se imaginar atraído por uma mulher de 50 anos? Seria divertido fazer sexo com uma mulher extremamente gorda? Poderia ser agradável fazer sexo com alguém que ele detestasse? Seria divertido ser amarrado ou amarrar outra pessoa? "Só beijar" poderia ser frustrante?

Um segundo conjunto de perguntas era sobre a possibilidade de se envolver em condutas imorais, como estuprar uma garota conhecida. Roy diria a uma mulher que a ama para aumentar as chances de fazer sexo com ela? Ele encorajaria uma garota a tomar um porre para aumentar as chances de fazerem sexo? Continuaria tentando fazer sexo depois que uma garota tivesse dito "não"?

Uma terceira rodada de perguntas era sobre a possibilidade de Roy se envolver em comportamentos ligados ao sexo inseguro. A camisinha diminui o prazer sexual? Ele sempre usaria camisinha quando não conhecesse o histórico sexual de uma parceira nova? Usaria camisinha mesmo temendo que a mulher mudasse de ideia enquanto ele fosse providenciá-la?*

Alguns dias depois, tendo respondido às perguntas em seu estado racional, "frio", Roy encontrou-se novamente com Mike.

– Aquelas perguntas foram bem interessantes – observou o rapaz.

– Sim, eu sei – disse Mike friamente. – Kinsey não sabia de nada. Por sinal, temos mais algumas sessões experimentais. Você estaria interessado em participar de novo?

Roy sorriu de leve, deu de ombros e concordou.

Mike entregou-lhe algumas folhas.

– Desta vez pedimos que assine o mesmo formulário de consentimento, mas a próxima tarefa será ligeiramente diferente. A próxima sessão será bem parecida com a última, mas dessa vez queremos que você fique muito excitado vendo uma série de fotos picantes e se masturbando. O que queremos de você é que se excite num alto nível, mas sem ejacular. Caso ejacule, o computador estará protegido.

Mike pegou o iBook da Apple. Dessa vez, o teclado e a tela estavam revestidos por uma fina camada de película plástica.

Roy fez uma cara esquisita.

– Eu não sabia que computadores podiam engravidar.

– Impossível. – Mike riu. – Este aqui tem as trompas ligadas. Mas gostamos de mantê-lo limpo.

Mike explicou que Roy olharia uma série de fotos eróticas no computador para ajudá-lo a atingir o nível de excitação certo. Depois responderia às mesmas perguntas de antes.

Após três meses, alguns excelentes estudantes de graduação de Berkeley haviam passado por uma variedade de sessões em diferentes ordens. No conjunto de sessões realizadas em estado frio, impassível, previram quais seriam suas decisões sexuais e morais se ficassem excitados. Em estado quente, também previram suas decisões – só que, dessa vez, sob domínio da excitação, supõe-se que estavam mais conscientes de suas preferências. Quando o estu-

* Para uma lista completa das perguntas, ver o apêndice deste capítulo.

do foi completado, as conclusões foram coerentes e claras – esmagadoramente claras, assustadoramente claras.

Em todos os casos, nossos brilhantes e jovens participantes, quando excitados, responderam às perguntas de maneira bem diferente de quando estavam no estado frio. Entre as 19 perguntas sobre preferências sexuais, quando Roy e todos os demais participantes estavam excitados, previram que seu desejo em se engajar em uma variedade de atividades sexuais esquisitas seria quase o dobro (72% maior) do que haviam previsto quando estavam frios. Por exemplo, a ideia de contato com animais foi duas vezes mais atraente no estado de excitação do que no estado frio. Nas cinco perguntas sobre atividades imorais, quando excitados, previram que sua propensão seria mais do que o dobro (136% maior) do que haviam previsto no estado frio. De forma semelhante, no conjunto de perguntas sobre usar camisinha, e apesar das advertências marteladas durante anos na cabeça deles sobre a importância dos preservativos, no estado excitado foram 25% mais propensos a prever que não os usariam do que no estado frio. Em todos os casos, eles falharam em prever a influência da excitação sobre suas preferências sexuais, moralidade e abordagem do sexo seguro.

Os resultados mostraram que, quando Roy e os outros participantes estavam no estado frio, racional, regido pelo superego, respeitavam as mulheres; não sentiam atração específica por atividades sexuais estranhas sobre as quais indagamos; sempre adotavam uma postura moral elevada; e esperavam usar sempre o preservativo. Achavam que entendiam a si mesmos, suas preferências e as ações de que eram capazes. Mas, pelo que vimos, eles subestimaram por completo suas reações.

Não importava como olhássemos os números, estava óbvio que a magnitude da previsão subestimada dos participantes era substancial. De maneira uniforme, revelaram em seu estado de excitação que eles próprios não sabiam como eram quando excitados. Prevenção, proteção, conservadorismo e moralidade desapareciam por completo da tela do radar. Eles foram incapazes de prever o grau em que a excitação os mudaria.*

* Esses resultados aplicam-se mais diretamente à excitação sexual e sua influência em quem somos. Mas também podemos pressupor que outros estados emocionais (raiva, fome, empolgação, ciúme, etc.) funcionam de formas similares, tornando-nos estranhos a nós mesmos.

* * *

Imagine que você acorda certa manhã, se olha no espelho e descobre que outra pessoa – algo estranho, mas humano – tomou conta de seu corpo. Você está mais feio, mais baixo e mais cabeludo, seus lábios estão mais finos; seus dentes incisivos, mais longos; suas unhas, imundas; seu rosto, mais achatado. Dois olhos frios, reptilianos, o contemplam. Você sente vontade de esmigalhar algo, de estuprar alguém. Você não é mais você. É um monstro.

Acossado por essa visão de pesadelo, Robert Louis Stevenson berrou em seu sono numa madrugada do outono de 1885. Imediatamente após ser acordado pela esposa, passou a trabalhar no que chamou uma "boa história de terror" – *O médico e o monstro* – na qual "O homem não é realmente um, mas na verdade dois". O livro foi um sucesso instantâneo, o que não é de admirar. A história cativou a imaginação dos vitorianos, fascinados pela dicotomia entre o decoro repressivo – representado pelo afável cientista Dr. Jekyll – e a paixão incontrolável, corporificada no assassino Sr. Hyde. O Dr. Jekyll achava que sabia como se controlar. Mas quando o Sr. Hyde assumia o controle, cuidado!

A história era assustadora e imaginativa, mas não original. Bem antes de *Édipo Rei*, de Sófocles, e de *Macbeth*, de Shakespeare, a guerra entre o bem e o mal interior havia sido tema de mito, religião e literatura. Em termos freudianos, cada um de nós abriga um eu sombrio, um id, uma fera que pode imprevisivelmente arrebatar o controle do superego. Assim, um vizinho agradável e amigável, tomado pela fúria da estrada, lança seu carro contra uma picape. Um adolescente pega uma arma e atira nos amigos. Todas essas pessoas normalmente boas acham que entendem a si mesmas. Mas, por força de um sentimento intenso, de súbito, com a virada de alguma chave interior, tudo muda.

Nosso experimento em Berkeley revelou não apenas a velha história de que somos todos como Jekyll e Hyde, mas também algo novo: cada um de nós, independentemente de quanto somos "bons", subestimamos o efeito das paixões em nosso comportamento. Em todos os casos, os participantes de nosso experimento erraram. Mesmo a pessoa mais brilhante e racional, no auge da excitação, parece absoluta e completamente divorciada daquela que julgava ser. Além disso, não se trata somente de que as pessoas fazem previsões erradas sobre si mesmas – suas previsões são erradas por uma grande margem.

Na maior parte do tempo, de acordo com os resultados do estudo, Roy é astuto, decente, racional, gentil e confiável. Seus lobos frontais funcionam plenamente, e ele está no controle do seu comportamento. Mas, quando entra no estado de excitação e o cérebro reptiliano assume o comando, torna-se irreconhecível para si mesmo.

Roy acha que sabe como se comportará no estado de excitação, mas sua compreensão é limitada. Ele não entende que, à medida que sua motivação sexual se intensifica, pode lançar a cautela ao vento. Pode arriscar doenças sexualmente transmissíveis e uma gravidez indesejada para obter gratificação sexual. Quando dominado pela excitação, suas emoções podem obscurecer o limite entre o certo e o errado. Na verdade, ele não tem ideia de quanto é sistematicamente irresponsável, pois, quando se encontra em um estado e tenta prever sua conduta no outro, ele erra.

Além disso, o estudo indica que nossa incapacidade de entender a nós mesmos em um estado emocional diferente não parece melhorar com a experiência. Erramos mesmo que passemos tanto tempo nesse estado quanto os estudantes de Berkeley passam sexualmente excitados. A excitação sexual é familiar, pessoal, humana e totalmente corriqueira. Mesmo assim, todos subestimamos de modo sistemático o grau em que a excitação neutraliza por completo nosso superego e como as emoções podem assumir o controle de nosso comportamento.

O que acontece, então, quando nosso eu irracional desperta em um local emocional que julgamos familiar, mas que na verdade não é? Se não conseguimos de fato nos entender, será possível prever como nós ou outras pessoas nos comportaremos quando "perdermos a cabeça" – quando estivermos zangados, famintos, assustados ou excitados? Será possível reagir a isso?

As respostas a essas perguntas são profundas, pois indicam que precisamos estar atentos a situações em que nosso Sr. Hyde assume o comando. Quando o chefe nos critica em público, podemos ficar tentados a reagir com um e-mail furioso. Mas não seria melhor deixar nossa resposta na pasta de "rascunho" por uns dias? Quando nos impressionamos com um carro esportivo, após um test drive com o vento nos cabelos, não devíamos fazer uma pausa – e discutir o plano de nossa esposa de comprar uma minivan – antes de assinarmos um contrato para comprar o carro?

Eis mais uns poucos exemplos de como devemos nos proteger de nós mesmos:

Sexo seguro

Muitos pais e adolescentes, enquanto no estado frio, racional, do Dr. Jekyll, tendem a acreditar que a mera promessa de abstinência – comumente conhecida como "apenas diga não" – é proteção suficiente contra doenças sexualmente transmissíveis e gravidez indesejada. Supondo que esse pensamento equilibrado prevaleça mesmo quando as emoções atingem o ponto de ebulição, os defensores do "apenas diga não" não veem razão para levarem consigo uma camisinha. Mas, como mostra nosso estudo, no ardor da excitação, corremos o risco de mudar de "apenas diga não" para "sim!" num piscar de olhos. E, se não houver camisinha disponível, nossa tendência é dizer sim, sejam quais forem os perigos.

O que isso indica? Primeiro, é essencial que haja uma disponibilidade generalizada de camisinhas. Não deveríamos decidir em estado frio se levaremos ou não camisinhas. Elas precisam estar presentes em caso de necessidade. Segundo, sem que entendamos como poderíamos reagir em um estado emocional, não seremos capazes de prever essa transformação. Para adolescentes, esse problema tende a se exacerbar, por isso a educação sexual deveria enfocar menos a fisiologia e a biologia do sistema reprodutório e mais as estratégias para lidar com as emoções que acompanham a excitação sexual. Terceiro, precisamos admitir que levar camisinhas e entender vagamente a tempestade emocional da excitação sexual pode não ser suficiente.

É provável que existam muitas situações em que os adolescentes não conseguirão lidar com suas emoções. Uma estratégia melhor, para garantir que eles evitem o sexo, é ensinar que precisam se afastar do fogo da excitação antes que se aproximem demais para serem atraídos. Aceitar esse conselho pode não ser fácil, mas nossos resultados indicam que é mais fácil para eles combaterem as tentações antes que elas surjam do que depois que já começaram a se sentir atraídos. Em outras palavras, evitar a tentação por completo é mais fácil do que superá-la no meio do caminho.

Sem dúvida, isso soa um pouco como a campanha do "apenas diga não", que preconiza que os adolescentes se afastem do sexo quando tentados. Mas a diferença é que "apenas diga não" presume que conseguimos desligar a excitação à vontade, em qualquer ponto, enquanto nosso estudo mostra a falsidade desse pressuposto. Se deixamos de lado o debate sobre os prós e os contras do sexo na adolescência, o que fica óbvio é que, se queremos ajudar os adolescentes a evitarem sexo, doenças sexualmente transmissíveis e gravidez indesejada, dispomos de duas estratégias. Podemos ensinar como dizer não *antes* que qualquer tentação assuma o controle e antes que uma situação se torne irresistível ou prepará-los para lidar com as consequências de dizer sim no calor da paixão (levando uma camisinha, por exemplo). Um fato é certo: se não ensinarmos aos nossos jovens como lidar com o sexo quando perderem o controle de si mesmos, estamos ludibriando não apenas a eles, mas também a nós mesmos. Sejam quais forem as lições que lhes ensinarmos, precisamos ajudá-los a entender que, quando calmos e controlados, reagirão diferentemente do que quando os hormônios estiverem a mil (e isso também se aplica, claro, ao nosso próprio comportamento).

Direção segura

De forma semelhante, precisamos ensinar os jovens (e todos os demais) a não dirigirem quando suas emoções estiverem em ebulição. Não é apenas a inexperiência e os hormônios que fazem tantos jovens baterem com seus carros ou com os de seus pais. Também é o carro cheio de amigos gargalhando, com música em altos decibéis liberando adrenalina e a mão direita do motorista buscando as batatas fritas ou a coxa da namorada. Quem é que pensa em risco nessa situação? Provavelmente ninguém. Um estudo recente descobriu que um jovem dirigindo sozinho corria 40% mais risco do que um adulto de se envolver em um acidente. Mas, com outro jovem no carro, essa porcentagem dobra – e com um terceiro a bordo, o percentual dobra mais uma vez.[6]

Para reagirmos a isso, precisamos de uma intervenção que não se baseie na premissa de que os jovens vão se lembrar de como queriam se comportar enquanto no estado frio (ou como seus pais gostariam que se comportassem) e seguirão essas diretrizes mesmo durante o estado quente. Por que não embutir nos carros dispositivos preventivos para controlar o comportamento deles? Esses carros poderiam vir equipados com um sistema que o jovem e os pais configurassem no estado frio. Se o carro ultrapassar 100 quilômetros por hora na estrada ou 65 quilômetros por hora em uma zona residencial, por exemplo, haverá consequências. Se o carro exceder o limite de velocidade ou começar a fazer manobras irregulares, o rádio poderia mudar de 2Pac para a Segunda Sinfonia de Schummann (isso acalmaria a maioria dos ocupantes). Ou o carro poderia ligar o ar-condicionado no inverno, a calefação no verão ou automaticamente ligar para a mamãe (um verdadeiro pé no saco se os amigos do motorista estiverem presentes). Com essas consequências substanciais e imediatas em mente, o motorista e seus amiguinhos perceberiam que está na hora de o Sr. Hyde sair de cena e deixar o Dr. Jekyll dirigir.

Isso não é uma ideia tão remota. Os carros modernos já estão cheios de computadores que controlam a injeção de combustível, o sistema climático e o sistema de som. Carros equipados com um assistente pessoal eletrônico estão interligados a uma rede sem fio. Com a tecnologia atual, seria simples que um carro automaticamente ligasse para a mamãe.

Melhores decisões na vida

Muitas mulheres que engravidam pela primeira vez dizem ao médico, antes do início do trabalho de parto, que recusarão qualquer tipo de analgésico. A decisão tomada em estado frio é admirável, mas elas não conseguem imaginar a dor que o parto pode causar (sem falar nos desafios da criação do filho). Depois de terem dito isso, é possível que desejem ter recebido a anestesia epidural.

Com isso em mente, eu e Sumi (minha adorável esposa), ao nos prepararmos para o nascimento de nosso primeiro filho, Amit, decidimos testar nossa determinação antes de tomarmos quaisquer decisões sobre a epidural. Para isso, Sumi mergulhou suas mãos num balde de gelo por dois minutos (fizemos isso a conselho de nossa doula, que jurou que a dor resultante se assemelharia à do parto), enquanto eu a orientei na respiração. Se Sumi fosse incapaz de suportar a dor daquela experiência, achamos que ia querer analgésicos na hora do parto. Após dois minutos com as mãos no balde de gelo, Sumi entendeu a atratividade da epidural. Durante o parto, qualquer pingo de amor que ela já teve pelo marido foi completamente transferido para o anestesista, que surgiu com a epidural no ponto crítico. (Com nosso segundo filho, chegamos ao hospital uns dois minutos antes de Neta nascer, de modo que Sumi acabou experimentando um parto sem anestesia alguma.)

Olhar de um estado emocional para outro é difícil. Nem sempre é possível. E, como Sumi aprendeu, pode ser doloroso. Mas, para tomarmos decisões informadas, precisamos experimentar e entender de algum modo o estado emocional em que nos encontraremos do outro lado da experiência. Aprender como transpor essa barreira é essencial para tomarmos algumas das decisões mais importantes de nossa vida.

Dificilmente nos mudaríamos para outra cidade sem perguntar a amigos que moram lá o que acham dela ou até mesmo resolveríamos ver um filme sem ler algumas críticas. Não é estranho que possamos investir tão pouco em aprender sobre ambos os lados de nós mesmos? Por que deveríamos reservar esse tema a aulas de psicologia, quando não compreender a nós mesmos pode acarretar fracassos atrás de fracassos em tantos aspectos de nossa vida? Precisamos explorar os dois lados de nós mesmos. Precisamos entender o estado frio e o estado quente. Precisamos ver como a diferença entre os dois beneficia nossa vida e quando nos leva ao mau caminho.

O que nossos experimentos indicaram? Pode ser que nossos modelos do comportamento humano precisem ser repensados. Talvez não exista algo como um ser humano plenamente integrado. Talvez sejamos, na verdade, um aglomerado de vários eus. Embora não possamos fazer muito para que o Dr. Jekyll entenda plenamente a força do Sr. Hyde, talvez a simples consciência de que tendemos a tomar as decisões erradas quando dominados por emoção intensa possa nos ajudar, de algum modo, a aplicar nosso conhecimento de nossos eus tipo "Hyde" às atividades diárias.

Como podemos fazer nosso eu tipo "Hyde" se comportar melhor? Este é o tema do Capítulo 7.

APÊNDICE: CAPÍTULO 6

Uma lista completa das perguntas que fizemos no experimento da excitação sexual, com as respostas médias e diferenças percentuais. Cada pergunta foi apresentada em uma escala análoga à visual que se estendia de "não" à esquerda (zero), passando por "possivelmente" no meio (50), a "sim" à direita (100).

TABELA 1

TAXA DE ATRATIVIDADE DE DIFERENTES ATIVIDADES

Pergunta	*Não excitado*	*Excitado*	*Diferença percentual*
Sapatos de mulher são eróticos?	42	65	55
Você consegue se imaginar atraído por uma menina de 12 anos?	23	46	100
Você consegue se imaginar fazendo sexo com uma mulher de 40 anos?	58	77	33
Você consegue se imaginar fazendo sexo com uma mulher de 50 anos?	28	55	96
Você consegue se imaginar fazendo sexo com uma mulher de 60 anos?	7	23	229
Você consegue se imaginar fazendo sexo com um homem?	8	14	75
Poderia ser divertido fazer sexo com uma mulher extremamente gorda?	13	24	85
Você conseguiria curtir sexo com alguém que detestasse?	53	77	45
Se você se sentisse atraído por uma mulher e ela propusesse sexo a três com outro homem, você faria?	19	34	79
Uma mulher é sexy quando está suando?	56	72	29
Cheiro de cigarro é excitante?	13	22	69

(continua)

TABELA 1 *(continuação)*

TAXA DE ATRATIVIDADE DE DIFERENTES ATIVIDADES

Pergunta	*Não excitado*	*Excitado*	*Diferença percentual*
Seria divertido ser amarrado por sua parceira sexual?	63	81	29
Seria divertido amarrar sua parceira sexual?	47	75	60
Seria divertido ver uma mulher atraente urinando?	25	32	28
Você acharia excitante dar palmadas em sua parceira sexual?	61	72	18
Você acharia excitante receber palmadas de uma mulher atraente?	50	68	36
Você acharia excitante fazer sexo anal?	46	77	67
Você consegue se imaginar sexualmente excitado em contato com um animal?	6	16	167
Só beijar é frustrante?	41	69	68

TABELA 2

TAXA DE PROBABILIDADE DE SE ENVOLVER EM COMPORTAMENTOS IMORAIS

Pergunta	*Não excitado*	*Excitado*	*Diferença percentual*
Você levaria uma garota a um restaurante badalado para aumentar as chances de fazer sexo com ela?	55	70	27
Diria a uma mulher que a ama para aumentar as chances de ela transar com você?	30	51	70
Encorajaria uma mulher a tomar um porre para aumentar as chances de ela fazer sexo com você?	46	63	37
Você continuaria tentando fazer sexo depois que a mulher tivesse dito "não"?	20	45	125
Daria uma droga a uma mulher sem ela perceber para aumentar as chances de ela fazer sexo com você?	5	26	420

TABELA 3

AVALIE SUA TENDÊNCIA A USAR PRESERVATIVOS E AS CONSEQUÊNCIAS DE NÃO USAR

Pergunta	*Não excitado*	*Excitado*	*Diferença percentual*
O controle da natalidade é de responsabilidade da mulher?	34	44	29
A camisinha diminui o prazer sexual?	66	78	18
A camisinha interfere na espontaneidade sexual?	58	73	26
Você sempre usaria camisinha quando não conhecesse o histórico sexual de uma nova parceira?	88	69	22
Você usaria camisinha mesmo temendo que a mulher mudasse de ideia enquanto você fosse providenciá-la?	86	60	30

7

O PROBLEMA DA PROCRASTINAÇÃO E DO AUTOCONTROLE

Por que não conseguimos nos obrigar a fazer o que queremos fazer

No cenário americano, povoado por mansões, carrões e TVs de tela grande, surge outro fenômeno: o maior declínio na taxa de poupança pessoal desde a Grande Depressão.

Retroceda 35 anos, e taxas de poupança de dois dígitos eram a norma. Em 1994 a taxa de poupança era de quase 5%. No entanto, em 2006, já havia caído para 1%. Os americanos, além de não estarem poupando, gastavam mais do que ganhavam.

Os europeus saem-se bem melhor: eles poupam em média 20%. A taxa do Japão é de 25%. Da China, 50%. Então o que vem ocorrendo com os Estados Unidos?

Uma possível resposta é que os americanos sucumbiram ao consumismo desenfreado. Nossa casa em Cambridge, Massachusetts, por exemplo, foi construída em 1890. Não tinha nenhum armário embutido. As casas dos anos 1940 tinham armários onde você mal conseguia ficar de pé. O armário embutido da década de 1970 era um pouco maior, talvez fundo o suficiente para um aparelho de fondue, uma caixa de fitas de oito faixas e uns poucos vestidos para ir à discoteca. Mas o armário atual é diferente. No chamado "*walk-in closet*" você consegue andar lá dentro. E por mais fundos que sejam esses armários, os americanos encontraram meios de enchê-los até a porta.

Outra resposta – a outra metade do problema – é a explosão do crédito concedido ao consumidor. Uma família americana possui em média seis cartões de crédito. Um fato assustador é que a dívida familiar média desses cartões é de uns 9 mil dólares, e sete em cada 10 domicílios se endividam para cobrirem despesas de manutenção básicas como comida, luz, gás, água e roupas.

Então não seria mais sensato se os americanos aprendessem a poupar, como nos velhos tempos e como faz o resto do mundo, desviando algum dinheiro para o cofrinho e adiando algumas compras até terem como pagá-las? Por que não conseguem poupar parte de seus contracheques, mesmo sabendo que deveriam? Por que não resistem a novas compras? Por que não exercem algum controle como antigamente?

Dizem que o inferno está cheio de boas intenções. E quase todos nós sabemos o que isso significa. Prometemos poupar para a aposentadoria, mas torramos o dinheiro nas férias. Juramos começar uma dieta, mas nos rendemos à primeira sobremesa. Prometemos medir o colesterol regularmente, mas depois desmarcamos a consulta.

Quanto perdemos quando nossos impulsos fugazes nos desviam das metas de longo prazo? Quanto nossa saúde é afetada pelas consultas que desmarcamos e pela falta de exercícios físicos? Em quanto se reduz nossa riqueza quando esquecemos da promessa de poupar mais e consumir menos? Por que perdemos com tanta frequência a batalha contra a procrastinação?

No Capítulo 6, discutimos como as emoções tomam conta de nós, levando-nos a ver o mundo de uma perspectiva diferente. A procrastinação (do latim *pro*, significando *para*, e *cras*, significando *amanhã*) está enraizada no mesmo tipo de problema. Quando prometemos poupar nosso dinheiro, nos encontramos no estado frio. Quando prometemos malhar e observar nossa dieta, de novo estamos frios. Mas aí o fluxo de emoção quente assoma: justo quando prometemos poupar, vemos um carro novo, uma *mountain bike* ou um par de sapatos de que precisamos. Justo quando planejamos malhar regularmente, achamos um motivo para perder tempo em frente à televisão. E como fica a dieta? Vou comer esta fatia de bolo de chocolate e começar a dieta para valer amanhã. Abrir mão de nossas metas de longo prazo pela gratificação imediata, meus amigos, é pura procrastinação.

Como professor universitário, estou bem familiarizado com a procrastinação. No início de cada semestre, meus alunos fazem promessas heroicas a si mesmos – juram fazer as leituras em tempo, apresentar suas dissertações em tempo e, em geral, manter-se em dia com as matérias. E a cada semestre observo como a tentação faz com que saiam para namorar, para a reunião do grêmio estudantil ou em uma viagem para esquiar nas montanhas – enquanto a carga de trabalho é deixada para trás. No fim, eles acabam me impressionando, não com o cumprimento do prazo, mas com a criatividade: inventam histórias, desculpas e tragédias familiares para explicar seu atraso. (Por que tragédias familiares costumam ocorrer nas últimas duas semanas do semestre?)

Há alguns anos, quando eu já lecionava no MIT, meu colega Klaus Wertenbroch (professor na INSEAD, uma escola de negócios com campi na França e em Cingapura) e eu decidimos realizar alguns estudos que pudessem chegar à raiz do problema e talvez oferecer uma solução para essa fraqueza humana comum. As cobaias seriam os encantadores alunos de meu curso de comportamento do consumidor.

Ao se acomodarem nas cadeiras naquela primeira manhã, cheios de expectativa (e, sem dúvida, com resoluções de se manterem em dia com as tarefas escolares), eles me ouviram apresentar o programa do curso. Haveria três dissertações principais no semestre de 12 semanas, expliquei. Juntas, essas dissertações constituiriam grande parte da nota final.

– E quais são os prazos? – perguntou um deles, acenando do fundo da sala.

– Vocês podem entregá-las a qualquer momento antes do fim do semestre – respondi. – Depende só de vocês.

Os estudantes me encararam perplexos.

– Eis o trato – expliquei. – Quando terminar esta semana, vocês precisam se comprometer com um prazo para cada dissertação. Uma vez fixadas as datas, não podem ser alteradas.

Dissertações atrasadas, acrescentei, seriam penalizadas com menos 1% da nota para cada dia de atraso. Eles poderiam entregar suas dissertações antes do prazo sem penalidade, é claro, mas, como eu só as leria no fim do semestre, não haveria nisso nenhuma vantagem em termos de nota.

Em outras palavras, dependia deles. Será que teriam autocontrole para disputar o jogo?

– Mas, professor Ariely – perguntou Gaurav, um mestrando inteligente com encantador sotaque indiano –, diante dessas instruções e incentivos, não faria mais sentido que selecionássemos a última data possível?

– Vocês podem fazer isso – respondi. – Se acham que faz sentido, não há problema algum.

Sob essas condições, o que você teria feito?

Prometo entregar minha dissertação 1 na semana _______
Prometo entregar minha dissertação 2 na semana _______
Prometo entregar minha dissertação 3 na semana _______

Quais prazos os estudantes escolheram? Um estudante perfeitamente racional seguiria o conselho de Gaurav e fixaria todos os prazos no último dia de aula – afinal, se era possível apresentar as dissertações mais cedo sem penalidade, por que se arriscar e selecionar um prazo mais curto do que o necessário? Adiar os prazos até o fim com certeza seria a melhor decisão se os estudantes fossem perfeitamente racionais. Mas e se os estudantes não são racionais? E se sucumbem à tentação e tendem à procrastinação? E se percebem sua fraqueza? Se os estudantes não são racionais, e sabem disso, poderiam usar os prazos para se comportarem melhor. Poderiam fixar prazos mais curtos, forçando-se assim a começar a trabalhar nos projetos mais cedo no semestre.

O que meus alunos decidiram? Usaram a ferramenta de cronograma que lhes forneci e distribuíram os prazos de entrega ao longo do semestre. Fizeram bem. A atitude deles indica que percebem seus problemas com a procrastinação e que, dadas as oportunidades certas, procuram se controlar. Mas a pergunta principal é se a ferramenta foi de fato útil em melhorar suas notas. Para descobrir, tivemos que realizar variações dos mesmos experimentos em outras turmas e comparar a qualidade das dissertações através das diferentes condições (turmas).

* * *

Agora que eu tinha feito Gaurav e seus colegas escolherem seus prazos individuais, apresentei às minhas duas outras turmas propostas bem diferentes. Na segunda, informei aos estudantes que eles não teriam prazo durante o semestre. Apenas deveriam entregar suas dissertações no fim da última aula. Claro que poderiam entregar os textos antes, mas sem nenhum benefício em termos de nota. Suponho que eles devem ter ficado satisfeitos: dei-lhes total flexibilidade e liberdade de escolha. Não apenas isso: também não corriam o risco de serem penalizados por descumprirem um prazo intermediário.

A terceira turma recebeu o que pode ser chamado de tratamento ditatorial: eu impus três prazos para a entrega das três dissertações na quarta, na oitava e na décima segunda semana. Aquelas eram minhas ordens iniciais, sem nenhuma margem para escolha ou flexibilidade.

Das três turmas, qual você acha que obteve as melhores notas? Gaurav e seus colegas, que tiveram certa flexibilidade? Ou a segunda turma, com prazo único ao fim e, assim, completa flexibilidade? Ou a terceira, cujos prazos foram impostos, ou seja, com nenhuma flexibilidade? Qual turma você prevê que se saiu pior?

No fim do semestre, Jose Silva, o professor assistente (ele próprio um expert em procrastinação e atualmente professor da Universidade da Califórnia em Berkeley), devolveu as dissertações aos estudantes. Pudemos enfim comparar as notas nas três condições de prazo.

Constatamos que os alunos que tinham os três prazos rígidos obtiveram as melhores notas. A turma para a qual não fixei nenhum prazo (exceto o final) teve as piores notas. E a turma na qual Gaurav e seus colegas puderam, eles próprios, escolher os três prazos (mas com penalidades se deixassem de cumpri-los) terminou no meio, tanto em termos de notas nas três dissertações quanto de nota final.

O que esses resultados indicam? Primeiro, que os estudantes procrastinam (grande novidade) e, segundo, que restringir fortemente sua liberdade (prazos com intervalos iguais, impostos) constitui a melhor cura para a procrastinação. Mas a maior revelação foi que bastou oferecer aos estudantes uma ferramenta que lhes permitisse se comprometer previamente com prazos para ajudá-los a obter melhores notas.

A descoberta implica que os estudantes em geral entenderam seu problema com a procrastinação e agiram para combatê-la dada a oportunidade, obtendo relativo sucesso em melhorar suas notas. Mas por que as notas na condição dos prazos autoimpostos não foram tão boas quanto as de prazos ditatoriais (externamente impostos)? Minha sensação é esta: nem todos percebem sua tendência de procrastinar, e mesmo aqueles que a reconhecem podem não entender o problema completamente. Sim, as pessoas podem fixar prazos para si mesmas, mas não necessariamente os melhores prazos para obterem o melhor desempenho.

Quando examinei os prazos fixados pelos estudantes na turma de Gaurav, constatei este fato. Embora a grande maioria tenha distribuído bem seus prazos (e obtido notas tão boas quanto as dos alunos na condição ditatorial), alguns não os distribuíram bem e uns poucos não fizeram distribuição alguma. Os alunos que distribuíram os prazos de forma inadequada puxaram para baixo a nota média da turma. Sem prazos bem distribuídos – que forçassem os estudantes a preparar suas dissertações bem cedo no semestre –, o trabalho final foi, de maneira geral, feito às pressas e mal escrito (mesmo sem a penalidade de 1% a menos na nota por cada dia de atraso).

O interessante é que esses resultados mostram que, embora quase todo mundo tenha problemas com a procrastinação, os que reconhecem e admitem suas fraquezas estão em melhor posição para utilizarem as ferramentas disponíveis de pré-compromisso e, assim, tentarem superá-las.

Essa foi a experiência que tive com meus alunos. Qual a relação disso com a vida diária? Muita coisa, eu acho. Resistir à tentação e inculcar autocontrole são metas humanas gerais, e não alcançá-las repetidamente é uma fonte de grande parte de nosso sofrimento. Quando olho ao redor, vejo que as pessoas estão se esforçando por fazer a coisa certa, seja quem está de dieta jurando evitar as sobremesas ou famílias prometendo gastar menos ou poupar mais. A luta pelo controle está à nossa volta. Podemos vê-la em livros e revistas. As transmissões de rádio e TV estão repletas de mensagens de autoaperfeiçoamento e autoajuda.

No entanto, com todo esse blá-blá-blá eletrônico e foco da imprensa, nós nos vemos nos mesmos apuros dos meus alunos, deixando repetidas vezes de atingir nossas metas de longo prazo. Por quê? Porque, sem pré-compromissos, vivemos caindo em tentação.

Qual a alternativa? Com base nos experimentos descritos, a conclusão mais óbvia é que, quando uma "voz externa" autoritária dá as ordens, a maioria das pessoas presta atenção. Afinal, os estudantes para os quais fixei os prazos – a quem forneci a voz "parental" – saíram-se melhor. Claro que berrar ordens, embora bem eficaz, nem sempre é viável ou desejável. O que é um bom meio-termo? Parece que o melhor caminho poderia ser dar às pessoas uma oportunidade de se comprometerem desde o início com sua linha de ação preferida. Essa abordagem pode não ser tão eficaz quanto o tratamento autoritário, mas pode ajudar a nos impelir na direção certa (ainda mais se treinarmos as pessoas e dermos experiência em definirem os próprios prazos).

Qual a conclusão? Temos problemas com o autocontrole, relacionados à gratificação imediata e adiada – até aí, nenhuma dúvida. Mas cada um dos problemas que enfrentamos possui mecanismos potenciais de autocontrole também. Se não conseguimos poupar do nosso contracheque, podemos tirar proveito da opção de dedução automática por nosso empregador. Se não temos vontade de malhar regularmente sozinhos, podemos combinar de malhar em companhia de nossos amigos. Essas são as ferramentas com que podemos nos comprometer de antemão, e podem nos ajudar a ser o tipo de pessoas que desejamos.

Quais outros problemas de procrastinação os mecanismos de pré-compromisso poderiam solucionar? Vamos dar uma olhada na assistência médica e dívida do consumidor.

Assistência médica

Todos sabem que a medicina preventiva costuma ser mais econômica – para os indivíduos e a sociedade – do que nossa abordagem terapêutica atual. Prevenção significa fazer exames de saúde regulares, antes que os problemas se desenvolvam. Mas fazer uma colonoscopia ou mamografia é um martírio. Até um exame de colesterol, que requer extrair sangue, é desagradável. Assim, embora nossa saúde de longo prazo e longevidade dependam de realizar esses exames, a curto prazo procrastinamos, procrastinamos e procrastinamos.

E se todos fizessem os exames necessários em tempo? Você consegue imaginar? Pense em quantos problemas graves de saúde poderiam ser evitados se diagnosticados prematuramente. Pense nos gastos com assistência médica que poderiam ser eliminados e quanto sofrimento seria poupado no processo.

Então como resolvemos esse problema? Bem, poderíamos ter uma solução ditatorial, em que o Estado (no sentido orwelliano) imporia nossos check-ups regulares. Essa abordagem funcionou bem com meus alunos, que receberam um prazo e tiveram bom desempenho. Na sociedade, sem dúvida, seríamos todos mais saudáveis se a patrulha da saúde chegasse numa viatura e levasse os procrastinadores ao ministério do Controle do Colesterol para fazerem seus exames de sangue.

Essa solução pode parecer extrema, mas pense nas outras normas que a sociedade nos impõe para o nosso próprio bem. Podemos ser multados por atravessarmos fora da faixa de pedestres ou por não colocarmos o cinto de segurança. Ninguém imaginava, 20 anos atrás, que fumar seria banido da maioria dos prédios públicos, bem como de restaurantes e bares, como ocorre atualmente, com uma multa pesada para quem acender um cigarro. Depois tivemos o movimento contra gorduras trans. As pessoas deveriam ser privadas de batatas fritas obstruidoras das artérias?

Às vezes somos fortes defensores de regulamentos que restringem nossos comportamentos autodestrutivos; outras vezes temos sentimentos igualmente fortes sobre nossa liberdade pessoal. De qualquer modo, trata-se sempre de um dilema.

Mas se exames de saúde obrigatórios não serão aceitos pelo público, que tal um meio-termo, como os prazos autoimpostos que dei a Gaurav e seus colegas (os prazos que ofereciam escolha pessoal, mas com penalidades aos procrastinadores)? Este pode ser o meio-termo perfeito entre o autoritarismo, por um lado, e o que costumamos ter na saúde preventiva atual: completa liberdade para falharmos.

Suponha que seu médico diga que você precisa checar seu colesterol. Significa jejuar na noite antes do exame, deslocar-se ao laboratório na manhã seguinte sem tomar café da manhã, esperar em uma recepção lotada pelo que parecem horas, até que enfim a enfermeira vem chamá-lo para enfiar uma agulha no seu braço. Diante dessas perspectivas, você logo começa a procrastinar. Mas suponha que o médico cobrou um depósito inicial de 100 dólares pelo exame, reembolsável somente se você aparecer pontualmente no horário marcado. Sua propensão a aparecer para o exame aumentaria?

E se o médico perguntasse se você gostaria de pagar esse depósito de 100 dólares pelo exame? Você aceitaria esse desafio autoimposto? E, se aceitasse, estaria mais propenso a comparecer para o procedimento? Suponha que o procedimento fosse mais complicado: uma colonoscopia, por exemplo. Você estaria disposto a fazer um depósito de 200 dólares, reembolsáveis somente se chegasse na hora marcada? Em caso positivo, você terá replicado as condições que ofereci à turma de Gaurav, que com certeza motivaram os estudantes a serem responsáveis pelas próprias decisões.

De que outra maneira poderíamos derrotar a procrastinação na assistência médica? Suponha que conseguíssemos reformular a maioria de nossos procedimentos médicos e dentários para que fossem previsíveis e fáceis de realizar. Vou contar uma história que ilustra essa ideia.

Anos atrás, a Ford Motor Company estava tentando descobrir a melhor maneira de fazer os proprietários dos carros voltarem às revendas para a revisão de rotina. O problema era que um automóvel Ford comum tinha algo em torno de 18 mil peças que poderiam precisar de manutenção e, infelizmente, nem todas precisavam de manutenção ao mesmo tempo (um engenheiro da Ford calculou que um parafuso de eixo específico precisa de inspeção a cada 5.780 quilômetros). E aquele era apenas parte do problema: como a Ford dispunha de mais de 20 tipos de veículos, além dos diferentes modelos anuais, a manutenção de todos era quase impossível de calcular. Tudo que os consumidores, bem como os analistas do serviço, podiam fazer era folhear vários volumes de grossos manuais a fim de descobrir quais serviços eram necessários.

Mas a Ford começou a perceber algo nas revendas da Honda. Embora as cerca de 18 mil peças dos carros Honda tivessem os mesmos cronogramas de revisão ideais dos carros da Ford, a Honda as agrupara em três "intervalos de engenharia" (por exemplo, a cada seis meses ou 8 mil quilômetros, a cada ano ou 16 mil quilômetros e a cada dois anos ou 40 mil quilômetros). A lista era exibida na parede da sala de recepção no departamento de manutenção. Todas as centenas de atividades de manutenção eram reduzidas a eventos de manutenção simples, baseados na quilometragem, comuns a todos os veículos e modelos anuais. O painel tinha cada atividade de manutenção combinada, sequenciada e precificada. Qualquer um podia ver quando a manutenção devia ser realizada e quanto custaria.

Mas o painel de serviços combinados era mais do que um conjunto de informações convenientes: era um verdadeiro inimigo da procrastinação, já que instruía os clientes a fazerem as revisões em datas e quilometragens específicas. Orientava-os no processo. E era tão simples que qualquer cliente conseguia entender. Os clientes já não se confundiam mais. Já não procrastinavam. A manutenção pontual de seus Hondas era fácil.

Algumas pessoas na Ford acharam que essa era uma ótima ideia, mas de início os engenheiros da empresa resistiram. Eles tiveram que ser convencidos de que sim, os motoristas podiam rodar 14.500 quilômetros sem trocar o óleo – só que 8 mil quilômetros alinhariam a troca de óleo com tudo o mais que precisava ser feito. Tiveram que ser convencidos de que um Mustang e um caminhão Super Duty F-250, apesar de suas diferenças tecnológicas, podiam ser colocados no mesmo cronograma de manutenção. Tiveram que ser convencidos de que recombinar suas 18 mil opções de revisão em três eventos de manutenção facilmente programados – tornando a revisão tão fácil quanto encomendar uma refeição no McDonald's – não era má engenharia, e sim bom serviço ao cliente (sem falar em bom negócio). O argumento vencedor foi que é melhor que os consumidores façam a manutenção de seus veículos em intervalos meio forçados do que não façam manutenção alguma!

No fim, aconteceu: a Ford seguiu o exemplo da Honda de combinar suas manutenções. A procrastinação cessou. As oficinas de manutenção da Ford, que ficavam 40% vazias, lotaram. As revendas lucraram, e em apenas três anos a Ford igualou o sucesso da Honda na oficina de manutenção.

Então será que conseguiríamos tornar os exames e check-ups gerais igualmente simples e, com o acréscimo de penalidades financeiras autoimpostas (ou seja, uma voz "parental"), melhorar substancialmente a qualidade de nossa saúde e, ao mesmo tempo, reduzir seus custos gerais? A lição a ser aprendida com a experiência da Ford é que combinar nossos exames (e procedimentos) médicos de modo que as pessoas se lembrem de fazê-los é bem mais inteligente do que uma série irregular de comandos de saúde que as pessoas não estão dispostas a seguir. De modo que a grande pergunta é: podemos modificar o atoleiro médico atual, tornando-o tão simples quanto encomendar uma refeição do McDonald's? Thoreau escreveu: "Simplifique! Simplifique!" De fato, a simplificação é uma marca da verdadeira genialidade.

Poupanças

Poderíamos ordenar às pessoas que parassem de gastar, como um decreto orwelliano. Seria semelhante ao caso do meu terceiro grupo de alunos, cujos prazos foram determinados por mim. Mas existem formas mais inteligentes de fazer as pessoas monitorarem os próprios gastos? Alguns anos atrás, por exemplo, tomei conhecimento do método do "copo de gelo" de reduzir os gastos no cartão de crédito. Um remédio caseiro para gastos impulsivos. Você coloca seu cartão de crédito num copo d'água e põe o copo no congelador. Aí, quando impulsivamente decide fazer uma compra, precisa primeiro aguardar que o gelo derreta antes de pegar o cartão. Até lá, sua compulsão pela compra terá baixado. (Não dá para pôr o cartão no micro-ondas, porque isso destruiria a faixa magnética.)

Aqui está outra abordagem que parece melhor e certamente mais atualizada. John Leland publicou um artigo bem interessante no *The New York Times* em que descreveu uma tendência crescente de se envergonhar: "Semana passada, quando uma mulher que se denomina Tricia descobriu que devia 22.302 dólares nos cartões de crédito, ficou ansiosa por espalhar a notícia. Tricia, de 29 anos, não conversa com a família e os amigos sobre suas finanças e diz que se envergonha de sua dívida pessoal. No entanto, da lavanderia de sua casa no norte do Michigan, ela faz algo que seria impensável e impossível: ela entra na internet e posta detalhes íntimos de sua vida financeira, inclusive seu patrimônio líquido (agora de 38.691 dólares negativos), o saldo e os encargos financeiros de seus cartões de crédito e o montante da dívida que já amortizou (15.312 dólares), desde que criou o blog sobre sua dívida no ano passado."

Está claro que o blog de Tricia faz parte de uma tendência maior. Aparentemente, existem dezenas de sites (talvez já sejam milhares agora) dedicados ao mesmo tipo de postagens sobre dívidas. Leland observou: "Os consumidores estão pedindo auxílio aos outros para desenvolverem autocontrole, porque a maioria das empresas não coloca nenhuma restrição."[7]

Postar num blog sobre gastos excessivos é importante e útil, mas, como vimos no capítulo anterior sobre emoções, o que precisamos é de um método para refrear nosso consumo no momento da tentação, em vez de um meio de reclamar a respeito após o fato consumado.

O que poderíamos fazer? Talvez criar algo que replicasse as condições da turma de Gaurav, com certa liberdade de escolha, mas também limites embutidos? Comecei a imaginar um cartão de crédito diferente – um cartão de crédito de *autocontrole* que permitisse às pessoas restringirem o próprio comportamento de gastos. Os usuários decidiriam de antemão quanto queriam gastar em cada categoria, em cada loja e em cada período de tempo. Por exemplo, os usuários poderiam limitar seus gastos com café a 20 dólares semanais, e seus gastos com roupas a 600 dólares a cada seis meses. Os detentores dos cartões poderiam fixar seu limite de supermercado em 200 dólares semanais e seu gasto em entretenimento em 60 dólares mensais, e não permitir nenhum gasto em doces entre as duas e as cinco da tarde. O que aconteceria se ultrapassassem o limite? Os detentores dos cartões selecionariam suas penalidades. Por exemplo, poderiam fazer com que o cartão fosse rejeitado ou multar a si próprios e transferir o valor para uma ONG, um amigo ou uma poupança a longo prazo. Esse sistema também poderia implementar o método do "copo de gelo", com um período de "degelo" para itens grandes, podendo até desencadear um e-mail automático para seu cônjuge, sua mãe ou um amigo.

> Cara Sumi,
>
> Este e-mail é para chamar sua atenção para o fato de que seu marido, Dan Ariely, que costuma ser um cidadão correto, excedeu seu limite mensal de 50 dólares para chocolates e gastou 73,25 dólares.
>
> Atenciosamente,
>
> A equipe de autocontrole do cartão de crédito

Isso pode soar como um sonho agora, mas não é. Pense no potencial dos cartões que oferecem a possibilidade de serem customizados dentro das necessidades de crédito do indivíduo, ajudando as pessoas a controlarem seu crédito com sabedoria. Por que um cartão não poderia conter, por exemplo, um "regulador" de gastos (como os reguladores que limitam a velocidade máxima de motores) para limitar as transações monetárias em condições específicas? Por que não poderiam conter o equivalente financeiro a uma pílula de liberação controlada, de modo que os consumidores pudessem programar os cartões para ministrarem seu crédito a fim de ajudá-los a se comportarem como gostariam?

Alguns anos atrás, eu estava tão convicto de que um cartão de crédito de "autocontrole" seria uma boa ideia que solicitei uma reunião com um grande banco. Para minha alegria, aquele banco venerável respondeu e sugeriu que eu fosse à sua sede em Nova York.

Cheguei à cidade algumas semanas depois e, após uma breve espera na recepção, fui conduzido a uma sala de conferência moderna. Espiando pelo vidro laminado do alto, pude ver o distrito financeiro de Manhattan e um fluxo de táxis amarelos abrindo caminho na chuva. Em poucos minutos, a sala estava cheia com meia dúzia de executivos bancários poderosos, inclusive o chefe da divisão de cartões de crédito do banco.

Comecei descrevendo como a procrastinação causa problemas a todos. No domínio das finanças pessoais, eu disse, ela faz com que negligenciemos a poupança – enquanto a tentação do crédito fácil enche nossos armários de produtos desnecessários. Em pouco tempo percebi que estava tocando num ponto bastante sensível a eles.

Depois passei a descrever como os americanos desenvolveram uma terrível dependência dos cartões de crédito, como as dívidas os estão destruindo e como estão batalhando para encontrar uma solução para esse problema. Os idosos são um dos grupos mais duramente atingidos. De fato, de 1992 a 2004, a taxa de endividamento dos americanos acima de 55 anos aumentou mais rápido do que a de qualquer outra faixa. Alguns deles estavam até usando cartões de crédito para cobrir despesas de saúde. Outros corriam o risco de perder suas casas.

Comecei a me sentir como George Bailey implorando pelo perdão da dívida em *A felicidade não se compra*. Os executivos começaram a se manifestar. A maioria tinha relatos de parentes, cônjuges e amigos (não eles mesmos, é claro) que tiveram problemas com dívidas no cartão de crédito. Conversamos a respeito.

Uma vez preparado o terreno, pus-me a descrever a ideia do cartão de crédito de autocontrole como um meio de ajudar os consumidores a gastarem menos e pouparem mais. De início, acho que os banqueiros ficaram um tanto perplexos. Eu estava sugerindo que auxiliassem os consumidores a controlarem seus gastos. Eu não percebia que banqueiros e empresas de cartões de crédito ganhavam 17 bilhões de dólares por ano dos juros daqueles cartões? Deveriam abrir mão daquilo?

Bem, eu não era tão ingênuo assim. Expliquei aos banqueiros que existia uma ótima proposta de negócio por trás da ideia de um cartão de autocontrole. "Olhem", falei, "a concorrência no setor de cartões de crédito é cruel. Vocês enviam 6 bilhões de malas diretas por ano, e todos os cartões oferecem mais ou menos o mesmo pacote." Com relutância, eles concordaram. Continuei: "Mas suponha que uma empresa de cartão de crédito se destacasse do rebanho, e se identificasse como um bom sujeito – como um defensor do consumidor esmagado pelo crédito? Suponha que uma empresa tivesse a ousadia de oferecer um cartão que de fato ajudasse os consumidores a controlarem seu crédito e, ainda melhor, a canalizarem parte de seu dinheiro para investimentos de longo prazo?" Olhei ao redor da sala. "Minha aposta é que milhares de consumidores cancelariam os outros cartões de crédito e optariam pelo de vocês!"

Uma onda de empolgação atravessou a sala. Os banqueiros assentiram e conversaram entre si. Uma ideia revolucionária! Pouco depois, partimos. Eles apertaram minha mão calorosamente e garantiram que logo voltaríamos a conversar.

Bem, nunca ligaram de volta. (Pode ter sido o temor de perder 17 bilhões de dólares em cobrança de juros ou talvez apenas a boa e velha procrastinação.) Mas a ideia continua aí – um cartão de crédito de autocontrole –, e talvez um dia alguém dê o próximo passo.

Reflexões sobre a gratificação imediata e o autocontrole

Oscar Wilde certa vez disse: "Nunca deixo para amanhã o que posso fazer depois de amanhã." Ele pareceu aceitar, e até aproveitar, o papel da procrastinação em sua vida, mas a maioria considera a atração da gratificação imediata tão forte que ela pode destruir nossos melhores planos de dieta, poupar dinheiro, faxina – a lista é infinita.

Quando temos problemas de autocontrole, às vezes protelamos tarefas que deveríamos fazer imediatamente. Mas também exibimos problemas de autocontrole quando nos dedicamos com frequência exagerada a tarefas que poderiam ser proteladas – como checar obsessivamente o e-mail ou aplicativos de mensagem instantânea.

O perigo de não conseguir parar de checar o e-mail foi crucial na trama do filme *Sete vidas*: o personagem de Will Smith checa o e-mail no celular enquanto dirige e bate num furgão, matando sua mulher e seis outras pessoas. Trata-se de um filme, é claro, mas checar compulsivamente o e-mail enquanto se dirige é mais comum do que a maioria está disposta a admitir.*

Um relatório australiano descobriu que os trabalhadores gastavam em média 14,5 horas, ou mais de dois dias de trabalho por semana, checando, lendo, organizando, deletando e respondendo aos e-mails.[8] Se acrescentar as redes sociais e os portais de notícias, você pode dobrar esse tempo gasto em interações virtuais e gerenciamento de mensagens.

Certa vez, para tentar superar a distração, resolvi olhar as mensagens só de noite, mas logo descobri que isso não funcionaria. Como não as checava regularmente, acabei indo a reuniões que haviam sido canceladas ou chegando na hora ou lugar errado. Assim, desisti dessa estratégia, e agora confiro os e-mails com frequência, classificando-os em categorias: spam e mensagens sem importância, que excluo de primeira; e-mails que poderiam me interessar ou que precisariam de resposta em algum momento no futuro; outros que necessitam de retorno imediato, e assim por diante.

No passado, o carrinho da correspondência passeava pelo escritório uma ou duas vezes por dia com poucas cartas e memorandos – bem diferente

* Leciono para cerca de 200 alunos de pós-graduação a cada ano e, no início de 2009, pedi que aqueles que alguma vez haviam usado e-mail ou mensagem de texto enquanto dirigiam levantassem a mão. Todos, exceto três, levantaram a mão (e um dos que não levantaram era deficiente visual!).

das mensagens eletrônicas, que não dão trégua. Para mim, o dia transcorre assim: começo a trabalhar em algo e vou fundo. Acabo me detendo num ponto difícil e decido fazer uma breve pausa – obviamente, para verificar as mensagens. Vinte minutos depois, retorno à tarefa, sem me lembrar direito de onde eu estava e do que estava pensando. Quando volto aos trilhos, perdi tempo e parte do foco, e esse desfecho com certeza não me ajuda a resolver o problema que me levou a fazer aquela pausa.

Olho as mensagens aguardando numa fila de supermercado, entrando no escritório, andando no elevador e assistindo às aulas de outras pessoas (ainda não descobri como fazê-lo durante minhas próprias aulas) e até enquanto espero o sinal vermelho abrir.

Creio que esse tipo de vício tenha algo a ver com o que o psicólogo comportamental B. F. Skinner chamou de "esquemas de reforço". Skinner usou essa expressão para descrever a relação entre ações (no caso, um rato faminto pressionando uma alavanca na chamada "caixa de Skinner") e suas recompensas associadas (bolinhas de comida). Em particular, Skinner distinguiu entre esquemas de reforço de taxa fixa e taxa variável. Sob um esquema fixo, um rato recebia uma recompensa de comida após pressionar a alavanca um número fixo de vezes – digamos, 100 vezes. (Para fazer uma comparação, um revendedor de carros usados poderia obter um bônus de mil dólares a cada 10 carros vendidos.) Sob o esquema variável, o rato ganhava a bolinha de comida após pressionar a alavanca um número aleatório de vezes. Em algumas ocasiões, receberia a comida após pressionar 10 vezes; em outras, após pressionar 200 vezes. (Analogamente, nosso revendedor de carros usados ganharia um bônus de mil dólares após vender um número indeterminado de carros.)

Desse modo, sob o esquema de reforço variável, a chegada da recompensa é imprevisível. Diante disso, era de esperar que os esquemas de reforço fixos seriam mais motivadores e recompensadores, porque o rato (ou o vendedor de carros usados) pode aprender a prever o resultado de seu trabalho. Em vez disso, Skinner descobriu que os esquemas variáveis eram mais motivadores. O resultado mais revelador foi que, quando as recompensas cessavam, os ratos sob esquemas fixos paravam de trabalhar quase imediatamente, mas aqueles sob esquemas variáveis continuavam por um bom tempo.

Esse esquema de reforço variável também faz milagres para motivar as pessoas. É a magia (ou, mais precisamente, bruxaria) subjacente aos jogos de azar e loterias. Qual seria a graça de uma máquina caça-níqueis se você soubesse de antemão que sempre perderia nove vezes antes de ganhar uma, e que essa sequência prosseguiria enquanto você apostasse? Provavelmente nenhuma! Na verdade, a graça da aposta advém da incapacidade de prever quando as recompensas chegarão, fazendo com que continuemos apostando.

Então o que bolinhas de comida e máquinas caça-níqueis têm a ver com mensagens eletrônicas? Se pensar bem, elas se assemelham aos jogos de azar. A maioria é bobagem, o equivalente a pressionar a alavanca de uma máquina caça-níqueis e perder, mas vez ou outra recebemos uma que realmente queremos. Talvez contenha boas notícias sobre um emprego, uma fofoca, notícias de alguém de quem não ouvimos falar há tempos ou alguma informação importante. Ficamos tão contentes por receber a mensagem inesperada (bolinha de comida) que nos viciamos em checar, esperando mais surpresas. Continuamos pressionando a alavanca repetidas vezes até ganharmos nossa recompensa.

Essa explicação me faz compreender melhor meu vício e, o mais importante, poderia indicar alguns meios de escapar dessa caixa de Skinner e seu esquema de reforço variável. Uma abordagem útil é desativar as notificações. Essa ação não elimina minha checagem, mas reduz sua frequência. Continuo tentando acabar com esse vício.

Mais reflexões sobre autocontrole: a lição do Interferon

Anos atrás, ouvi uma entrevista na rádio NPR com as irmãs Delany, que viveram até os 102 e 104 anos. Uma parte específica ficou na minha lembrança. As irmãs disseram que um dos segredos para a longevidade era nunca se casar, porque elas nunca tiveram maridos para "matá-las de preocupação". Essas palavras soam razoáveis, mas não é algo que eu consiga confirmar (além disso, os homens se beneficiam mais do casamento).[9]

Uma das irmãs contou que outro segredo era evitar hospitais, o que pareceu sensato por dois motivos: se você está com saúde, não precisa ir, além de reduzir as chances de contrair uma doença por estar em um ambiente hospitalar.

Eu entendi do que ela estava falando. Quando fui hospitalizado pela primeira vez devido às minhas queimaduras, contraí hepatite de uma transfusão de sangue. Obviamente, não há um momento favorável para se contrair hepatite, mas aquele com certeza foi o pior para mim. A doença aumentou meu risco cirúrgico, atrasou meu tratamento e fez meu corpo rejeitar muitos transplantes de pele. Depois de um tempo, a hepatite foi tratada, mas continuou retardando minha recuperação, ao irromper de tempos em tempos e causar estragos no meu organismo.

Isso foi em 1985, antes que meu tipo de hepatite tivesse sido isolado. Os médicos sabiam que não era hepatite A nem B, mas permanecia um mistério, de modo que a chamavam de hepatite não A e não B. Em 1993, quando eu estava na pós-graduação, tive um surto da doença. Fui ao centro de saúde estudantil e o médico informou que eu tinha hepatite C, recentemente isolada e identificada. Uma boa notícia por dois motivos: primeiro, eu agora sabia o que tinha e, segundo, um tratamento experimental novo, o Interferon, parecia promissor. Dada a ameaça de fibrose do fígado, cirrose e morte prematura, pareceu-me que participar de um estudo experimental era o menor dos males.

O Interferon foi inicialmente aprovado pela agência reguladora para tratamento da leucemia das células pilosas (que não tinha tratamento) e, como costuma acontecer com a terapia do câncer, o regime era desagradável. O protocolo inicial requeria autoinjeções de Interferon três vezes na semana. Fui informado de que, após cada injeção, sentiria febre, náusea, dor de cabeça e vômito, e foi exatamente o que aconteceu. Assim, por seis meses, nas segundas, quartas e sextas-feiras, eu chegava da universidade, pegava a seringa do armário de remédios, abria a geladeira, enchia a seringa com a dosagem de Interferon e mergulhava a agulha na minha coxa. Depois deitava na rede – o único mobiliário interessante no meu apartamento de estudante em estilo loft –, da qual tinha uma visão perfeita da televisão. Mantinha um balde ao alcance para receber o vômito que inevitavelmente viria e, em seguida, a febre, os tremores e a dor de cabeça. Em certo ponto, eu adormecia e acordava sofrendo de sintomas como da gripe. Ao meio-dia, estava mais ou menos bem e voltava ao trabalho.

A dificuldade que eu e os demais pacientes tínhamos com o Interferon era o problema básico da gratificação adiada e do autocontrole. Em cada dia de injeção, eu enfrentava um dilema entre fazer a aplicação e me sentir doente pelas 16 horas seguintes (um efeito imediato negativo) e a esperança de que o tratamento me curaria (um efeito de longo prazo positivo). Ao fim do martírio de seis meses, os médicos contaram que fui o único paciente no protocolo que havia seguido o regime da forma planejada. Todos os demais participantes do estudo deixaram de tomar o medicamento várias vezes, o que não surpreendia, diante dos desafios. (O descumprimento das determinações médicas é, de fato, um problema bem difundido.)

Então como foi que consegui? Eu tinha nervos de aço? Não. Como qualquer outro, tenho muita dificuldade com o autocontrole. Mas usei um truque. Basicamente, tentei explorar meus outros desejos num esforço por tornar mais suportável a perspectiva da terrível injeção. Para mim, o segredo foram os filmes.

Adoro filmes. Se tivesse tempo, veria um por dia. Quando os médicos me contaram o que me esperava, decidi que não veria nenhum filme até depois de aplicar a injeção, quando poderia assistir a quantos quisesse até adormecer.

Em cada dia de injeção, eu parava na locadora a caminho da faculdade. Colocava-os na bolsa e aguardava ansiosamente a hora de vê-los mais tarde. Aí, logo após tomar a injeção, mas antes que os tremores e a dor de cabeça começassem, me aconchegava na rede, verificava se o balde estava no lugar e começava minha maratona de cinema. Daquele modo, aprendi a associar a injeção inicial com a experiência recompensadora de assistir a um filme maravilhoso. Só uma hora depois, quando os efeitos colaterais negativos entravam em ação, minha sensação se tornava menos maravilhosa.

Planejar minhas noites assim ajudava meu cérebro a associar a injeção mais fortemente com o filme do que com a febre, os tremores e o vômito, permitindo que eu continuasse o tratamento.

* * *

Durante o tratamento de seis meses, parecia que o Interferon vinha funcionando, e minha função hepática melhorou bastante. Infelizmente, algumas semanas após o fim dos testes, a hepatite retornou, de modo que comecei um tratamento mais agressivo, que durou um ano e envolveu não apenas o Interferon, mas um remédio chamado Ribavirina. Para me obrigar a segui-lo de novo tentei o procedimento da injeção/filme/rede. (Graças à minha memória meio fraca, consegui até curtir alguns dos mesmos filmes que já tinha visto durante o primeiro tratamento com o Interferon.)

Dessa vez, porém, eu também estava passando por entrevistas em diversas universidades em busca de um emprego como professor auxiliar. Tive que viajar para 14 cidades, pernoitar em hotéis, dar uma palestra a grupos de acadêmicos e depois me apresentar a entrevistas pessoais com professores e reitores. Para evitar que meus colegas potenciais soubessem de minhas aventuras com o Interferon e a Ribavirina, eu insistia em um cronograma de entrevistas um tanto estranho. Com frequência precisava dar alguma desculpa para o fato de ter chegado cedo, no dia anterior à entrevista, mas não podia sair para jantar com meus anfitriões. Em vez disso, eu chegava ao hotel, pegava a medicação de um recipiente térmico, aplicava a injeção e via alguns filmes na televisão. No dia seguinte, também tentava protelar as entrevistas por algumas horas, mas, depois que me sentisse melhor, me apresentava à entrevista da melhor forma possível. (Às vezes meu procedimento funcionava; em outras, tinha que sair para encontrar as pessoas enquanto ainda me sentia mal.) Felizmente, após encerrar as entrevistas, recebi excelentes notícias: não apenas me ofereceram um emprego, como o tratamento combinado havia eliminado a hepatite. Desde então, estou livre da doença.

A lição que obtive do meu tratamento com o Interferon é de cunho geral: se um comportamento desejado específico tem resultado negativo imediato (punição), será dificílimo promovê-lo, ainda que o resultado (no meu caso, a melhora da saúde) seja altamente desejável. Afinal, é nisso que consiste o problema da gratificação adiada. Com certeza, sabemos que praticar exercícios regulares e comer mais verduras e legumes nos ajudará a ser mais saudáveis, ainda que não atinjamos a idade das irmãs Delany. No entanto, como é difícil manter viva a imagem de nossa saúde futura na imaginação, não conseguimos deixar de correr atrás dos donuts.

De modo a superar muitos tipos de falibilidade humana, acredito na utilidade de procurar truques que associem reforços imediatos, poderosos e positivos aos passos não tão agradáveis que precisamos dar rumo aos nossos objetivos de longo prazo. Para mim, começar a ver um filme – antes de sentir quaisquer efeitos colaterais – ajudava a aturar o desprazer do tratamento. Na verdade, eu programava tudo perfeitamente. No momento em que terminava de aplicar a injeção, apertava o play. Suspeito que, se tivesse apertado play depois que os efeitos colaterais começassem, não teria tido tanto sucesso em vencer aquele cabo de guerra. Quem sabe? Talvez, se eu tivesse esperado pelos efeitos colaterais antes de começar os filmes, teria criado uma associação negativa e, como consequência, agora já não os curtiria tanto.*

Um de meus colegas da Universidade Duke, Ralph Keeney, recentemente observou que o maior assassino nos Estados Unidos não é o câncer nem a doença cardíaca, tampouco o tabagismo ou a obesidade. É nossa incapacidade de fazer escolhas inteligentes e de superar nossos próprios comportamentos autodestrutivos.[10] Ralph estima que cerca de metade das pessoas tomará uma decisão sobre seu estilo de vida que acabará levando-a prematuramente ao túmulo. Como se isso já não fosse bastante ruim, parece que o ritmo em que tomamos essas decisões mortais vem aumentando de forma alarmante.

Talvez, nas próximas décadas, melhorias reais na expectativa e na qualidade de vida sejam menos motivadas pela tecnologia médica do que por uma melhor tomada de decisões. Como enfocar benefícios de longo prazo não constitui uma tendência natural, precisamos examinar com mais atenção os casos em que falhamos repetidamente e tentar obter soluções para essas situações. (Para um cinéfilo obeso, a chave poderia ser assistir a um

* Tive uma associação negativa parecida em relação a ovos. Logo após me ferir, os médicos me alimentaram com 30 ovos crus diariamente por uma sonda. Até hoje, o simples cheiro de ovo me enoja.

filme enquanto caminha na esteira.) O segredo está em achar o antídoto comportamental certo para cada problema. Associando algo que adoramos a algo que detestamos mas faz bem, talvez consigamos atrelar o desejo ao resultado – e assim superar alguns dos problemas de autocontrole enfrentados todos os dias.

8

O ALTO PREÇO DA PROPRIEDADE

Por que supervalorizamos o que temos

Na Universidade Duke, o basquete é ao mesmo tempo uma diversão empolgante e uma experiência religiosa. O estádio de basquete é pequeno, velho e tem acústica ruim - do tipo que transforma os incentivos da multidão em estrépito e eleva às alturas o nível de adrenalina de todos. O tamanho cria intimidade, mas também significa que não há assentos suficientes para todos que querem assistir aos jogos. Na verdade, é assim que eles gostam, e a universidade tem mostrado pouco interesse em trocar o estádio pequeno e intimista por outro maior. Para racionar os ingressos, um processo de seleção intricado foi desenvolvido ao longo dos anos, a fim de distinguir os torcedores fiéis de todos os demais.

Mesmo antes do início do segundo semestre, estudantes que querem comparecer aos jogos armam tendas na área gramada aberta em volta da quadra. Cada tenda pode conter até 10 pessoas. Quem chega primeiro pega os lugares mais perto da entrada e quem chega mais tarde se alinha mais atrás. A comunidade resultante é chamada de Krzyzewskiville, um reflexo do respeito dos estudantes pelo treinador K – Mike Krzyzewski –, bem como de suas aspirações de vitória na temporada.

Para que os torcedores de basquete fiéis sejam isolados de quem não tem o "sangue azul da Duke" correndo nas veias, uma buzina de ar comprimido soa em momentos aleatórios. Com a buzina, uma contagem regressiva começa, e nos cinco minutos seguintes ao menos uma pessoa de cada tenda precisa se apresentar às autoridades do basquete. Se uma tenda deixa de se registrar nesses cinco minutos, a tenda inteira é chutada para o fim da fila. Esse procedimento continua durante a maior parte do segundo semestre e se intensifica nas últimas 48 horas antes de uma partida.

Naquele ponto – 48 horas antes de uma partida –, as verificações se tornam "pessoais". Daí em diante, as tendas se tornam mera estrutura social: quando a buzina soa, cada estudante precisa se apresentar pessoalmente às autoridades do basquete. Perder uma "verificação de ocupação" nesses dois dias finais pode significar ser chutado para o fim da fila. Embora a buzina soe ocasionalmente antes dos jogos de rotina, pode ser ouvida a qualquer hora da noite e do dia antes das partidas realmente grandes (como aquelas contra a Universidade da Carolina do Norte-Chapel Hill e durante os campeonatos nacionais).

Mas esta não é a parte mais estranha do ritual. O mais estranho é que, para os jogos importantes, como as disputas de títulos nacionais, os estudantes no início da fila ainda assim não conseguem um ingresso. Pelo contrário, cada um obtém um número de loteria. Só depois, ao se aglomerarem em torno de uma lista de ganhadores afixada no grêmio estudantil, descobrem se conseguiram ou não um ingresso para a partida cobiçada.

Quando Ziv Carmon (professor da INSEAD) e eu ouvimos a buzina de ar comprimido durante o acampamento em Duke, na primavera de 1994, estávamos intrigados com o experimento da vida real que se desenrolava diante de nossos olhos. Todos os estudantes acampados queriam muito ir ao jogo de basquete. Estavam ali havia um longo tempo pelo privilégio. Mas, encerrada a loteria, alguns se tornariam detentores de ingressos e outros não.

A questão era: os estudantes que ganharam os ingressos os valorizariam mais do que os estudantes que não ganharam, embora todos houvessem "se esforçado" para obtê-los? Com base na pesquisa de Jack Knetsch, Dick Thaler e Daniel Kahneman sobre o "efeito dotação", previmos que, quando possuímos algo – seja um carro ou um violino, um gato ou um ingresso para um jogo de basquete –, o valorizamos mais do que as outras pessoas.

Pense nisso por um minuto. Por que o vendedor de uma casa costuma valorizar mais a propriedade do que o comprador potencial? Por que o vendedor de um automóvel espera um preço mais alto do que o comprador? Em muitas transações, por que o proprietário acredita que seu bem vale mais do que o proprietário potencial está disposto a pagar? Existe um velho ditado: "O teto de um homem é o piso de outro." Bem, quando você é o proprietário, está no topo, e quando é o comprador, está na base.

Na verdade, nem sempre é assim. Tenho um amigo que colocou uma coleção inteira de discos numa "venda de garagem", por exemplo, porque não aguentava mais ficar transportando aquilo. A primeira pessoa que apareceu ofereceu 25 dólares por tudo (sem nem olhar os nomes dos discos), e meu amigo aceitou. O comprador provavelmente os vendeu por 10 vezes aquele preço no dia seguinte. De fato, se sempre supervalorizássemos o que temos, não haveria programas de avaliação de antiguidades. ("Quanto você pagou por este polvarim? Cinco dólares? Olha, você tem um tesouro nacional aí.")

À parte esta ressalva, continuávamos acreditando que, em geral, possuir algo aumenta seu valor aos olhos do proprietário. Estávamos certos? Os estudantes da Duke que haviam obtido os ingressos – que podiam agora se imaginar nas arquibancadas lotadas, vendo os jogadores correndo pela quadra – os valorizariam mais do que quem não os obteve? Só havia uma boa maneira de descobrir: pedir que eles dessem valor aos ingressos.

Nesse caso, Ziv e eu tentaríamos comprar ingressos de alguns dos estudantes que tinham ganhado – e vender para os que não tinham. É isso mesmo: íamos nos tornar cambistas.

Naquela noite, obtivemos uma lista dos estudantes que haviam ganhado a loteria e dos que não haviam e começamos a telefonar. Nossa primeira ligação foi para William, um veterano que estava se especializando em química. William estava um tanto ocupado. Após acampar na semana anterior, tinha um monte de deveres de casa e e-mails acumulados. Também não estava muito satisfeito, porque, após ser o primeiro da fila, não foi um dos sortudos que ganharam um ingresso na loteria.

– Oi, William – falei. – Soube que você não ganhou um dos ingressos para a final do basquete.

– É isso aí.

– Talvez possamos lhe vender um.

– Maneiro.

– Quanto você estaria disposto a pagar?

– Que tal 100 dólares? – respondeu ele.

– Muito pouco. – Eu ri. – Tem que aumentar a oferta.

– Cento e cinquenta? – ofereceu ele.

– Mais – insisti. – Qual o preço máximo que você pagaria?

William refletiu por um momento.

– Cento e setenta e cinco.

– Mais nada?

– Mais nada. Nem um tostão a mais.

– Tudo bem, você está na lista. Vou mantê-lo informado – afirmei. – Por sinal, como você chegou a esses 175?

William disse que por 175 dólares ele também poderia assistir à partida num bar esportivo de graça, gastar em cerveja e comida e ainda sobraria uma boa grana para comprar uns CDs ou até sapatos. A partida seria com certeza empolgante, ele disse, mas ao mesmo tempo 175 dólares é uma bela quantia.

Nossa próxima ligação foi para Joseph. Após acampar por uma semana, Joseph também estava atrasado nas tarefas escolares. Mas não estava nem aí – havia ganhado um ingresso na loteria e, em poucos dias, veria os jogadores da Duke disputarem o título nacional.

– Oi, Joseph – falei. – Talvez tenhamos uma oportunidade para você vender seu ingresso. Qual seu preço mínimo?

– Não tenho nenhum.

– Todo mundo tem um preço – respondi, dando ao comentário meu melhor tom de Al Pacino.

Sua primeira resposta foi 3 mil dólares.

– Como assim? Isso é demais – objetei. – Seja razoável. Você precisa oferecer por um preço mais baixo.

– Tudo bem – concordou ele. – Dois mil e quatrocentos.

– Tem certeza? – perguntei.

– Este é meu mínimo.

– Muito bem. Se eu conseguir encontrar um comprador, retornarei. Por sinal – acrescentei –, como você chegou a este valor?

– O basquete da Duke teve um papel importante em minha vida – disse ele com entusiasmo, para depois explicar que a partida seria uma lembrança definidora de seu período na universidade, uma experiência que ele transmitiria aos seus filhos e netos. – Como você pode dar um preço a isso? Você pode dar um preço a lembranças?

William e Joseph foram apenas dois entre os mais de 100 estudantes para os quais ligamos. Em geral, os estudantes que não tinham um ingresso estavam dispostos a pagar em torno de 170 dólares por um. O preço a que se propunham, como no caso de William, era reduzido por usos alternativos do dinheiro (gastá-lo num bar esportivo em bebidas e comida). Aqueles que detinham um ingresso, no entanto, exigiram cerca de 2.400 dólares por ele. Como Joseph, justificaram seu preço em termos da importância da experiência e das lembranças vitalícias que criaria.

Mas o que realmente nos surpreendeu foi que, em todos os nossos telefonemas, ninguém se mostrou propenso a vender um ingresso por um preço que alguma outra pessoa estivesse disposta a pagar. O que tínhamos? Um grupo de estudantes ávidos por um ingresso para o jogo de basquete antes da loteria, e aí, *bang!* – no instante após o sorteio, estavam divididos em donos de ingressos e os sem ingresso. Um abismo emocional foi formado entre aqueles que agora imaginavam a glória da partida e os que imaginavam o que mais poderiam comprar com o valor do ingresso. E era um abismo empírico também: o preço de venda médio (uns 2.400 dólares) era umas 14 vezes maior do que a oferta de compra média (uns 175 dólares).

De uma perspectiva racional, tanto os donos dos ingressos quanto os sem ingresso deveriam pensar na partida da mesma forma. Afinal, a atmosfera antecipada da partida e o prazer que se poderia esperar da experiência não deveriam depender de ganhar uma loteria. Então como um sorteio aleatório de loteria podia ter mudado a visão que os estudantes tinham da partida – e o valor dos ingressos – tão drasticamente?

* * *

A propriedade permeia nossa vida e, de uma forma estranha, molda muitas das coisas que fazemos. Adam Smith escreveu: "Todo homem [e mulher] [...] vive de trocas ou torna-se em certa medida um mercador, e a própria sociedade cresce para ser o que é propriamente uma sociedade comercial." Um pensamento espantoso. Grande parte de nossa história de vida pode ser contada descrevendo a flutuação de nossas posses particulares – o que obtemos e aquilo de que nos desfazemos. Compramos roupas e comida, automóveis e casas, por exemplo. E vendemos coisas também: casas e carros e, no decorrer de nossa carreira, nosso tempo.

Já que tanto de nossa vida é dedicado à posse, não seria bom tomar decisões sensatas a respeito? Não seria bom, por exemplo, saber quanto curtiríamos uma casa nova, um carro novo, um sofá diferente, e um terno Armani, de modo que pudéssemos tomar decisões precisas sobre possuí-los? Infelizmente, é difícil isso ocorrer. Em geral, ficamos tateando no escuro. Por quê? Por causa de três idiossincrasias irracionais da natureza humana.

A primeira delas, como vimos no caso dos ingressos de basquete, é que nos apaixonamos pelo que já temos. Suponha que você decida vender sua Kombi velha. O que você faz? Antes mesmo de colocar um cartaz com À VENDA na janela, começa a recordar as viagens que fez. Você era bem mais jovem, é claro. As crianças ainda não tinham se tornado adolescentes. Uma lembrança agradável inunda você e o carro. Isso se aplica não apenas a Kombis, mas a todo o resto. E pode acontecer rápido.

Por exemplo, dois dos meus amigos adotaram uma criança chinesa e me contaram essa história notável. Foram à China com 12 outros casais. Quando chegaram ao orfanato, a diretora levou cada casal separadamente para uma sala e apresentou uma filha. Quando todos voltaram a se reunir na manhã seguinte, comentaram a sabedoria da diretora: de algum modo, ela soube exatamente qual menininha dar a cada casal. As combinações foram perfeitas. Meus amigos tiveram a mesma sensação, mas também perceberam que as combinações haviam sido aleatórias. O que fez cada combinação parecer perfeita não foi o talento da chinesa, mas a capacidade natural de nos apegarmos instantaneamente ao que possuímos.

A segunda idiossincrasia é que enfocamos o que podemos perder, e não o que podemos ganhar. Assim, quando fixamos o preço de nossa Kombi querida, pensamos mais no que perderemos (o uso da Kombi) do que no que ganharemos (dinheiro para comprar outra coisa). De forma semelhante, o detentor do ingresso foca a perda da experiência da partida de basquete, em vez de imaginar o prazer de ganhar dinheiro ou o que pode ser comprado com ele. Nossa aversão à perda é uma emoção forte e, como explicarei adiante, às vezes nos leva a tomar más decisões. Você imagina por que nos recusamos a vender algum entulho adorado e, se alguém se mostra disposto a comprá-lo, pedimos um preço exorbitante? Ao pensar em abrir mão de nossas posses valiosas, já estamos chorando a perda.

A terceira idiossincrasia é que presumimos que as outras pessoas verão a transação da mesma perspectiva que nós. De algum modo, esperamos que o comprador da Kombi compartilhe nossos sentimentos. Ou esperamos que o comprador de nossa casa aprecie como a luz solar se infiltra pela janela. Infelizmente, o comprador da Kombi tende a observar mais a emissão de fumaça quando você muda da primeira para a segunda marcha, e o comprador da casa tende a observar mais a mancha de fungo no canto. Temos dificuldade de conceber que a pessoa do outro lado da transação, seja comprador ou vendedor, não está vendo o mundo como nós.

A propriedade também tem o que eu chamaria de "peculiaridade". Por exemplo, quanto mais você trabalha em algo, maior a sensação de posse. Pense na última vez em que você montou uma mobília. Descobrir onde colocar cada peça e qual parafuso se encaixa em qual orifício aumenta a sensação de posse.

Na verdade, posso dizer com certo grau de certeza que o orgulho da posse é inversamente proporcional à facilidade com que alguém monta a mobília, regula a TV de alta definição para o sistema *surround*, instala um software ou dá banho, seca, passa pomada, põe a fralda e coloca o bebê no berço. Meu amigo e colega Mike Norton (professor de Harvard) e eu temos uma expressão para esse fenômeno: o "efeito Ikea", pois essa empresa vende móveis que são montados pelo comprador.

Outra peculiaridade é que podemos começar a sentir a posse de algo antes mesmo de possuí-lo. Pense na última vez em que você participou de um leilão on-line. Suponha que você deu seu primeiro lance, por um relógio de pulso, na manhã da segunda-feira e, naquele momento, era o maior lance. Naquela noite você se conecta e continua na frente. Assim como na noite seguinte. Você começa a pensar no relógio elegante. Imagina-o em seu pulso. Antecipa os elogios que receberá. E aí você se conecta de novo uma hora antes do fim do leilão. Alguém superou seu lance! Outra pessoa vai levar seu relógio! Por isso, você aumenta seu lance além do que havia originalmente planejado.

A sensação de propriedade parcial estaria causando a espiral ascendente que costumamos ver nos leilões on-line? Será que quanto mais um leilão avança, maior o domínio da posse virtual sobre os vários participantes e maior o montante das ofertas feitas por eles? Alguns anos atrás, James Heyman, Yesim Orhun (professor da Universidade de Chicago) e eu organizamos um experimento para explorar como a duração de um leilão gradualmente afeta os participantes, encorajando-os a darem lances até o final amargo. Como suspeitamos, os que davam os maiores lances, pelos maiores períodos de tempo, acabavam tendo as mais fortes sensações de posse virtual. Claro que estavam em posição vulnerável: uma vez que se imaginavam proprietários, eram compelidos a impedir a perda dessa posição, com lances sempre crescentes.

A "posse virtual" é uma mola mestra do setor publicitário. Vemos um casal feliz dirigindo um BMW conversível pela costa da Califórnia e nos imaginamos lá. Recebemos um catálogo de roupas de trekking da Patagônia, vemos um pulôver de poliéster e – pimba! – começamos a pensar nele como sendo nosso. A armadilha está montada, e nós voluntariamente caímos nela. Tornamo-nos proprietários parciais antes mesmo de possuirmos algo.

Há outra forma de sermos atraídos pela posse. Com frequência, as empresas oferecem promoções de "teste". Se temos um pacote básico de TV a cabo, por exemplo, somos seduzidos por um "pacote digital ouro" por uma taxa de "teste" especial (somente 59 dólares mensais em vez dos 89 dólares usuais). Afinal, dizemos a nós mesmos, sempre poderemos voltar ao plano básico ou escolher o "pacote prata", mais em conta.

Mas, uma vez que testamos o pacote ouro, claro que reivindicamos sua posse. Teremos mesmo força para descer de volta ao básico ou mesmo ao "prata digital"? Dificilmente. De início, podemos achar que conseguimos retornar com facilidade ao serviço básico, mas uma vez acostumados com a imagem em alta definição, começamos a incorporar sua posse à nossa visão de mundo e de nós mesmos, e logo afastamos a preocupação com o preço adicional. Mais do que isso, nossa aversão à perda – a perda daquela imagem nítida e bonita do "pacote ouro" e os canais extras – é insuportável. Em outras palavras, antes de fazermos a mudança, podemos estar em dúvida sobre se o pacote ouro vale seu preço pleno. Mas, depois que o experimentamos, as emoções da propriedade nos dominam, informando que a perda do "ouro em HD" é mais dolorosa do que gastar uns dólares a mais por mês. Podemos achar que conseguimos voltar atrás, mas é bem mais difícil do que esperávamos.

Outro exemplo da mesma armadilha é o "garantimos seu dinheiro de volta após 30 dias". Se não temos certeza se devemos comprar um sofá novo, a garantia de poder mudar de ideia mais tarde pode nos entusiasmar e fazer com que o obtenhamos. Deixamos de pensar em como nossa perspectiva mudará depois que o tivermos em casa e como começaremos a ver o sofá – e a nós mesmos – e consequentemente passaremos a enxergar sua devolução como uma perda. Poderíamos pensar que vamos levá-lo para casa só para testar por uns dias, mas na verdade estamos nos tornando proprietários dele e ignoramos as emoções que o sofá pode nos provocar.

A propriedade não está limitada aos objetos materiais. Pode também se aplicar a pontos de vista. Uma vez que tomamos posse de uma ideia – seja sobre política ou esportes –, o que fazemos? Talvez nós a adoremos mais do que deveríamos. Damos mais valor do que ela tem. Com frequência, temos dificuldade em abandoná-la por não conseguirmos suportar a ideia de sua perda. O que resta, então? Uma ideologia – rígida e inflexível.

Não existe uma cura conhecida para os males da posse. Como disse Adam Smith, ela está entrelaçada em nossa vida. Mas estar consciente disso pode ajudar. Por toda parte, para onde quer que olhemos, vemos a tentação de melhorar nossa qualidade de vida ao comprar uma casa maior, um segundo carro, um novo lava-louça, um cortador de grama, e assim por diante. Mas, depois que renovamos nossas propriedades, fica muito difícil voltar atrás. Como observei, a posse muda nossa perspectiva. De repente, retornar ao nosso estado anterior à posse representa uma perda que não conseguimos tolerar. E assim, ao ascendermos na vida, entregamo-nos à fantasia de que sempre podemos retroceder caso seja preciso. Mas na realidade não podemos. Descer para uma casa menor, por exemplo, é sentido como uma perda, é psicologicamente doloroso, e estamos dispostos a fazer todo tipo de sacrifício para evitar isso – ainda que, nesse caso, a hipoteca mensal afunde nosso barco.

Minha própria abordagem é tentar ver todas as transações (particularmente as grandes) como se eu não fosse proprietário, me distanciando um pouco do item de interesse. Nessa tentativa, não estou certo de que tenha alcançado o desinteresse pelos objetos materiais defendido pelo monge hinduísta, mas ao menos tento ser o mais zen possível.

Reflexões sobre os desafios da posse

Em 2007 e 2008, o valor das residências nos Estados Unidos despencou tão rápido quanto as taxas de aprovação de George W. Bush. Cada mês trazia mais más notícias: mais execuções de hipotecas, mais casas novas à venda num mercado imobiliário estagnado e mais histórias de pessoas incapazes de obter hipotecas. Resultados de um estudo do Zillow.com (um site de busca de imóveis e estimativas de preços) ilustraram a força com que essa notícia afetou os proprietários: no segundo trimestre de 2008, nove em cada 10 (92%) disseram que houve execuções de hipotecas em seu mercado imobiliário local e que temiam que essas execuções tivessem reduzido o valor das residências em seus bairros. Além disso, quatro em cada cinco (82%) não tinham muita esperança de melhoria no mercado imobiliário num futuro próximo.

Em face disso, a pesquisa do Zillow.com indicou que os proprietários de residências vinham prestando atenção na mídia, sabiam o que ocorria na economia e entendiam que a crise imobiliária era uma realidade. Mas esse estudo também descobriu que aquelas pessoas aparentemente bem-informadas acreditavam que o valor de suas próprias residências não tinha caído tanto assim. Dois de cada três proprietários (62%) acreditavam que o valor de sua própria residência aumentara ou permanecera o mesmo, e cerca de metade (56%) planejava investir em melhorias, mesmo observando o mercado imobiliário despencar à sua volta. O que explicava o abismo entre a percepção inflada do valor de suas casas e a sombria realidade do mercado?

Como discutimos neste capítulo, a propriedade modifica de maneira fundamental a nossa perspectiva. Do mesmo modo que achamos que nossos filhos são mais maravilhosos e especiais do que os dos nossos amigos e vizinhos (não importa se eles merecem essa estima), supervalorizamos tudo que possuímos, seja um par de ingressos para o basquete ou nosso domicílio.

Mas a posse de uma residência é ainda mais interessante e complexa do que, digamos, o caso corriqueiro de possuir uma caneca de café ou um par de ingressos para o basquete – porque investimos muito em nossa casa. Pense, por exemplo, em todas as mudanças e reformas que fazemos nela depois que nos mudamos para lá. Substituímos bancadas de cozinha laminadas por granito. Removemos uma parede e instalamos uma janela nova que permite à luz solar iluminar a mesa da sala de jantar. Mudamos os azulejos do banheiro. Acrescentamos um portão e instalamos um laguinho de carpas no quintal dos fundos. Aos poucos, fazemos alterações aqui e ali, até que a casa esteja perfeitamente ajustada ao nosso gosto, até que ela expresse nossa sensação elegante ou eclética de estilo para todos os outros. Quando os vizinhos nos visitam, admiram a bancada da cozinha e as luminárias. Mas, no fim, será que valorizam o que fizemos com tanto amor quanto nós? Valorizam mesmo essas mudanças?

Vejamos uma proprietária que compara a própria casa belamente remodelada com outra semelhante rua abaixo, que está mofando no mercado há meses, ou com outra recém-vendida por um valor bem abaixo do pedido. Ao fazê-lo, ela entende por que os proprietários das outras casas tiveram tanta dificuldade em vendê-las. A bancada da cozinha era laminada, não de granito; não tinha a pintura cor de barro nem a luz solar incidindo sobre a mesa da sala de jantar. "Não admira que essas casas não vendam", pensa ela com seus botões. "Simplesmente não são tão bonitas quanto a minha."

Minha esposa Sumi e eu também fomos vítimas dessa tendência. Quando trabalhávamos no MIT, compramos uma casa nova em Cambridge, Massachusetts (originalmente construída em 1890, parecia nova para nós). Logo começamos a reformá-la. Derrubamos algumas paredes para dar à casa uma sensação de espaço aberto, que adoramos. Reformamos os banheiros e instalamos uma sauna no porão. Também convertemos a garagem no jardim em uma pequena combinação de escritório e apartamento. Às vezes enchíamos nossa cesta de roupa suja com vinho, comida e roupas e escapulíamos para a garagem a fim de "passar o fim de semana fora".

Até que, em 2007, conseguimos emprego na Universidade Duke e nos mudamos para Durham, Carolina do Norte. Achávamos que o mercado imobiliário continuaria caindo e que seria melhor para nós vender a casa de Cambridge o mais rápido possível. Também queríamos evitar o pagamento de calefação, impostos e hipoteca nas duas casas.

Muitas pessoas visitaram nossa casa de Cambridge belamente reformada. Todos pareciam gostar da estrutura e da sensação do lugar, mas ninguém fez uma oferta. As pessoas diziam que a casa era bonita, só que de algum modo não conseguiam apreciar plenamente os benefícios da planta baixa aberta. Ao contrário, queriam algo com mais privacidade. Ouvíamos o que diziam, mas a ficha não caiu plenamente. "Está claro", concluíamos após alguns compradores potenciais irem embora, "que essas pessoas não têm bom gosto. Com certeza nossa bela casa, aberta e arejada, será perfeita para a pessoa certa."

O tempo passou. Pagamos duas hipotecas, duas contas de calefação e impostos duplos enquanto o mercado imobiliário continuava desacelerando. Muitas outras pessoas foram ver a casa e não faziam uma oferta. Nossa corretora Jean acabou nos dando a má notícia do jeito que um médico informa ao paciente que há algo estranho em seu raio X. "Eu acho", disse devagar, "que, se vocês quiserem vender a casa, vão ter que reconstruir algumas paredes e reverter algumas das mudanças feitas". Até ela proferir essas palavras, não havíamos aceitado essa verdade. Apesar de nossa descrença, e ainda plenamente convictos de nosso gosto superior, decidimos nos arriscar e pagamos a um empreiteiro para reerguer algumas paredes. Algumas semanas depois, a casa foi vendida.

No fim, os compradores não queriam nossa casa. Queriam a deles. Uma lição bem cara, e eu gostaria que tivéssemos tido uma noção melhor do efeito de nossas modificações sobre potenciais compradores.

Nossa propensão em supervalorizarmos o que possuímos é um viés humano básico que reflete a tendência geral de nos apaixonarmos por tudo ligado a nós mesmos e sermos excessivamente otimistas a esse respeito. Pense nisto: você não sente que é um motorista acima da média, que tem mais chances de conseguir arcar com a vida de aposentado e menos chances de sofrer de colesterol alto, se divorciar ou ser multado por estacionamento proibido? Esse viés de positividade, como dizem os psicólogos, tem outro nome: "Efeito do Lago Wobegone", em alusão à cidade fictícia da popular série de rádio *A Prairie Home Companion*, de Garrison Keillor. No lago Wobegone, de acordo com Keillor, "todas as mulheres são fortes, todos os homens são bonitos e todas as crianças estão acima da média".

Não creio que possamos nos tornar mais precisos e objetivos em como pensamos sobre nossas crianças e casas, mas talvez consigamos perceber que temos tais vieses e ouvir mais atentamente os conselhos e o feedback dos outros.

9

MANTER AS PORTAS ABERTAS

Por que as opções nos desviam de nosso objetivo principal

Em 210 a.C., um comandante chinês chamado Xiang Yu conduziu suas tropas pelo rio Yang-Tsé para atacar o exército da dinastia Qin. Após passarem a noite à margem do rio, as tropas despertaram de manhã, horrorizadas, com a imagem de seus navios em chamas. Correram ao máximo para combater seus atacantes, mas logo descobriram que foi o próprio Xiang Yu que ateara fogo nos navios e que também ordenara que todas as panelas fossem destruídas.

Xiang Yu explicou às tropas que, sem as panelas e os navios, não tinham alternativa a não ser combater até a vitória ou a morte. Aquilo não valeu a Xiang Yu uma posição na lista dos comandantes favoritos do exército chinês, mas teve um tremendo efeito em suas tropas: agarrando lanças e escudos, investiram ferozmente contra o inimigo e venceram nove batalhas consecutivas, destruindo por completo as unidades da força principal da dinastia Qin.

A história de Xiang Yu é notável por contrariar totalmente o comportamento humano normal. Em geral, não conseguimos suportar a ideia de fechar as portas para nossas alternativas. Ou seja, a maioria de nós, se estivesse no exército de Xiang Yu, teria enviado parte das tropas para vigiar os navios, para a eventualidade de precisarmos bater em retirada, e teria pedido aos outros que cozinhassem refeições, para o caso de o exército precisar permanecer ali algumas semanas. Outros teriam também sido instruídos a converter arroz em rolos de papel, para o caso de precisarmos de pergaminho para o poderoso Qin assinar as condições de sua rendição (algo improvável inicialmente).

No contexto do mundo atual, mostramos o mesmo empenho em manter abertas todas as nossas alternativas. Compramos o sistema de computador expansível, para o caso de precisarmos de todos aqueles aprimoramentos de alta tecnologia. Compramos as apólices de seguro oferecidas com a TV de alta definição, para a eventualidade de a tela grande ficar sem imagem. Mantemos nossos filhos em todas as atividades que possamos imaginar na esperança de que uma delas desperte seu interesse por ginástica, piano, francês, jardinagem orgânica ou tae kwon do. E compramos um utilitário de luxo off-road não porque realmente pretendemos pegar uma estrada de terra, mas porque, caso peguemos, queremos ter um carro resistente.

Nem sempre estamos conscientes disso, mas em cada caso abrimos mão de algo em troca dessas opções. Acabamos tendo um computador com mais funções do que precisamos ou um aparelho de som com uma garantia desnecessariamente cara. E, no caso dos filhos, sacrificamos o tempo deles e o nosso – e a chance de se tornarem realmente exímios em uma atividade – ao tentarmos lhes dar alguma experiência numa grande faixa de atividades. Ao corrermos para lá e para cá entre as coisas que poderiam ser importantes, esquecemos de dedicar tempo ao que realmente importa. É um jogo de insensatos, em que somos muito craques.

Vi esse exato problema em um de meus alunos de graduação, um jovem talentosíssimo chamado Joe. Às vésperas de começar o terceiro período, Joe acabara de completar as matérias obrigatórias e tinha que escolher uma área de especialização. Mas qual delas? Ele tinha paixão por arquitetura – passava os fins de semana estudando os prédios em estilo eclético de Boston. Conseguia se imaginar como um projetista daquelas estruturas imponentes. Ao mesmo tempo, gostava de ciência da computação, particularmente da liberdade e da flexibilidade oferecidas pelo campo. Conseguia se ver num emprego bem remunerado em uma empresa empolgante como a Google. Seus pais queriam que se tornasse um cientista da computação – além disso, ninguém entra no MIT para ser arquiteto.* Mesmo assim, seu amor pela arquitetura era forte.

Enquanto Joe falava, entrelaçava as mãos em frustração. As matérias de que precisava para especializações em ciência da computação e arquitetura eram incompatíveis. Para ciência da computação, precisava das disciplinas de algoritmos, inteligência artificial, engenharia de sistemas de computadores, circuitos e eletrônica, sinais e sistemas, estruturas computacionais e um laboratório em engenharia de software. Para arquitetura, precisava de matérias diferentes: experiência em estudo de arquitetura, fundamentos das artes visuais, introdução à tecnologia de construção, introdução à computação de projetos, introdução à história e teoria da arquitetura, e um conjunto adicional de estúdios de arquitetura.

Como poderia fechar a porta para uma carreira ou a outra? Se começasse a ter aulas de ciência da computação, seria bem difícil mudar para arquitetura, e se começasse na arquitetura, teria uma dificuldade igualmente grande em mudar para ciência da computação. Por outro lado, caso se inscrevesse para áreas nas duas matérias, talvez não se especializasse em nenhum dos dois campos ao cabo de seus quatro anos de MIT, e precisaria de mais um ano (pago por seus pais) para completar a graduação. (Ele acabou se graduando em ciência da computação, mas encontrou a combinação perfeita no seu primeiro emprego: projetar submarinos nucleares para a Marinha.)

Dana, outra aluna minha, teve um problema semelhante, mas o dela era centrado em dois namorados. Ela poderia dedicar sua energia e paixão a uma pessoa que acabara de conhecer e, assim esperava, desenvolver um relacionamento duradouro. Ou poderia continuar dedicando tempo e esforço a um relacionamento anterior que estava definhando. Ela gostava do namorado novo mais do que do antigo – mas não conseguia terminar o relacionamento anterior. Enquanto isso, o namorado novo estava ficando inquieto. "Você quer mesmo arriscar perder o rapaz que você ama", eu lhe perguntei, "porque acha que existe uma possibilidade remota de descobrir que ama mais seu namorado anterior?" Ela fez que não com a cabeça e irrompeu em lágrimas.**

---

* O departamento de arquitetura do MIT na verdade é ótimo.

** Muitas vezes me surpreendo com o número de pessoas que confiam em mim. Creio que seja em parte devido às minhas cicatrizes e ao fato óbvio de que passei por um trauma violento. Por outro lado, gostaria

Por que as opções dificultam tanto a vida? Por que nos sentimos compelidos a manter o máximo de portas abertas, mesmo a um alto preço? Por que não conseguimos nos comprometer?*

Para tentarmos responder a essas perguntas, Jiwoong Shin (professora de Yale) e eu concebemos uma série de experimentos para captar o dilema representado por Joe e Dana. Em nosso caso, o experimento se basearia em um jogo de computador que deveria eliminar algumas das complexidades da vida e dar uma resposta direta sobre se as pessoas tendem a manter as portas abertas por um tempo excessivo. Nós o chamamos de "jogo das portas". Como locação, escolhemos um lugar escuro, lúgubre – uma caverna onde até o exército de Xiang Yu relutaria em entrar.

O dormitório do campus leste do MIT é um local intimidante. Abriga hackers, entusiastas por hardware, excêntricos e desajustados em geral (e, acredite: é preciso um grande desajuste para ser desajustado no MIT). Uma sala permite música alta, festas de arromba e até nudez em público. Outra atrai estudantes de engenharia, cujos modelos de tudo, de pontes a montanhas-russas, podem ser vistos por toda parte. (Se você algum dia visitar essa sala, aperte o botão "pizza de emergência" e pouco depois receberá uma.) Uma terceira sala está toda pintada de preto. Uma quarta tem banheiros adornados com murais de diferentes tipos: aperte a palmeira ou o sambista, e uma música, transmitida do servidor musical da sala (tudo dentro da legalidade, é claro), é tocada.

Poucos anos atrás, Kim, uma de minhas assistentes, percorreu os corredores do campus leste com um notebook debaixo do braço. A cada porta, perguntou aos alunos se gostariam de ganhar algum dinheiro participando de um rápido experimento. Diante de uma resposta afirmativa, Kim entrava na sala e encontrava (às vezes, com dificuldade) um lugar vazio para pôr o notebook.

---

de acreditar que as pessoas reconhecem minha perspectiva singular sobre a psique humana, por isso buscam meu conselho. Seja como for, aprendo muito com as histórias que as pessoas compartilham comigo.

* O matrimônio é um dispositivo social que deveria forçar os indivíduos a eliminarem suas alternativas, mas, como sabemos, nem sempre funciona.

Quando o programa começava, três portas apareciam na tela do computador: uma vermelha, uma azul e uma verde. Kim explicava que os participantes podiam entrar em qualquer das três salas (vermelha, azul ou verde) simplesmente clicando na porta correspondente. Uma vez dentro, cada clique subsequente faria com que ganhassem certa quantia de dinheiro. Se uma sala específica oferecesse entre 1 e 10 centavos, por exemplo, eles ganhariam algo naquela faixa sempre que clicassem ali. A tela computava seus ganhos enquanto progrediam.

Obter o máximo de dinheiro do experimento envolvia saber qual sala daria o maior ganho e clicar nela tantas vezes quanto possível. Mas aquilo não era trivial. Cada vez que você passava de uma sala para outra, gastava um clique (você tinha um total de 100 cliques). De um lado, passar de uma sala a outra poderia ser uma boa estratégia para achar o maior ganho. Por outro lado, correr de porta em porta (e de sala em sala) significava que você estava consumindo cliques que poderiam ter rendido dinheiro.

Albert, um violinista (e residente da sala de adoradores do Lorde das Trevas Krotus) foi um dos primeiros participantes. Um tipo competitivo, estava determinado a ganhar mais dinheiro do que qualquer outro no jogo. Em seu primeiro lance, escolheu a porta vermelha e adentrou a sala em 3-D.

Uma vez lá dentro, clicou e registrou 3,5 centavos. Voltou a clicar: 4,1 centavos. Um terceiro clique registrou 1 centavo. Após reunir mais algumas das recompensas daquela sala, seu interesse mudou para a porta verde. Ele clicou, animado, e entrou.

Lá, ele foi recompensado com 3,7 centavos por seu primeiro clique. Voltou a clicar e recebeu 5,8 centavos. Da terceira vez, recebeu 6,5 centavos. No fundo da tela, suas receitas começaram a crescer. A sala verde parecia melhor do que a vermelha – mas e a sala azul? Ele clicou para passar por aquela última porta inexplorada. Três cliques ficaram na faixa dos 4 centavos. Deixa para lá. Ele correu de volta à porta verde (a sala que pagava cerca de 5 centavos por um clique) e gastou o resto de seus 100 cliques ali, aumentando seu lucro. No fim, Albert perguntou sobre sua pontuação. Kim sorriu ao contar que foi um dos melhores até então.

* * *

Albert havia confirmado algo de que suspeitávamos sobre a natureza humana: dada uma configuração simples e uma meta clara (nesse caso, ganhar dinheiro), todos nós somos bem hábeis em buscar a fonte de nossa satisfação. Se você fosse expressar esse experimento em termos de namoro, Albert havia essencialmente testado uma namorada, tentado outra e até tido um terceiro flerte. Mas, depois de testar as outras, voltou à melhor – e lá permaneceu pelo resto do jogo.

Para ser franco, Albert teve toda facilidade. Mesmo enquanto corria atrás das outras "namoradas", as anteriores aguardaram pacientemente que ele voltasse. Mas suponha que as outras namoradas, após um período de abandono, começassem a dar as costas para ele. Suponha que suas opções começassem a se reduzir. Albert as abandonaria? Ou tentaria conservar todas as suas opções pelo maior tempo possível? Na verdade, ele sacrificaria alguns de seus ganhos garantidos pelo privilégio de manter vivas as outras opções?

Para descobrir, modificamos o jogo. Dessa vez, qualquer porta que não fosse visitada por 12 cliques desapareceria para sempre.

Sam, residente da sala dos hackers, foi nosso primeiro participante na condição do "desaparecimento". Ele escolheu a porta azul para começar. Após passar por ela, clicou três vezes. Suas receitas começaram a aumentar na parte inferior da tela, mas essa não foi a única atividade que atraiu seu olhar. A cada clique adicional, as outras salas diminuíam em um doze avos, significando que, se não fossem abertas, sumiriam. Com mais oito cliques, desapareceriam para sempre.

Sam não ia deixar isso acontecer. Movendo seu cursor, clicou na porta vermelha, trouxe-a ao seu tamanho pleno e clicou três vezes dentro da sala vermelha. Em seguida, notou a porta verde – faltavam quatro cliques para que ela desaparecesse. De novo, moveu seu cursor, dessa vez restaurando a sala verde ao tamanho pleno.

A porta verde parecia dar o maior rendimento. Portanto, ele deveria permanecer ali? (Lembre-se de que cada sala tem uma faixa de rendimentos. Assim, Sam poderia não estar convencido de que a porta verde era mesmo a melhor. A azul poderia ter sido melhor ou talvez a vermelha ou talvez nenhuma das duas.) Com um olhar frenético, Sam agitou seu cursor pela tela. Clicou na porta vermelha e observou a porta azul encolher. Após uns poucos cliques na vermelha, saltou para a azul. Mas agora a verde começava a ficar perigosamente pequena – de modo que voltou para lá.

Em pouco tempo, Sam estava correndo de uma opção à outra, com o corpo inclinado, tenso, na direção do jogo. Na minha cabeça, imaginei um pai tipicamente apressado, correndo com os filhos de uma atividade até a próxima.

Será esta uma forma eficiente de vivermos nossa vida – em especial quando mais uma ou duas portas são acrescentadas a cada semana? Não sei ao certo a resposta em termos de vida pessoal, mas em nossos experimentos vimos que correr de um lado para outro, além de estressante, era antieconômico. Na verdade, no frenesi para evitar que as portas se fechassem, nossos participantes acabaram ganhando bem menos dinheiro (alguns 15% a menos) do que os que não tiveram que lidar com as salas desaparecendo. O fato é que poderiam ter ganhado mais dinheiro escolhendo uma sala – qualquer uma – e permanecendo ali por todo o experimento! (Pense nisso em termos de vida ou carreira.)

Quando Jiwoong e eu ajustamos os experimentos contra manter as opções abertas, os resultados foram iguais. Por exemplo, cada clique abrindo uma porta passou a custar 3 centavos, fazendo com que o custo não fosse apenas a perda de um clique (um custo de oportunidade), mas também uma perda financeira direta. Não houve diferença na reação de nossos participantes. Eles continuaram na mesma empolgação irracional por manter as opções abertas.

Depois, revelamos aos participantes os ganhos monetários exatos que poderiam esperar de cada sala. Os resultados permaneceram. Ainda assim, não suportavam ver uma porta se fechar. Além disso, permitimos que alguns participantes fizessem centenas de testes práticos antes do experimento real. Achamos que perceberiam a sabedoria de *não* ir atrás das salas desaparecendo. Mas estávamos errados. Assim que viam suas opções se reduzindo, nossos estudantes do MIT – supostamente entre os melhores e mais brilhantes jovens – perdiam o foco. Bicando como galinhas de quintal em cada porta, tentaram ganhar mais dinheiro, mas acabaram lucrando bem menos.

No fim, tentamos outro tipo de experimento – um que tinha ares de reencarnação. Nessa condição, uma porta também desapareceria se não fosse visitada após 12 cliques. Mas não sumiria para sempre. Pelo contrário, um só clique conseguiria trazê-la de volta. Em outras palavras, você poderia negligenciar uma porta sem qualquer perda. Com isso, nossos participantes deixariam de clicar nela? Não. Para nossa surpresa, continuaram desperdiçando seus cliques na porta que "ressuscitava", mesmo que seu desaparecimento não tivesse nenhuma consequência real e pudesse ser revertido. Simplesmente não conseguiam tolerar a ideia da perda e, assim, faziam todo o necessário para impedir as portas de se fecharem.

Como podemos nos livrar desse impulso irracional de ir atrás de opções inúteis? Em 1941, o filósofo Erich Fromm escreveu um livro chamado *O medo à liberdade*. Numa democracia moderna, ele declarou, as pessoas são acossadas não pela falta de oportunidades, mas por uma abundância estonteante delas. Nossa sociedade moderna é assim. Somos constantemente lembrados de que podemos fazer qualquer coisa e ser o que quisermos. O problema está em realizar esse sonho. Temos que nos desenvolver de todas as formas possíveis, experimentar todos os aspectos da vida, certificar-nos de que, das mil coisas para ver antes de morrer, não paramos no número 999. Mas aí surge um problema: não estaremos nos dispersando? Acredito que a tentação descrita por Fromm é o que vimos ao observar nossos participantes correndo de uma porta à outra.

Correr de porta em porta é uma atividade humana bem estranha. Mas ainda mais estranha é nossa compulsão por ir atrás de portas de pequeno valor – oportunidades que estão quase mortas ou de pouco interesse para nós. Minha aluna Dana, por exemplo, já havia concluído que um de seus namorados era uma causa perdida. Então por que prejudicou seu relacionamento com o outro homem ao continuar alimentando o relacionamento moribundo com o parceiro romântico menos atraente? De forma semelhante, quantas vezes compramos algo em promoção não porque de fato precisamos daquilo, mas porque, ao fim da promoção, todos os itens terão sido vendidos e nunca mais os obteremos por aquele preço?

* * *

O outro lado dessa tragédia se desenvolve quando deixamos de perceber que algumas coisas são mesmo portas que desaparecem e requerem nossa atenção imediata. Podemos fazer horas extras no emprego, por exemplo, sem perceber que a infância de nossos filhos está se esvaindo. Às vezes essas portas se fecham devagar demais e não percebemos seu desaparecimento. Um de meus amigos me contou, por exemplo, que o melhor ano do seu casamento foi quando ele estava morando em Nova York, sua esposa, em Boston, e eles se encontravam só nos fins de semana. Antes desse arranjo, quando moravam juntos em Boston, passavam os fins de semana atualizando o trabalho, em vez de se curtirem. Mas, quando o arranjo mudou, sabendo que dispunham apenas dos fins de semana para ficarem juntos, o tempo compartilhado era limitado e tinha um término determinado (o horário do trem de volta). Como era evidente que o tempo estava passando, eles dedicavam os fins de semana um ao outro, e não ao trabalho.

Não estou defendendo abrir mão de trabalhar e permanecer em casa para passar o tempo inteiro com seus filhos ou mudar para uma cidade diferente só para melhorar seus fins de semana com o cônjuge (embora isso deva trazer alguns benefícios). Mas não seria bom ter um alarme embutido para avisar quando as portas estão se fechando para nossas opções mais importantes?

Como podemos mudar isso? Em nossos experimentos, mostramos que correr feito loucos para evitar o fechamento das portas é um jogo insensato. Não apenas esgotará nossas emoções, mas também nosso dinheiro. Precisamos fechar algumas portas de maneira consciente. Claro que portas pequenas são bem fáceis de fechar. É fácil riscar nomes de nossa lista de cartões de Natal ou omitir o tae kwon do da lista de atividades de nossa filha.

Mas as portas maiores (ou aquelas que parecem maiores) são mais difíceis de fechar. Portas que poderiam levar a uma carreira nova ou a um emprego melhor poderiam ser difíceis de fechar. Portas ligadas aos nossos sonhos também. Assim como relacionamentos com certas pessoas – mesmo que pareçam não levar a lugar algum.

Temos uma compulsão irracional por manter portas abertas. É assim que estamos programados. O que não significa que não devamos tentar fechá-las. Pense num episódio fictício: Rhett Butler deixando Scarlett O'Hara em *...E o vento levou*, na cena em que Scarlett se agarra a ele e implora: "Aonde irei? O que farei?" Rhett, já cansado de Scarlett, diz: "Francamente, querida, eu não dou a mínima." Não foi por acaso que esta foi eleita a fala mais memorável da história do cinema. É o fechamento enfático de uma porta que a torna tão atraente. E deveria ser um lembrete a todos nós de que há portas – pequenas e grandes – que deveríamos fechar.

Precisamos sair de comitês que nos fazem perder tempo e parar de enviar cartões de Natal para pessoas que mudaram de vida e amigos. Precisamos decidir se temos mesmo tempo para assistir ao basquete, jogar tênis e squash e manter nossa família unida. Talvez devamos abandonar alguns desses esportes. Deveríamos fechar essas portas porque roubam energia e empenho das que precisavam ficar abertas – e porque nos deixam loucos.

Suponha que você fechou tantas portas que só sobraram duas. Gostaria de dizer que suas opções são mais fáceis agora, mas não é o que costuma acontecer. Na verdade, escolher entre duas coisas igualmente atraentes é uma das decisões mais difíceis que podemos enfrentar. Nessa situação, a questão não é apenas manter as opções abertas por tempo demais, mas ser indeciso a ponto de pagar pela indecisão. A seguinte história vai deixar tudo mais claro.

Um asno faminto aproxima-se de um celeiro à procura de feno e descobre duas pilhas do mesmo tamanho, nos dois lados opostos do local. O asno está bem no meio, entre as duas pilhas, sem saber qual delas escolher. Horas transcorrem e ele continua sem chegar a uma decisão. Incapaz de decidir, o asno acaba morrendo de fome.*

Essa história, como você pode imaginar, é hipotética e deprecia a inteligência dos asnos. Um exemplo melhor poderia ser o Congresso americano, que entra em paralisia, não necessariamente por causa do quadro geral de

* Os comentários do filósofo e lógico francês Jean Buridan à teoria da ação de Aristóteles foram a força propulsora desta história, conhecida como "O asno de Buridan".

uma legislação específica – restaurar as velhas rodovias da nação, promover a imigração, melhorar a proteção federal às espécies ameaçadas, etc. –, mas com relação aos detalhes. Muitas vezes, para uma pessoa racional, as falas partidárias sobre essas questões equivalem a duas pilhas de feno. Apesar disso, ou por causa disso, o Congresso fica paralisado. Uma decisão rápida não seria melhor para todos?

Eis outro exemplo. Um dos meus amigos levou três meses para escolher uma câmera entre dois modelos quase idênticos. Quando enfim tomou sua decisão, perguntei-lhe quantas oportunidades de fotos havia perdido, quanto tempo valioso gastara fazendo a escolha e quanto teria pagado para ter fotos da família e dos amigos documentando os últimos três meses. Mais do que o preço da câmera, ele disse. Algo assim já aconteceu com você?

O que meu amigo (bem como o asno e o Congresso) deixou de fazer, ao enfocar as semelhanças e diferenças minúsculas entre duas coisas, foi levar em conta as *consequências de não decidir.* O asno deixou de levar em conta a morte por desnutrição, o Congresso deixou de levar em conta as vidas perdidas enquanto debatia a legislação das estradas, e meu amigo deixou de levar em conta todas as ótimas fotos que estava perdendo, sem falar no tempo que gastou para fazer a melhor compra. E o mais importante: todos deixaram de levar em conta as diferenças relativamente pequenas que surgiriam a partir de qualquer uma das duas decisões.

Meu amigo ficaria igualmente satisfeito com qualquer uma das duas câmeras. O asno teria comido qualquer um dos fardos de feno. E os membros do Congresso poderiam ter ido para casa alardeando suas realizações, independentemente das pequenas diferenças nas leis. Em outras palavras, todos deveriam ter considerado fácil a decisão. Poderiam até ter tirado cara ou coroa (figurativamente, no caso do asno) e prosseguido com suas vidas. Mas não agimos assim, porque não conseguimos fechar essas portas.

Embora escolher entre duas opções semelhantes devesse ser simples, na verdade não é. Fui vítima desse mesmo problema alguns anos atrás, quando estava decidindo entre ficar no MIT ou me mudar para Stanford (acabei optando pelo MIT). Confrontado com essas duas opções, passei várias semanas comparando os detalhes das duas faculdades e descobri que eram mais ou menos iguais em atratividade. Então o que fiz? Naquele estágio do meu problema, decidi que precisava de mais informações e pesquisa de campo. Avaliei com cuidado as duas faculdades. Encontrei-me com pessoas de ambos os locais e perguntei quanto gostavam de lá. Verifiquei bairros e escolas possíveis para nossos filhos. Eu e Sumi refletimos como as duas opções se enquadrariam no estilo de vida que desejávamos. Em pouco tempo, eu estava tão envolvido naquela decisão que minha pesquisa acadêmica e minha produtividade começaram a ser prejudicadas. Paradoxalmente, enquanto buscava o melhor lugar para fazer meu trabalho, meu trabalho vinha sendo negligenciado.

Como você provavelmente investiu certo dinheiro para adquirir minha sabedoria neste livro (sem falar no tempo e em outras atividades de que você abriu mão no processo), eu não deveria admitir que acabei como o asno, tentando discriminar entre dois montes de feno bem semelhantes. Mas foi o que aconteceu.

No frigir dos ovos, e com todo meu conhecimento da dificuldade desse processo de tomada de decisões, fui previsivelmente irracional como todos os outros.

10

O EFEITO DAS EXPECTATIVAS

Por que a mente obtém o que espera

Suponha que você seja torcedor do Philadelphia Eagles e esteja assistindo a uma partida de futebol americano com um amigo que, infelizmente, cresceu na cidade de Nova York e é torcedor doente do Giants. Você não entende como se tornaram amigos, mas, após um semestre compartilhando o mesmo dormitório, você começa a gostar dele, embora ache que do esporte ele não entende nada.

Os Eagles estão com a posse de bola, cinco pontos atrás e sem mais nenhum time-out. É o quarto final, e faltam seis segundos no relógio. A bola está na linha de 12 jardas. Quatro recebedores alinham-se para a jogada final. O center passa a bola ao quarterback, que recua para a área de proteção. Quando os recebedores correm para a endzone, o quarterback lança um passe alto justo no momento em que o tempo se esgota. Um recebedor dos Eagles perto do canto da endzone mergulha atrás da bola e faz uma recepção espetacular.

O juiz sinaliza um touchdown e todos os jogadores dos Eagles correm em celebração. Mas espere: o recebedor estava com ambos os pés no campo? Não está claro no telão, por isso a cabine do árbitro assistente de vídeo pede uma revisão. Você se vira para o amigo:

– Olha isso. Que recepção! Ele estava com os dois pés dentro! É óbvio!

Seu amigo faz cara feia.

– Estava completamente fora. Não consigo acreditar que o juiz não tenha visto! Você deve estar louco em pensar que estava dentro!

O que acabou de acontecer? Seu amigo, torcedor dos Giants, estava sendo vítima do pensamento ilusório? Estava enganando a si mesmo? Pior, estava mentindo? Ou a fidelidade ao seu time – e a antevisão da vitória – velou seu julgamento de forma completa, verdadeira e profunda?

Estava pensando sobre uma noite, ao caminhar por Cambridge rumo ao prédio Walker Memorial no MIT. Como dois amigos – dois sujeitos honestos – podem ver um passe de formas diferentes? Na verdade, como duas pessoas podem observar o mesmo evento e interpretá-lo de forma a sustentar pontos de vista opostos? Como políticos de dois partidos podem adotar posições tão antagônicas sobre a mesma questão? Como um casal envolvido em uma briga vê as causas de seu desentendimento de maneira tão diferente?

Um amigo meu que viveu algum tempo em Belfast, Irlanda do Norte, como correspondente estrangeiro, certa vez descreveu um encontro que havia conseguido com membros do Exército Republicano Irlandês (IRA). Durante a entrevista, chegaram notícias de que o comandante da prisão de Maze, uma fileira tortuosa de pavilhões que abrigam muitos agentes do IRA, havia sido assassinado. Os membros do IRA em torno do meu amigo compreensivelmente receberam a notícia com satisfação – como uma vitória de sua causa. A Inglaterra, é claro, não viu a coisa nesses termos. As manchetes em Londres no dia seguinte fervilhavam de revolta e pedidos de vingança. Na verdade, os britânicos viram o incidente como uma prova de que as negociações com o IRA não levariam a nada e de que o IRA deveria ser esmagado. Sou israelense, e não me são estranhos tais ciclos de violência. A violência não é rara. Ocorre com tamanha frequência que raramente paramos para questionar. Por que acontece? Será um resultado da história, raça ou política – ou existe algo fundamentalmente irracional em nós que encoraja o conflito, que nos faz olhar para o mesmo evento e, dependendo do nosso ponto de vista, o ver em termos diferentes?

Leonard Lee (professor da Universidade Columbia), Shane Frederick (professor do MIT) e eu não tínhamos resposta para essas questões profundas. Mas, na busca das raízes dessa condição humana, decidimos organizar uma série de experimentos simples para explorar como impressões prévias podem obscurecer nosso ponto de vista. Criamos um teste simples no qual não usaríamos religião, política nem mesmo esportes como indicadores. Usaríamos copos de cerveja.

É preciso subir vários degraus entre altas colunas gregas para alcançar a entrada do Walker Memorial. Uma vez lá dentro (e após virar à direita), você atravessa duas salas com tapetes que antecedem o advento da iluminação elétrica, móveis combinando e um cheiro que prenuncia corretamente álcool, saquinhos de amendoins e boa companhia. Bem-vindo ao Muddy Charles – um dos dois bares do MIT, e local de um estudo que Leonard, Shane e eu realizaríamos nas semanas seguintes. O propósito de nossos experimentos era descobrir se as expectativas das pessoas influenciam a visão que elas têm dos acontecimentos subsequentes – mais especificamente, se as expectativas dos fregueses do bar sobre certo tipo de cerveja moldariam sua percepção de sabor.

Vou explicar melhor. Uma das cervejas que seria servida aos fregueses do Muddy Charles era Budweiser. A segunda era o que chamávamos afetuosamente de Mistura MIT. O que é a Mistura MIT? Basicamente Budweiser com o acréscimo de um "ingrediente secreto" – uma gota de vinagre balsâmico para cada 18 mililitros de cerveja. (Alguns dos estudantes do MIT contestaram que chamássemos a Budweiser de cerveja. Assim, em estudos subsequentes, usamos a Sam Adams – uma bebida mais prontamente reconhecida pelos bostonianos como cerveja.)

Mais ou menos às sete daquela noite, Jeffrey, um doutorando em ciência da computação, teve a sorte de aparecer no Muddy Charles. "Posso oferecer duas pequenas amostras grátis de cerveja?", perguntou Leonard, aproximando-se dele. Sem muita hesitação, Jeffrey aceitou, e Leonard conduziu-o até uma mesa com dois copos da bebida espumosa, um rotulado A e o outro, B. Jeffrey provou um gole de um deles, saboreando atentamente, e depois provou o outro. "Você gostaria de um copo grande de qual delas?", perguntou Leonard. Jeffrey refletiu. Com um copo grátis prestes a virar realidade, queria se certificar de que passaria seu futuro próximo com a amiga maltada certa.

Jeffrey escolheu a cerveja B como a vencedora óbvia e juntou-se aos amigos (que conversavam profundamente sobre o canhão que um grupo de estudantes do MIT havia recentemente "pegado emprestado" do campus de Caltech). Sem que Jeffrey soubesse, as duas cervejas que ele havia provado eram a Budweiser e a Mistura MIT – e a que escolheu era a Mistura MIT.

Alguns minutos depois, Mina, uma aluna visitante da Estônia, apareceu. "Gostaria de uma cerveja grátis?", perguntou Leonard. Sua resposta foi um sorriso e um sim com a cabeça. Dessa vez, ele ofereceu mais informações. A cerveja A, explicou, era uma cerveja comercial comum, enquanto a cerveja B havia sido batizada com algumas gotas de vinagre balsâmico. Mina provou as duas cervejas. Após terminar (e torcer o nariz para a mistura B com vinagre), ela fez um gesto de aprovação para a cerveja A. Leonard encheu um copo grande de Budweiser, e Mina se juntou, feliz, aos amigos no bar.

Mina e Jeffrey foram apenas dois das centenas de estudantes que participaram desse experimento. A reação deles foi típica: sem conhecimento prévio sobre o vinagre, a maioria escolheu a Mistura MIT. Mas, quando souberam antes que a Mistura MIT continha vinagre balsâmico, reagiram de forma diferente. À primeira prova da cerveja adulterada, torceram o nariz e solicitaram a cerveja normal. A moral da história, como seria de esperar, é que, se você informa às pessoas que algo pode ter gosto ruim, há grande chance de que acabarão concordando com você – não porque a experiência de fato tenha mostrado isso, mas devido às suas expectativas.

Se você está cogitando abrir uma nova cervejaria especializada em acrescentar vinagre balsâmico à cerveja, considere os seguintes pontos: (1) Se as pessoas lerem o rótulo ou souberem do ingrediente, provavelmente vão odiar sua cerveja; (2) Vinagre balsâmico não é barato – assim, ainda que torne a bebida mais saborosa, o investimento pode não valer a pena. Em vez disso, invente uma cerveja melhor.

A cerveja foi apenas o começo de nossos experimentos. Os estudantes de MBA da Sloan School também bebem muito café. Por isso, em determinada semana, Elie Ofek (professor da Harvard Business School), Marco Bertini (professor da London Business School) e eu abrimos uma cafeteria improvisada, na qual oferecemos aos estudantes uma xícara grátis de café se respondessem a algumas perguntas sobre nossa mistura. Uma fila logo se formou. Entregamos aos participantes suas xícaras de café e depois mostramos uma mesa com produtos que poderiam acrescentar: leite, creme, mistura de leite e creme, açúcar refinado e açúcar mascavo. Também dispusemos alguns condimentos incomuns – cravo, noz-moscada, casca de laranja, anis, páprica doce e cardamomo – para que nossos bebedores de café acrescentassem às suas xícaras conforme desejassem.

Após adicionarem o que queriam (e nenhum dos condimentos estranhos chegou a ser usado) e provarem o café, os participantes preencheram um formulário de pesquisa. Indicaram quanto gostaram do café, se gostariam que fosse servido na cafeteria futuramente e qual o preço máximo que estariam dispostos a pagar por aquela mistura específica.

Continuamos oferecendo café pelos próximos dias, mas de tempos em tempos mudávamos os recipientes onde os condimentos estranhos estavam expostos. Às vezes, nós os colocávamos em bonitos recipientes de vidro e metal, sobre uma bandeja de metal escovado com pequenas colheres de prata e rótulos belamente impressos. Outras vezes, colocávamos os mesmos condimentos em copos de isopor branco. Os rótulos eram escritos com uma hidrográfica vermelha. Fomos ainda mais longe e não apenas diminuímos os copos de isopor, mas os deixamos com bordas irregulares, cortadas à mão.

Quais foram os resultados? Não, os recipientes elegantes não persuadiram os bebedores de café a acrescentarem condimentos estranhos. (Suponho que não veremos páprica doce no café num futuro próximo.) Mas o interessante foi que, quando os condimentos estranhos foram oferecidos em recipientes elegantes, os bebedores de café ficaram bem mais propensos a dizer que gostaram muito do café, que estariam dispostos a pagar bem por ele e que recomendariam que começássemos a servir aquela nova mistura na cafeteria. Ou seja, quando o ambiente do café parecia requintado, o gosto do café também era.

Portanto, quando acreditamos de antemão que algo será bom, geralmente será bom – e quando achamos que será ruim, será ruim. Mas quão profundas são essas influências? Elas apenas mudam nossas crenças ou mudam também a fisiologia da própria experiência? Em outras palavras, o conhecimento prévio pode mesmo modificar a atividade neural subjacente ao próprio paladar, de modo que quando esperamos que algo tenha gosto bom (ou ruim) realmente terá?

Para testar essa possibilidade, Leonard, Shane e eu repetimos o experimento da cerveja, mas com uma mudança importante. Já havíamos testado nossa Mistura MIT de duas formas: contando aos nossos participantes sobre a presença do vinagre na cerveja *antes* de provarem a mistura e não revelando nada a respeito. Mas suponha que de início não contássemos nada sobre o vinagre, depois pedíssemos que provassem a cerveja, em seguida revelássemos a presença do vinagre e só então testássemos suas reações. A inserção do conhecimento logo após a experiência evocaria uma reação diferente da que os participantes tiveram quando souberam do vinagre antes da experiência?

Por um momento, vamos para outro exemplo. Suponha que você ouviu dizer que dirigir determinado carro esportivo foi fantasticamente empolgante, resolveu fazer um test drive e depois deu suas impressões sobre o carro. Será que difeririam das impressões de pessoas que não soubessem nada sobre o veículo, fizessem um test drive, depois ficassem sabendo que o carro era sensacional e aí descrevessem suas impressões? Em outras palavras, será que importa se o conhecimento vem antes ou após a experiência? Em caso positivo, qual tipo de informação é mais importante: antes ou depois?

A relevância dessa pergunta é que, se o conhecimento só nos informa sobre um estado de coisas, não deveria fazer diferença se nossos participantes receberam a informação antes ou após provarem a cerveja. Em outras palavras, se contássemos no início que havia vinagre na cerveja, essa informação deveria afetar sua avaliação da bebida. E se contássemos depois, deveria igualmente afetar sua avaliação. Afinal, ambos receberam a mesma má notícia sobre a cerveja com vinagre. É o que deveríamos esperar se o conhecimento meramente nos *informa*.

Por outro lado, se contássemos aos participantes sobre o vinagre no início de fato reformulasse suas percepções sensoriais para se alinharem com esse conhecimento, os participantes que ficaram sabendo do vinagre no princípio deveriam ter uma opinião bem diferente daquela de quem provou um copo e só depois foi informado. Pense nestes termos: se o conhecimento modifica o gosto, os participantes que consumiram a cerveja antes de ficarem sabendo sobre o vinagre a provaram da mesma maneira que aqueles na condição "cega" (que não sabiam nada sobre o vinagre). Eles souberam do vinagre apenas depois que seu gosto foi firmado, ponto em que, se as expectativas mudam nossa experiência, era tarde demais para o conhecimento afetar as percepções sensoriais.

Assim, os estudantes que foram informados sobre o vinagre após provarem a cerveja gostaram dela tão pouco quanto aqueles que souberam do vinagre antes de experimentarem? Ou gostaram tanto quanto os estudantes que não souberam do vinagre? O que você acha?

O resultado foi que os estudantes que ficaram sabendo do vinagre após beberem a cerveja gostaram dela tanto quanto aqueles que foram informados sobre o vinagre bem no início. Na verdade, os que foram informados depois gostaram da cerveja tanto quanto aqueles que não sabiam da existência do vinagre.

O que isso indica? Vou dar outro exemplo. Suponha que tia Darcy esteja promovendo uma "venda de garagem", tentando se livrar de muitos objetos que juntou ao longo da vida. Um carro estaciona, algumas pessoas descem e se reúnem em torno de uma das pinturas a óleo encostada na parede. Sim, você concorda com eles, parece um bom exemplar do primitivismo americano inicial. Mas você conta para eles que tia Darcy a copiou de uma fotografia alguns anos antes?

Minha tendência, já que sou uma pessoa honesta e decente, seria revelar a verdade. Mas você deveria contar antes ou depois de admirarem a pintura? De acordo com nossos estudos da cerveja, você e tia Darcy se dariam melhor mantendo a informação em segredo até após o exame. Não estou dizendo que isso induziria os visitantes a pagarem milhares de dólares pela pintura (embora nossos bebedores de cerveja sempre preferissem a versão misturada com vinagre, quando informados depois ou quando não informados), mas você poderia obter um preço maior pela obra da tia Darcy.

Por sinal, também tentamos uma versão mais extrema desse experimento. Contamos sobre o vinagre com antecedência a um primeiro grupo (a condição "antes") e ao segundo grupo depois de terminada a prova (a condição "depois"). Encerrada a degustação, em vez de oferecermos um copo grande da cerveja escolhida, demos um copo grande de cerveja não adulterada, um pouco de vinagre, um conta-gotas e uma receita da Mistura MIT (uma gota de vinagre balsâmico por 18 mililitros de cerveja). Queríamos saber se as pessoas iriam espontaneamente adicionar vinagre à cerveja. Em caso positivo, quanto usariam e como esses resultados dependeriam de se os participantes provaram a cerveja antes ou após tomarem conhecimento do vinagre.

O que aconteceu? Contar aos participantes sobre o vinagre após provarem a cerveja, e não antes, dobrou o número daqueles que decidiram adicionar vinagre à cerveja. Para os participantes na condição "depois", a cerveja com vinagre não pareceu tão ruim da primeira vez (conforme aparentemente raciocinaram), de modo que não se importaram de provar de novo.*

Como você pode ver, as expectativas podem influenciar quase todos os aspectos de nossa vida. Imagine que você precisa contratar um serviço de bufê para o casamento de sua filha. Josephine's Catering vangloria-se de seu "delicioso frango com gengibre estilo asiático" e sua "saborosa salada grega com azeitonas *kalamata* e queijo feta". Outro bufê, Culinary Sensations, oferece um "suculento peito de frango orgânico assado à perfeição e regado com molho demi-glace à base de Merlot, repousando sobre uma cama de cuscuz israelense com ervas finas" e uma "mistura dos mais frescos tomates-cereja romanos e verduras do campo, combinados com um círculo aquecido de queijo *chèvre* em vinagrete de framboesa frutado".

Embora não haja como saber se a comida do Culinary Sensations é melhor do que a do Josephine's, a profundidade da descrição pode nos levar a esperar mais da salada simples de tomates e queijo de cabra, aumentando as chances de que nós (e nossos convidados, se mostrarmos a descrição do prato) nos deliciemos com ela.

* Também esperávamos medir a quantidade de vinagre que os estudantes acrescentariam à cerveja. Mas todos que adicionaram vinagre puseram a quantidade exata especificada na receita.

Esse princípio, tão útil aos serviços de bufê, está disponível a todos. Podemos acrescentar detalhes que soam exóticos ou que estão na moda. Tais ingredientes podem não tornar o prato melhor em um teste de degustação cego, mas, ao mudarem nossas expectativas, podem efetivamente influenciar o sabor quando dispomos desse conhecimento prévio.

Essas técnicas são especialmente úteis quando você está convidando pessoas para jantar – ou persuadindo crianças a experimentar novos pratos. Pela mesma lógica, o sabor da refeição pode melhorar se omitir o fato de que certo bolo foi feito com uma mistura pronta ou de que você usou um suco de laranja genérico, e não natural, em um coquetel e, especialmente para crianças, de que a gelatina vem de cascos de vaca. Não estou endossando a moralidade dessas ações, mas apontando os resultados esperados.

Finalmente, não subestime o poder do empratamento. Existe um motivo por que aprender a apresentar a comida artisticamente é tão importante no curso de gastronomia quanto assar e fritar. Mesmo ao comprar quentinhas, tente remover a embalagem de isopor, dispor a comida em travessas bonitas e enfeitá-la (especialmente se está acompanhado). Isso pode fazer toda a diferença.

Um último conselho: se quiser melhorar a experiência dos seus convidados, invista num belo conjunto de taças de vinho.

E, se realmente leva seu vinho a sério, vá até as últimas consequências e compre taças específicas para borgonhas, *chardonnays*, champanhe, etc. Cada taça tem a função de fornecer o ambiente apropriado, que supostamente extrai o melhor desses vinhos (embora estudos controlados constatem que o formato da taça não faz diferença num teste objetivo de sabor às cegas, esse fato não impede as pessoas de perceberem uma diferença significativa quando recebem a "taça correta"). Além disso, se você esquece que o formato da taça não exerce nenhum efeito sobre o sabor do vinho, talvez consiga desfrutar melhor do vinho que consome nas taças sofisticadas com o formato certo.

As expectativas, no entanto, não se limitam à comida. Quando você convida alguém para ir ao cinema, pode aumentar o prazer mencionando que o filme recebeu ótimas críticas. Esse hábito também é essencial para desenvolver a reputação de uma marca ou um produto. Nisto consiste todo o marketing: fornecer informações que aumentarão o prazer antecipado e real. Mas as expectativas criadas pelo marketing de fato mudam nossa experiência?

Você deve se lembrar dos famosos comerciais do "Desafio Pepsi" na televisão (ou ao menos ouviu falar deles). Os anúncios consistiam em pessoas escolhidas ao acaso provando Coca-Cola e Pepsi e observando qual delas preferiam. Os criados pela Pepsi mostravam que as pessoas preferiam Pepsi. Ao mesmo tempo, os da Coca-Cola proclamavam que as pessoas preferiam Coca. Como era possível? As duas empresas estavam fraudando suas estatísticas?

A resposta está na forma diferente de as duas empresas avaliarem seus produtos. A pesquisa de mercado da Coca-Cola baseou-se declaradamente nas preferências dos consumidores quando puderam ver o que estavam bebendo, incluindo a famosa marca registrada vermelha, enquanto a Pepsi realizou seu desafio usando a degustação cega e copos de plástico comuns marcados com M e Q. Seria possível que a Pepsi fosse mais gostosa em uma degustação às cegas, mas a Coca fosse mais saborosa em uma degustação não cega (visível)?

Para entenderem melhor o enigma, um grupo espetacular de neurocientistas – Sam McClure, Jian Li, Damon Tomlin, Kim Cypert, Latané Montague e Read Montague – realizou seu próprio teste de degustação cega e não cega da Coca e da Pepsi. O toque moderno nesse teste foi fornecido por uma máquina de imagens por ressonância magnética funcional (fMRI). Com essa máquina, os pesquisadores puderam monitorar a atividade cerebral dos participantes enquanto consumiam as bebidas.

Não é simples experimentar bebidas durante a ressonância magnética, porque uma pessoa cujo cérebro está sendo tomografado precisa estar deitada e perfeitamente imóvel. Para superar esse problema, os pesquisadores inseriram um longo tubo de plástico na boca de cada participante e, a distância, injetaram a bebida apropriada (Pepsi ou Coca-Cola) pelo tubo. Ao receberem os refrigerantes, os participantes também eram apresentados a informações visuais indicando que estavam bebendo a Coca-Cola, a Pepsi ou uma bebida desconhecida. Desse modo, eles puderam observar a ativação do cérebro dos participantes enquanto consumiam Coca e Pepsi quando sabiam qual bebida estavam tomando ou quando não sabiam.

Quais foram os resultados? Em concordância com os "desafios" da Coca-Cola e da Pepsi, a ativação do cérebro dos participantes foi diferente dependendo de o nome da bebida ser revelado ou não. Eis o que aconteceu: sempre que uma pessoa recebia um gole de Coca ou Pepsi, o centro do cérebro associado a sentimentos fortes de conexão emocional – chamado córtex pré-frontal ventromedial – era estimulado. Mas quando os participantes sabiam que iam receber um gole de Coca, algo mais ocorria. Dessa vez, a área frontal do cérebro – o aspecto dorsolateral do córtex pré-frontal, uma área envolvida em funções do cérebro humano superiores como memória operacional, associações, cognições e ideias de ordem superior – também foi ativada. Aconteceu com a Pepsi – mas ainda mais com a Coca (e, naturalmente, a reação foi maior nas pessoas com preferência mais forte pela Coca).

A reação do cérebro ao valor hedonístico básico das bebidas (essencialmente açúcar) mostrou-se semelhante para ambas. Mas a vantagem da Coca-Cola sobre a Pepsi deveu-se à sua marca – que ativou os mecanismos cerebrais de ordem superior. Essas associações, e não as propriedades químicas da bebida, davam à Coca uma vantagem no mercado.

Também é interessante considerar de que maneiras a parte frontal do cérebro está conectada com o centro de prazer. Existe uma ligação de dopamina pela qual a parte frontal do cérebro projeta e ativa os centros de prazer. Por isso, provavelmente a Coca-Cola foi mais apreciada quando a marca era conhecida – as associações foram mais poderosas, permitindo que a parte do cérebro que representa essas associações aumentasse a atividade no centro de prazer do cérebro. Esta deveria ser uma boa notícia para qualquer agência publicitária, é claro, porque significa que a lata vermelha brilhante, o logotipo sinuoso e o grande número de mensagens que foram transmitidas aos consumidores ao longo dos anos (tais como o slogan) são tão responsáveis por nossa adoração da Coca-Cola quanto a bebida borbulhante preta em si.

As expectativas também moldam estereótipos. Um estereótipo, afinal, é um meio de categorizar informações na esperança de prever experiências. O cérebro não pode começar do zero em cada situação nova. Precisa se basear no que já viu antes. Por esse motivo, os estereótipos não são intrinsecamente malignos. Eles fornecem atalhos em nossa incessante tentativa de entender nossos ambientes complicados. Por isso, já esperamos que um idoso precisará de ajuda para usar um computador ou que um aluno de Harvard será inteligente.* Mas, como um estereótipo fornece expectativas específicas sobre membros de um grupo, pode também influenciar desfavoravelmente nossas percepções e nosso comportamento.

Pesquisas sobre estereótipos mostram não apenas que reagimos de formas diferentes quando temos um estereótipo sobre certo grupo de pessoas, mas também que as próprias pessoas estereotipadas reagem de maneira diferente quando conscientes do rótulo que são forçadas a portar (isto é, quando são "tachadas" com esse rótulo). Um estereótipo dos asiáticos, por exemplo, é que são especialmente dotados para matemática e ciência. Um estereótipo comum das mulheres é que são fracas em matemática. Isso significa que mulheres asiáticas podem ser influenciadas por ambas as ideias.

E são mesmo. Em um experimento notável, Margaret Shih, Todd Pittinsky e Nalini Ambady pediram que mulheres asiáticas fizessem uma prova objetiva de matemática. Antes disso, contudo, dividiram-nas em dois grupos. Às mulheres de um grupo foram feitas perguntas relacionadas ao gênero. Por exemplo, foram indagadas sobre suas opiniões e preferências em relação a dormitórios mistos, preparando assim o pensamento delas para questões ligadas ao gênero. Às mulheres do outro grupo foram feitas perguntas relacionadas à etnia. Essas perguntas referiam-se aos idiomas que sabiam, aos idiomas que falavam em casa e ao histórico de suas famílias nos Estados Unidos, preparando-as dessa forma para questões relacionadas à etnia.

O desempenho dos dois grupos diferiu de forma a corresponder aos estereótipos tanto de mulheres quanto de descendentes de asiáticos. Aquelas que foram lembradas de seu gênero tiveram um desempenho pior do que as que foram lembradas de sua etnia. Esses resultados mostram que nosso próprio comportamento pode ser influenciado por nossos estereótipos e

---

* Existe uma camiseta bacana à venda na livraria do MIT que diz: "Harvard: porque nem todos conseguem entrar no MIT."

que a ativação de estereótipos pode depender de nosso estado mental atual e de como nos vemos no momento.

O que talvez seja ainda mais espantoso é que os estereótipos podem também afetar o comportamento de pessoas que nem sequer fazem parte de um grupo estereotipado. Em um estudo notável, John Bargh, Mark Chen e Lara Burrows pediram que os participantes realizassem uma tarefa de sentenças embaralhadas, reagrupando a ordem das palavras para formar frases (discutimos esse tipo de tarefa no Capítulo 4). Para alguns, a tarefa se baseou em palavras como *agressivo*, *rude*, *irritante* e *interferir*. Para outros, a tarefa baseou-se em palavras como *honra*, *atencioso*, *polido* e *sensível*. O objetivo dessas duas listas foi preparar os participantes para pensarem sobre polidez ou rudeza como resultado de construir sentenças com essas palavras (uma técnica bem comum em psicologia social, que funciona incrivelmente bem).

Depois que os participantes realizaram a tarefa das sentenças embaralhadas, foram a um segundo laboratório participar do que supostamente seria uma segunda tarefa. Quando chegaram lá, viram o pesquisador aparentemente tentando explicar a tarefa a um participante que não estava entendendo (esse suposto participante era, na verdade, um colega trabalhando para o pesquisador). Quanto tempo você acha que os participantes reais levaram para interromper a conversa e perguntar o que deveriam fazer em seguida?

A duração da espera dependeu do tipo de palavras envolvidas na tarefa das sentenças embaralhadas. Aqueles que tinham lidado com o conjunto de palavras polidas aguardaram pacientemente 9,3 minutos antes de interferir, enquanto os que haviam lidado com o conjunto de palavras rudes aguardaram somente 5,5 minutos.

Um segundo experimento testou a mesma ideia ao preparar o conceito de idoso, com palavras como *bingo* e *ancião*. Depois que os participantes realizaram a tarefa de sentenças embaralhadas, deixaram a sala, achando que haviam finalizado – mas na verdade o ponto crucial do estudo estava apenas começando. O que interessava mesmo aos pesquisadores era quanto tempo os participantes levariam para descer o corredor ao deixarem o prédio. Como era de esperar, os participantes foram afetados pelas palavras "idosas": a rapidez com que andaram foi bem menor do que a do grupo de controle que não havia sido preparado. E lembre-se: os participantes preparados não eram idosos sendo recordados de sua fragilidade – eram alunos de graduação da Universidade de Nova York.

Todos esses experimentos nos ensinam que as expectativas são mais do que a mera antecipação do estímulo de uma Coca-Cola cheia de gás. As expectativas permitem que entendamos uma conversa em uma sala barulhenta, apesar de não ouvir certas coisas aqui e ali, e também que sejamos capazes de ler mensagens de texto no celular, apesar de algumas das palavras estarem embaralhadas. Ainda que as expectativas possam fazer com que pareçamos tolos de tempos em tempos, também são muito poderosas e úteis.

E quanto aos torcedores de futebol americano e a recepção que decidiu a partida? Embora os dois amigos assistissem ao mesmo jogo, viam-no por lentes bem distintas. Um viu a recepção dentro do campo. O outro, fora. Nos esportes, tais discussões não são particularmente prejudiciais – na verdade, podem ser divertidas. O problema é que esses mesmos processos enviesados podem influenciar como experimentamos outros aspectos do nosso mundo. Tais processos enviesados são de fato uma grande fonte de agravamento em quase todos os conflitos, seja o israelense-palestino, o americano-iraquiano, o sérvio-croata ou o indiano-paquistanês.

Em todos esses conflitos, indivíduos de ambos os lados podem ler livros de história semelhantes e até ter conhecimento dos mesmos fatos. No entanto, é incomum encontrar indivíduos que concordem sobre quem começou o conflito, quem é o culpado, quem deve fazer a próxima concessão, etc. Em tais questões, nosso investimento em nossas crenças é bem mais forte do que qualquer afiliação a times esportivos, fazendo com que nos aferremos tenazmente ao que acreditamos. Desse modo, as chances de um acordo sobre os "fatos" tornam-se cada vez menores à medida que cresce o investimento pessoal no problema, o que é preocupante. Gostamos de pensar que nos reunir em torno da mesa ajudará a remover nossas diferenças, e que logo faremos concessões. Mas a história tem nos mostrado que esse resultado é improvável, e agora sabemos a razão desse fracasso catastrófico.

Mas há motivos para esperança. Em nossos experimentos, degustar a cerveja sem saber do vinagre ou só saber do vinagre depois de degustada a cerveja permitiu que o verdadeiro sabor surgisse. A mesma abordagem deveria ser usada para dirimir discordâncias: a perspectiva de cada lado é apresentada sem a afiliação – os fatos são revelados, mas não qual parte realizou quais ações. Esse tipo de condição "cega" poderia nos ajudar a reconhecer melhor a verdade.

Quando não for possível eliminar nossos preconceitos e conhecimentos prévios, talvez possamos ao menos reconhecer que somos todos tendenciosos. Se reconhecermos que estamos presos em nossa perspectiva, que nos cega parcialmente para a verdade, talvez sejamos capazes de aceitar a ideia de que os conflitos requerem uma terceira parte neutra – que não tenha sido contaminada por nossas expectativas – para definir regras e regulamentos. Claro que aceitar a palavra de um terceiro não é fácil e nem sempre é possível, mas pode gerar benefícios substanciais. E, por essa razão somente, precisamos continuar tentando.

Reflexões sobre expectativa: música e comida

Imagine que você está andando por uma parada de caminhões num trecho deserto da rodovia Interestadual 95 às nove da noite. Você dirigiu por seis horas. Está cansado e ainda tem uma longa viagem pela frente. Precisa comer e quer sair do carro um pouco, de modo que caminha na direção do que parece ser um restaurante meia-boca, com os usuais compartimentos com cobertura de vinil rachado e luz fluorescente. Os tampos de mesa manchados de café deixam você um pouco desconfiado. Mesmo assim, você pensa: "Tudo bem, ninguém consegue estragar tanto assim um hambúrguer." Você pega o menu, convenientemente enfiado atrás de um porta-guardanapos vazio, e descobre que aquela não é a espelunca habitual. Em vez de hambúrgueres e sanduíches de frango, você se assombra ao perceber que o menu oferece *foie gras au torchon*, *truffle pâté* com *frisée* e geleia de funcho, *gougères* com *confit* de pato, *quail à la crapaudine*, e assim por diante.

Pratos como esses, no entanto, não seriam surpreendentes mesmo em um pequeno restaurante de Manhattan. E é possível que o chef tenha se cansado de Manhattan, se mudado para aquele fim de mundo e decidido cozinhar para quem aparecesse por lá. Existe alguma diferença importante entre pedir *gougères* com *confit* de pato em Manhattan e pedir o mesmo prato em uma parada de caminhões isolada na I-95? Se você deparasse com essas iguarias francesas em uma parada de caminhões, teria coragem de provar? Suponha que os preços não estivessem no menu. Quanto estaria disposto a pagar por um aperitivo ou uma entrada? E se você pedisse mesmo tudo aquilo, curtiria tanto quanto se estivesse comendo a mesma comida em Manhattan?

Com base no que aprendemos neste capítulo, as respostas são simples. A ambiência e as expectativas aumentam muito o nosso prazer. Você esperaria menos de tal ambiente e, como consequência, curtiria menos a experiência na parada de caminhões, ainda que obtivesse o mesmo *foie gras au torchon* nos dois locais. De forma semelhante, se soubesse que o patê é feito em grande parte de fígado de ganso comum e manteiga* em vez de ingredientes superespeciais, apreciaria bem menos.

Poucos anos atrás, o pessoal do *The Washington Post* estava curioso sobre o mesmo tema básico e decidiu realizar um experimento.[11] Em vez de comida, usaram música. A pergunta levantada foi: a arte erudita consegue brilhar através do filtro da expectativa trivial e medíocre?

O jornalista Gene Weingarten pediu que Joshua Bell, considerado um dos melhores violinistas do mundo, se fingisse de artista de rua e tocasse algumas das melhores músicas já compostas** em uma estação do metrô de Washington, D.C., durante o rush matinal. As pessoas notariam que aquele sujeito era melhor do que a maioria dos artistas de rua? Parariam para ouvir? Jogariam 1 ou 2 dólares para ele? Você faria isso?

---

* Na verdade, o *foie gras* compõe-se basicamente de partes iguais de fígado de ganso e manteiga, com um pouco de vinho e condimentos.

** O concerto incluiu "Chaconne", de Bach, "Ave-Maria", de Franz Schubert, "Estrellita", de Manuel Ponce, uma peça de Jules Massenet, uma gavota de Bach e uma repetição da "Chaconne".

Se você fosse como 98% dos que passaram pela Estação L'Enfant Plaza naquela manhã, não teria percebido o espetáculo. Somente 27 das 1.097 pessoas (2,5%) puseram dinheiro na caixa aberta do violino Stradivarius de Bell, e somente 7 (0,5%) ficaram paradas ouvindo por mais de um minuto. Bell tocou pouco menos de uma hora e ganhou 32 dólares, o que provavelmente não é ruim para o artista de rua comum, mas sem dúvida humilhante para um homem habituado a ganhar bem mais por minuto de música.

Weingarten entrevistou uma série de pessoas que passaram pela estação naquela manhã. Entre as que pararam, uma reconheceu Bell de um concerto na noite anterior. Outra também era violinista profissional. Outra trabalhava no metrô e, após anos ouvindo artistas de rua ordinários, embora ocasionalmente talentosos, discerniu que Bell estava acima da média. Afora essas poucas exceções, as pessoas não pararam para ouvir – fato perturbador para fãs de música clássica e fãs de Bell em particular. Muitas nem mesmo olharam para ele. Quando entrevistados, os transeuntes disseram que sequer notaram a música ou que soou ligeiramente acima da média para um artista de rua tocando música clássica corriqueira. Ninguém esperava que um músico de nível internacional estivesse tocando peças tecnicamente deslumbrantes em uma estação do metrô. Por isso, e em sua maioria, não o ouviram.

Algum tempo depois, encontrei-me com Joshua Bell e indaguei sobre aquela experiência. Em particular, quis saber como se sentiu passando despercebido e sendo ignorado por tanta gente. Ele respondeu que não se surpreendeu nem um pouco e admitiu que a expectativa é uma parte importante de como experimentamos a música. Bell contou que é preciso um ambiente adequado para ajudar as pessoas a apreciarem um espetáculo de música erudita – um ouvinte precisa estar acomodado em um assento confortável, de falso veludo, cercado pela acústica da sala de concertos. E quando as pessoas se adornam com seda, perfume e caxemira, parecem apreciar bem mais o espetáculo caro.

"E se fizéssemos o experimento oposto?", perguntei. "E se puséssemos um intérprete medíocre no Carnegie Hall com a Filarmônica de Berlim? As expectativas seriam elevadíssimas, mas a qualidade não. As pessoas discerniriam a diferença e seu prazer seria prejudicado?" Bell pensou por um momento. "Nesse caso", disse ele, "as expectativas triunfariam sobre a experiência." Além disso, Bell comentou que conseguia se lembrar de algumas pessoas que não eram grandes violinistas, mas recebiam aplausos calorosos porque estavam no ambiente certo.

No fim, não me convenci da tranquilidade de Bell em relação à apresentação no metrô. Afinal, o tempo cicatriza todas as feridas, e uma forma pela qual o tempo age a nosso favor é contribuindo para que esqueçamos ou lembremos de forma enviesada um passado, de modo a nos sentirmos melhores conosco. Além disso, não estar surpreso porque as pessoas estavam ocupadas demais para perceberem sua interpretação deve ter ajudado Bell a evitar a versão do violinista daquela velha pergunta: "Se uma árvore cai na floresta e não há ninguém ao redor para ouvir, ela emite som?"

No dia seguinte, sentado no auditório de Monterey, tive a oportunidade de ouvir Joshua Bell executar a famosa "Chaconne" de Bach – a mesma peça maravilhosa que ele tocara para seu público usuário do transporte público. Fechei os olhos e imaginei que, em vez de ouvir um grande violinista, estivesse ouvindo um menino medíocre de 15 anos tocando um Stradivarius. Não sou especialista, mas juro que consegui ouvir uns trechos desafinados, e alguns guinchos das cordas subitamente se tornaram audíveis. Talvez os guinchos fizessem parte da composição de Bach ou algo inevitável quando se toca um instrumento de cordas ou talvez se devessem à execução num auditório, em vez de numa sala de concertos apropriada. Pude facilmente imaginar como um ouvinte leigo como eu poderia atribuir tais sons a erros de um intérprete medíocre, especialmente se ele estivesse de pé em uma estação de metrô movimentada durante a hora do rush.

Ao fim da apresentação, Bell foi longamente aplaudido de pé. Embora eu tivesse apreciado seu espetáculo, fiquei pensando até que ponto os aplausos foram uma recompensa ao seu desempenho ou se deveram às expectativas do público. Não estou questionando o nível do talento de Bell (ou de qualquer um). O fato é que na verdade não entendemos o papel desempenhado pelas expectativas em nossa experiência e avaliação da arte, literatura, teatro, arquitetura, comida, vinho – qualquer coisa, enfim.

* * *

Creio que o papel das expectativas talvez tenha sido mais bem captado por um de meus escritores favoritos. Na novela de 1889 *Três homens num barco*, o narrador e seus dois companheiros de viagem estão em uma festa numa estalagem. A discussão por acaso se volta para canções cômicas. Dois jovens homens, forasteiros sem os modos aristocráticos dos outros convidados, asseguram que uma canção do renomado comediante alemão Herr Slossenn Boschen é a mais engraçada de todas, e que o tal Herr Boschen por acaso está hospedado na mesma estalagem. Talvez ele pudesse ser persuadido a tocar uma de suas canções.

Herr Boschen fica contente de tocar para eles e, já que apenas os dois jovens entendem alemão, o resto do público, embora finja entender, fica de olho neles para obter suas deixas. Quando os dois jovens se contorcem de tanto rir, eles os imitam. Alguns membros da plateia vão ainda mais longe e, de tempos em tempos, riem por conta própria, fingindo ter ouvido um pouco do humor sutil, despercebido pelos outros.

Na realidade, descobre-se que Herr Boschen é um renomado cantor trágico e está fazendo seu melhor para interpretar uma canção dramática, plena de emoção – e os dois jovens riem para fazer os convidados acreditarem que tal é o estilo. Confuso, Herr Boschen continua. Mas, ao terminar de cantar, salta do piano e lança uma torrente de palavrões aos ouvintes.

Ignorando o alemão e as convenções musicais alemãs, a plateia tenta seguir a suposta experiência dos dois forasteiros, rindo com as deixas deles e acreditando que toda a apresentação, inclusive o ataque de raiva de Boschen, é de uma comicidade estupenda. O público aproveita o espetáculo.

A história de Jerome é exagerada, mas, na verdade, é assim que a maioria das pessoas navega pelo mundo. Em diferentes domínios da vida, as expectativas desempenham enorme papel em como acabamos por experimentar as coisas. Pense na *Mona Lisa*. Por que o retrato é tão belo e por que o sorriso da mulher é misterioso? Você consegue discernir a técnica e o talento de Leonardo da Vinci para criá-lo? Para a maioria de nós, a pintura é bonita, e o sorriso é misterioso porque nos contam que é. Na ausência de expertise ou informações precisas, buscamos deixas sociais que nos ajudem a descobrir quão impressionados estamos, ou deveríamos estar, e nossas expectativas cuidam do resto.

* * *

O brilhante satírico Alexander Pope certa vez escreveu: "Bendito aquele que não espera nada, porque jamais será desapontado." Para mim, parece que o conselho de Pope é o melhor meio de viver uma vida objetiva. Claramente, também é bem útil em eliminar os efeitos de expectativas negativas. Mas e as expectativas positivas? Se eu ouço Joshua Bell sem nenhuma expectativa, a experiência será bem menos satisfatória ou agradável do que ao pensar: "Meu Deus, que sorte a minha estar ouvindo Joshua Bell tocando ao vivo na minha frente." Meu conhecimento de que Bell é um dos melhores músicos do mundo contribui imensuravelmente para meu prazer.

Como podemos perceber, expectativas positivas permitem que desfrutemos mais das coisas e melhoram nossa percepção do mundo. O perigo de não esperar nada é que, no fim, "nada" pode ser tudo que obteremos.

11

O PODER DO PREÇO

Por que uma aspirina mais cara consegue fazer o que uma aspirina mais barata não faz

Se você estivesse vivendo em 1950 e sentisse uma dor no peito, seu cardiologista poderia sugerir um procedimento para angina chamado ligação da artéria mamária interna. Nessa cirurgia, o paciente é anestesiado, o peito é aberto no esterno, e a artéria mamária interna é fechada. Pasmem! A pressão nas artérias pericardiofrênicas aumenta, o fluxo sanguíneo para o miocárdio melhora e todos vão para casa contentes.[12]

Tratava-se de uma cirurgia aparentemente bem-sucedida que tinha sido popular durante 20 anos. Contudo, certo dia em 1955, um cardiologista de Seattle, Leonard Cobb, e uns poucos colegas desconfiaram. Seria mesmo um procedimento eficaz? Funcionava de fato? Cobb decidiu tentar provar a eficácia do procedimento de forma bem ousada: realizaria a cirurgia em metade de seus pacientes e simularia o procedimento na outra metade. Depois veria qual grupo se sentia melhor e qual realmente melhorou. Em outras palavras, após 25 anos abrindo o peito de pacientes, cirurgiões cardíacos enfim obteriam um teste cientificamente controlado para saber quão eficaz era o procedimento.

Para realizar o teste, o Dr. Cobb submeteu alguns de seus pacientes ao procedimento tradicional e outros à cirurgia falsa. A cirurgia real significava abrir o paciente e amarrar a artéria mamária interna. No procedimento placebo, o cirurgião apenas fazia um corte na carne do paciente com um bisturi, deixando duas incisões. Não havia nenhuma intervenção.

Os resultados surpreenderam. Tanto os pacientes que tiveram a artéria mamária constringida quanto os que não tiveram relataram alívio imediato da dor no peito. Nos dois grupos, o alívio durou cerca de três meses – e depois as queixas voltaram. Nesse ínterim, eletrocardiogramas não mostraram diferença entre os submetidos à cirurgia real e os que passaram pela cirurgia falsa. Em outras palavras, o procedimento tradicional parecia proporcionar algum alívio de curto prazo – bem como o placebo. No fim, nenhum deles fornecia alívio significativo a longo prazo.

Décadas depois, um procedimento médico diferente foi submetido a um teste semelhante, com resultados surpreendentemente semelhantes. Em 1993, J. B. Moseley, um cirurgião ortopédico, teve dúvidas crescentes sobre o uso da cirurgia artroscópica para uma aflição artrítica específica do joelho. O procedimento realmente funcionava? Após recrutar 180 pacientes com osteoartrite do hospital dos veteranos de Houston, Texas, o Sr. Moseley e seus colegas dividiram-nos em três grupos.

Um grupo recebeu o tratamento-padrão: anestesia, três incisões, artroscópios inseridos, cartilagem removida, correção de problemas de tecidos moles e 10 litros de solução salina fluindo pelos joelhos. O segundo grupo recebeu anestesia, três incisões, artroscópios inseridos e 10 litros de solução salina, mas nenhuma cartilagem foi removida. O terceiro – o placebo – recebeu um tratamento que se parecia com os dois outros (anestesia, incisões, etc.) e o procedimento levou o mesmo tempo, mas nenhum instrumento foi inserido no joelho. Ou seja, apenas uma simulação.[13]

Ao longo de dois anos após as cirurgias, foram testados a redução da dor e quanto tempo os três grupos (que consistiram em voluntários, como em qualquer outro experimento com placebo) levavam para andar e subir escadas. Como se saíram? Os que foram submetidos à cirurgia completa e à lavagem artroscópica estavam encantados, dizendo que a recomendariam aos familiares e amigos. Mas, estranhamente – e aqui estava a bomba –, o grupo placebo também obteve alívio da dor e melhorias ao andar – no mesmo nível, aliás, dos submetidos às cirurgias reais. Reagindo a essa conclusão surpreendente, a Dra. Nelda Wray, uma das autoras do estudo de Moseley, observou: "O fato de a eficácia da lavagem artroscópica e do desbridamento em pacientes com osteoartrite no joelho não ser maior do que a da cirurgia placebo nos leva a questionar se o bilhão de dólares gasto nesses procedimentos poderia ter melhor uso."

Se você supõe que um furor se seguiu a esse relatório, está certo. Quando o estudo foi publicado, em 11 de julho de 2002, como artigo principal do *The New England Journal of Medicine*, alguns médicos protestaram e questionaram o método e os resultados. Em resposta, o Dr. Moseley argumentou que aquele estudo havia sido cuidadosamente projetado e levado a cabo. "Cirurgiões [...] que rotineiramente realizam artroscopia estão sem dúvida constrangidos com a perspectiva de que o efeito placebo – não a habilidade cirúrgica – seja responsável pela melhoria dos pacientes. Como seria de imaginar, esses cirurgiões estão fazendo o máximo para desacreditarem o estudo."

Acreditando ou não nos resultados, está claro que deveríamos ser mais desconfiados sobre a cirurgia artroscópica para essa doença específica e ao mesmo tempo aumentar o ônus da prova para procedimentos médicos em geral.

No capítulo anterior, vimos que as expectativas mudam a forma como percebemos e avaliamos as experiências. Ao explorar o efeito placebo aqui, veremos não apenas que crenças e expectativas afetam como percebemos e interpretamos visões, sabores e outros fenômenos sensoriais, mas também que as expectativas podem nos afetar, alterando nossas experiências subjetivas ou mesmo objetivas – às vezes profundamente.

E o mais importante: quero sondar um aspecto dos placebos que ainda não é compreendido: o papel que o *preço* desempenha nesse fenômeno. Um remédio caro faz com que nos sintamos melhores do que quando tomamos um remédio barato? Poderá de fato nos deixar *fisiologicamente* melhores do que uma marca mais barata? Como ficam os procedimentos de alto custo e os aparelhos de nova geração, como marca-passos digitais e stents de alta tecnologia? O preço influencia sua eficácia? Em caso positivo, isso significa que a conta da assistência médica nos Estados Unidos continuará disparando? Bem, vamos começar pelo começo.

Placebo vem do latim "eu agradarei". O termo foi usado no século XIV em referência a falsos pranteadores contratados para lamentarem e chorarem pelos falecidos nos funerais. Em 1785, apareceu no *New Medical Dictionary* associado a práticas marginais da medicina.

Um dos primeiros exemplos do efeito placebo na literatura médica foi registrado em 1794. Um médico italiano chamado Gerbi fez uma descoberta estranha: quando esfregava as secreções de certo tipo de verme num dente dolorido, a dor desaparecia por um ano. Gerbi passou a tratar centenas de pacientes com secreções de verme, mantendo registros meticulosos de suas reações. Entre seus pacientes, 68% relataram que sua dor também tinha desaparecido por um ano. Não conhecemos a história completa de Gerbi e suas secreções de verme, mas temos uma ideia razoável de que as secreções nada tinham a ver com curar dores de dente. O fato é que Gerbi acreditou que ajudassem – bem como a maioria dos seus pacientes.

A secreção de verme de Gerbi, como se pode imaginar, não era o único placebo no mercado. Antes dos tempos modernos, quase todos os medicamentos eram placebos. Olho de sapo, asa de morcego, pulmões secos de raposa, mercúrio, água mineral, cocaína, corrente elétrica, tudo isso era recomendado como curas adequadas para diversos males. Quando Lincoln jazia agonizante na rua em frente ao Teatro Ford, dizem que um médico aplicou um pouco de "tinta de múmia" nas feridas. Múmia egípcia em pó era considerada um remédio contra epilepsia, abscessos, erupções, fraturas, paralisia, enxaqueca, úlceras e muitas outras enfermidades. Ainda em 1908, "múmia egípcia genuína" podia ser encomendada pelo catálogo da Merck – e provavelmente continua em uso em algum lugar até hoje.[14]

Mas pó de múmia não era o mais macabro dos remédios. Uma receita do século XVII de um medicamento para "curar tudo" recomendava: "Pegue o cadáver fresco de um homem ruivo, sem ferimentos ou manchas, de 24 anos, morto há não mais que um dia, de preferência por enforcamento, tortura na roda ou empalamento. [...] Deixe-o um dia e uma noite à luz do sol e da lua, depois o corte em pedaços ou faixas grosseiras. Polvilhe com um pouco de talco de mirra e aloés para não ficar amargo demais."

Acreditamos que somos diferentes. Mas não somos. Os placebos ainda operam sua magia em nós. Durante anos, cirurgiões removiam remanescentes de tecido cicatrizado do abdômen, por exemplo, imaginando que esse procedimento resolvia a dor abdominal crônica – até que pesquisadores simularam o procedimento em estudos controlados e os pacientes relataram o mesmo alívio.[15] Encainida, flecainida e mexiletina eram prescritas como remédios sem indicação homologada para batimentos cardíacos irregulares – até descobrirem que causavam parada cardíaca.[16] Quando pesquisadores testaram o efeito dos seis principais antidepressivos, notaram que 75% do efeito se repetia nos controles de placebo.[17] O mesmo foi verificado com a cirurgia cerebral para a doença de Parkinson.[18] Quando médicos abriram furos nos crânios de diversos pacientes sem realizar o procedimento completo, a fim de testar sua eficácia, o resultado da cirurgia falsa foi o mesmo daqueles que receberam o procedimento completo. A lista, é claro, não para.

Alguém poderia defender esses procedimentos e compostos químicos modernos observando que foram desenvolvidos com as melhores intenções. É verdade. Mas as aplicações de múmia egípcia também foram, ao menos em grande parte. E às vezes o pó de múmia funcionava tão bem quanto (ou ao menos não pior que) qualquer outro medicamento usado.

A verdade é que os placebos funcionam graças ao poder da sugestão. São eficazes porque as pessoas acreditam neles. Você se consulta com seu médico e sente-se melhor. Engole uma pílula e sente-se melhor. E se seu médico é um especialista aclamado ou se sua receita é de algum tipo novo de remédio maravilhoso, você se sente ainda melhor. Mas como a sugestão nos influencia?

Em geral, dois mecanismos moldam as expectativas que fazem os placebos funcionarem. Um é a crença – nossa confiança ou fé no remédio, no procedimento ou no profissional de saúde. Às vezes, basta que o médico ou a enfermeira nos dê atenção e nos tranquilize para que não apenas nos sintamos melhor, mas também para que nossos processos de cura internos se desencadeiem. Até o entusiasmo de um médico por um tratamento ou procedimento específico pode nos predispor a um resultado positivo.

O segundo mecanismo é o condicionamento. À semelhança dos famosos cães de Pavlov (que aprenderam a salivar ao ouvirem o soar de uma campainha), o corpo desenvolve expectativa após repetidas experiências e libera substâncias químicas que nos preparam para o futuro. Suponha que você encomendou pizza uma noite após a outra. Quando o entregador aperta a campainha, seus sucos digestivos começam a fluir antes mesmo de você cheirar a pizza. Ou suponha que você se aninhou na poltrona com sua namorada. Enquanto está ali sentado olhando o fogo crepitar na lareira, a perspectiva de sexo libera endorfinas, preparando você para o que vem a seguir e elevando sua sensação de bem-estar.

No caso da dor, a expectativa pode liberar hormônios e neurotransmissores, como endorfinas e opiáceos, que não apenas bloqueiam a agonia, mas produzem euforias exuberantes (as endorfinas desencadeiam os mesmos receptores da morfina). Lembro-me vividamente de estar deitado na enfermaria dos queimados com uma dor terrível. Assim que via a enfermeira se aproximar com o analgésico quase gotejando da agulha da injeção, que alívio! Meu cérebro começava a segregar opioides amortecedores da dor, mesmo antes de a agulha romper minha pele.

Assim, a familiaridade pode ou não gerar desdém, mas definitivamente gera expectativas. A marca, a embalagem e a confiança no profissional de saúde podem nos fazer sentir melhores. Mas e o preço? O preço de um remédio também pode afetar nossa reação a ele?

Com base só no preço, é fácil imaginar que um sofá de 4 mil dólares será mais confortável do que um sofá de 400 dólares; que um jeans de grife será mais bem costurado e mais confortável do que um do supermercado; que uma lixadeira elétrica de qualidade superior funcionará melhor do que uma de qualidade inferior; e que o pato assado num restaurante é bem melhor do que o pato assado numa barraca de rua. Mas será que essa diferença implícita na qualidade pode influenciar a experiência real e será que essa influência também se aplica a experiências objetivas como nossas reações aos produtos farmacêuticos?

Por exemplo, um analgésico mais barato seria menos eficaz do que um mais caro? Seu resfriado de inverno pioraria se você tomasse um remédio com desconto em vez de um caro? Sua asma reagiria pior a um remédio genérico do que à mais recente marca no mercado? Em outras palavras, os remédios são como comida chinesa, sofás, jeans e ferramentas? Podemos presumir que preço alto significa maior qualidade e que nossas expectativas se traduzem na eficácia objetiva do produto?

Trata-se de uma pergunta de particular importância. O fato é que você pode conviver com comida chinesa mais barata e jeans menos caros. Com certo autocontrole, em geral conseguimos evitar as marcas mais caras. Mas você vai procurar por pechinchas no tocante à sua saúde? Deixando de lado o resfriado comum por um momento, estaremos dispostos a sermos frugais quando nossa vida está em risco? Não, queremos o melhor para nós e para nossos filhos e entes queridos.

Se quisermos o melhor para nós, um remédio caro fará com que nos sintamos melhor do que um remédio mais barato? O preço faz diferença em como nos sentimos? Em uma série de experimentos realizada alguns anos atrás, Rebecca Waber (estudante de pós-graduação no MIT), Baba Shiv (professor em Stanford), Ziv Carmon e eu decidimos descobrir.

Imagine que você está fazendo parte de um experimento para testar a eficácia de um novo analgésico chamado Veladone-Rx. (O experimento real envolveu uma centena de adultos de Boston, mas por ora você ocupará o lugar deles.)

Você chega ao Media Lab do MIT pela manhã. Taya Leary, uma jovem mulher envergando um traje executivo novinho (em forte contraste com a roupa habitual de estudantes e professores do MIT), saúda você calorosamente, com leve sotaque russo. O crachá identifica Taya como representante da Vel Pharmaceuticals. Ela o convida a passar um momento lendo um folheto sobre Veladone-Rx. Olhando em volta, você nota que a sala parece um consultório médico: exemplares antigos da *Time* e da *Newsweek* estão espalhados; folhetos do Veladone-Rx foram colocados sobre a mesa. Ao lado, um copo de canetas, com o bonito logotipo do remédio e a descrição: "Veladone-Rx é um novo medicamento empolgante da família dos opioides", você lê. "Estudos clínicos mostram que mais de 92% dos pacientes que tomaram Veladone-Rx em estudos do tipo duplo-cego controlados relataram forte alívio da dor em 10 minutos, e o alívio perdurou até oito horas." E quanto custa? De acordo com o folheto, 2,50 dólares por dose.

Quando você termina de ler o folheto, Taya chama Rebecca Waber e deixa a sala. Rebecca, usando o jaleco branco de técnico de laboratório, com um estetoscópio pendurado no pescoço, faz algumas perguntas sobre sua condição médica e o histórico de saúde de sua família. Ela ausculta seu coração e mede a pressão arterial. Depois o conecta a uma máquina de aspecto complicado. Os eletrodos que saem do aparelho, untados com um gel verde, circundam seus pulsos. Este é um gerador de choques elétricos, ela explica, que vai testar sua percepção e tolerância à dor.

Com a mão na chave, Rebecca envia uma série de choques elétricos pelos fios, dentro dos eletrodos. Os choques iniciais são apenas irritantes. Depois vão ficando dolorosos, mais dolorosos, e enfim tão dolorosos que seus olhos se arregalam e seu coração começa a disparar. Ela registra suas reações. Em seguida, começa a aplicar uma nova série de choques elétricos. Dessa vez, ministra cargas que mudam aleatoriamente de intensidade: algumas são bem dolorosas e outras meramente irritantes. Após cada uma delas, Rebecca pede que você registre, usando o computador à sua frente, a quantidade de dor que sentiu. Você usa o mouse para clicar numa linha que oscila de "nenhuma dor" até "a pior dor imaginável" (isso se chama "escala analógica visual da dor").

Ao fim dessa parte da tortura, você ergue o olhar. Rebecca está postada à sua frente com uma cápsula de Veladone-Rx em uma das mãos e um copo d'água na outra. "Levará uns 15 minutos até o remédio atingir o efeito máximo", diz ela. Você o engole, depois muda para uma cadeira no canto, onde folheia velhos exemplares da *Time* e da *Newsweek* até a pílula surtir efeito.

Quinze minutos depois, Rebecca, untando os eletrodos com o mesmo gel verde, pergunta, animada: "Pronto para a próxima etapa?" Você responde, nervoso: "Prontinho." Você é ligado na máquina de novo, e os choques recomeçam. Como antes, registra a intensidade da dor após cada um. Mas dessa vez é diferente. Só pode ser o Veladone-Rx! A dor não parece tão forte. Você sai de lá com uma ótima impressão do medicamento. Na verdade, espera vê-lo na farmácia do bairro em pouco tempo.

De fato, foi isso que a maioria dos nossos participantes descobriu. Quase todos relataram menos dor quando submetidos aos choques elétricos sob a influência do Veladone. Interessante... considerando que o medicamento não passava de uma cápsula de vitamina C.

Esse experimento mostrou que nossa cápsula teve um efeito placebo. Mas e se o preço fosse outro? Suponha que reduzíssemos o preço de uma cápsula de Veladone-Rx de 2,50 dólares para apenas 10 centavos. Nossos participantes reagiriam de forma diferente?

Em nosso teste seguinte, mudamos o folheto, apagando o preço original (2,50 dólares por dose) e inserindo um preço reduzido, de 10 centavos. A reação dos nossos participantes mudou? Sim. A 2,50 dólares, todos eles sentiram alívio da dor com a pílula. Porém, quando o preço caiu para 10 centavos, somente metade sentiu.

Além disso, a relação entre preço e efeito placebo não foi a mesma para todos. O efeito foi pronunciado em pessoas que tiveram mais experiência com dores recentes. Em outras palavras, para pessoas que haviam sentido mais dor e, assim, dependiam mais de analgésicos, a relação foi mais pronunciada: elas obtiveram ainda menos benefícios quando o preço foi reduzido. Quando se trata de remédios, então, aprendemos que você obtém aquilo pelo que paga. O preço pode mudar a experiência.

Aliás, obtivemos resultados corroboradores em outro teste, um estudo que realizamos em um inverno especialmente gelado na Universidade de Iowa. Nesse segundo caso, pedimos a um grupo de estudantes que observasse se usava medicamentos de preço normal ou com desconto para seus resfriados sazonais e, em caso positivo, quanto aqueles remédios funcionavam. Ao fim do semestre, 13 participantes disseram que haviam pagado o preço de tabela e 16 haviam comprado os remédios com desconto. Qual grupo se sentiu melhor? Acho que você consegue imaginar a esta altura: os 13 que pagaram o preço de tabela relataram resultados médicos superiores aos dos 16 que compraram os medicamentos com desconto. De modo que, em remédios para resfriado sem receita médica, o que você paga costuma ser o que obtém.

* * *

Nossos experimentos com medicamentos mostraram como os preços determinam o efeito placebo. Mas será que os preços também afetam produtos de consumo cotidiano? Achamos o objeto de análise perfeito na bebida SoBe Adrenaline Rush, que promete "melhorar seu desempenho" e proporcionar uma "funcionalidade superior".

Em nosso primeiro experimento, oferecemos SoBe na entrada do ginásio da universidade. O primeiro grupo de estudantes pagou o preço normal. Um segundo grupo também comprou a bebida, mas com o preço reduzido a um terço do normal. Depois de se exercitarem, perguntamos se eles estavam se sentindo mais ou menos fatigados em relação a como costumavam se sentir após seu exercício habitual. Os dois grupos de estudantes que beberam SoBe indicaram que estavam um pouco menos fatigados do que o habitual. Aquilo pareceu plausível, especialmente se considerarmos a forte dose de cafeína em cada garrafa de SoBe.

Só que estávamos atrás do efeito do preço, não do efeito da cafeína. O SoBe mais caro reduziria mais a fadiga do que o SoBe com desconto? Como você pode imaginar a partir do experimento com o Veladone-Rx, a resposta é sim. Os estudantes que tomaram a bebida sem desconto relataram menos fadiga do que os do outro grupo.

Esses resultados foram interessantes, mas se basearam nas impressões dos participantes de seu próprio estado – seus relatos subjetivos. Como poderíamos testar o SoBe de forma mais direta e objetiva? Encontramos um meio: o SoBe alega fornecer "energia para sua mente". Por isso, decidimos testar isso usando uma série de anagramas.

O teste funcionaria assim: metade dos estudantes compraria o SoBe a preço normal e a outra metade o compraria com desconto. (Na verdade, debitamos de suas contas estudantis, de modo que foram os pais que pagaram a conta.) Após consumirem as bebidas, pedimos que assistissem a um filme de 10 minutos (para permitir que a bebida fizesse efeito, explicamos). Depois, daríamos a cada participante um quebra-cabeça de 15 palavras, com 30 minutos para solucionarem o máximo de problemas possível. (Por exemplo, quando recebessem a sequência TÚPOPIL, os participantes tinham que reagrupá-la como PÚLPITO, e assim por diante.)

Já havíamos obtido um parâmetro, tendo ministrado o teste a um grupo de estudantes que não bebera SoBe. Eles acertaram em média nove a cada 15 itens. O que aconteceu quando ministramos os anagramas aos estudantes que beberam SoBe? Os que compraram a bebida a preço normal também acertaram em média nove respostas – nada diferente do resultado dos que não beberam nada. Porém, mais interessantes foram as respostas do grupo do SoBe com desconto: eles acertaram em média 6,5 respostas. O que podemos concluir? O preço faz diferença, e nesse caso uma diferença de uns 28% no desempenho nos quebra-cabeças de palavras.

Assim, o SoBe não deixou ninguém mais esperto. Isso significa que o produto é um fracasso (ao menos em termos de solucionar anagramas)? Para responder a essa pergunta, bolamos outro teste. A seguinte mensagem foi impressa no folheto: "Ficou provado que bebidas como SoBe melhoram a função mental", assinalamos, "resultando em melhor desempenho em tarefas tipo solução de quebra-cabeças". Acrescentamos algumas informações fictícias, afirmando que o site do SoBe citava mais de 50 estudos científicos respaldando essas afirmações.

O que aconteceu? O grupo que tomou as bebidas com preço normal teve um desempenho melhor do que os participantes que as compraram com desconto. Mas a mensagem no folheto exerceu certa influência. Tanto o grupo do desconto quanto o do preço de tabela, tendo absorvido as informações e tendo sido preparados para o sucesso, saíram-se melhor do que os grupos cujo folheto não continha a mensagem. E dessa vez o SoBe deixou as pessoas mais espertas. Quando elogiamos a bebida afirmando que 50 estudos científicos constataram que ela melhora a função mental, aqueles que receberam o SoBe com desconto melhoraram sua nota (ao responderem a perguntas adicionais) em 0,6%, mas os que ouviram o elogio e receberam a bebida a preço de tabela acertaram 3,3 perguntas a mais. Em outras palavras, a mensagem na garrafa, a apresentação promotora do teste e o preço foram mais poderosos do que a bebida por si só.

Então estamos condenados a obter benefícios menores sempre que recebemos um desconto? Se depender de nossos instintos irracionais, sim. Se vemos um item mais barato, instintivamente supomos que sua qualidade seja inferior à daquele com preço normal. Qual a solução? Se pararmos para avaliar racionalmente produto *versus* preço, conseguiremos nos livrar do impulso inconsciente de reduzir a qualidade junto com o preço?

Tentamos isso numa série de experimentos e descobrimos que consumidores que param para refletir sobre a relação entre preço e qualidade têm menos tendência a pressupor que uma bebida com desconto é menos eficaz (e, consequentemente, seu desempenho num quebra-cabeça de palavras não é tão ruim como seria sob esse pressuposto). Esses resultados não apenas sugerem um meio de superar o relacionamento entre preço e efeito placebo, mas também indicam que o efeito dos descontos é em grande parte uma reação inconsciente a preços mais baixos.

Vimos como o preço determina a eficácia de placebos, analgésicos e bebidas energéticas. Mas eis outro pensamento. Se placebos podem fazer com que nos sintamos melhores, devemos relaxar e curti-los? Ou os placebos são potencialmente ruins – engodos que deveriam ser descartados, quer nos sintamos bem ou mal com eles? Antes que você responda a essa pergunta, deixe-me elevar a aposta. Suponha que você descobriu uma substância placebo ou um procedimento placebo que não apenas o faz se sentir melhor, mas de fato o deixa fisicamente melhor. Você continuaria usando-o? E se você fosse um médico? Prescreveria remédios que fossem apenas placebos? Vou contar uma história que me ajudará a explicar com mais clareza o que estou querendo dizer.

Em 800 d.C., o papa Leão III coroou Carlos Magno imperador dos romanos, criando assim um vínculo direto entre Igreja e Estado. Dali em diante, os imperadores do Sacro Império, seguidos pelos reis da Europa, foram imbuídos de uma aura de divindade. A partir daí surgiu o chamado "toque real" – a prática de curar pessoas. No decorrer da Idade Média, como relatou um historiador após o outro, os grandes reis costumavam atravessar multidões dispensando o toque real. Carlos II, que governou a Inglaterra de 1660 a 1685, por exemplo, teria tocado cerca de 100 mil pessoas durante seu reinado, e os registros chegam a incluir os nomes de diversos colonos americanos, que retornaram do Novo Mundo ao Velho Mundo só para toparem com o rei Carlos e serem curados.

O toque real funcionava mesmo? Se ninguém jamais tivesse melhorado após receber o toque real, a prática obviamente teria sido abandonada. Mas, no decorrer da história, o toque real teria, segundo relatos, curado milhares de pessoas. Acreditava-se que a escrófula, uma doença desfiguradora e socialmente isolante muitas vezes confundida com a lepra, podia ser curada pelo toque real. Shakespeare escreveu em *Macbeth*: "Pessoas atacadas por estranhos males, inchadas e cobertas de úlceras, lamentáveis de aspecto, um verdadeiro desespero da medicina, são curadas por ele, suspendendo-lhes ao pescoço uma medalha de ouro, enquanto pronuncia santas orações." O toque real continuou até a década de 1820, quando os monarcas deixaram de ser considerados enviados do céu e (podemos imaginar) "novos avanços" nos unguentos de múmia egípcia tornaram obsoleto o toque real.

Quando as pessoas pensam em um placebo como o toque real, geralmente o descartam como "apenas psicológico". Só que não existe nada de "apenas" no poder de um placebo: na verdade, ele representa a forma incrível como nossa mente controla nosso corpo. A maneira como a mente atinge esses resultados inacreditáveis nem sempre fica clara.* Parte do efeito, sem dúvida, tem a ver com redução do nível do estresse, alteração hormonal, mudança no sistema imunológico, etc. Quanto mais compreendemos a ligação entre cérebro e corpo, mais coisas que antes pareciam claras se tornam ambíguas. Em nenhuma outra circunstância isso é tão visível quanto naquelas que envolvem o efeito placebo.

Na realidade, os médicos fornecem placebos o tempo todo. Por exemplo, um estudo realizado em 2003 constatou que mais de um terço dos pacientes medicados com antibióticos para garganta inflamada estavam na verdade com infecções virais, para as quais um antibiótico não exerce nenhum efeito (e possivelmente contribui para aumentar o número de infecções bacterianas resistentes a medicamentos que ameaçam todos nós).[19] Mas você acha que os médicos vão parar de receitar antibióticos para resfriados virais? Mesmo entendendo que um resfriado é viral, e não bacteriano (e muitos resfriados são virais), os médicos sabem muito bem

* Entendemos precisamente como um placebo funciona no domínio da dor, por isso escolhemos um analgésico como objeto de investigação. Mas outros efeitos placebo não são tão bem compreendidos.

que o paciente quer algum tipo de alívio. Geralmente ele espera sair do consultório com uma receita na mão. É correto o médico satisfazer essa necessidade psíquica?

O fato de médicos fornecerem placebos o tempo todo não significa que queiram fazê-lo, e suspeito que a prática os incomode um pouco. Eles foram treinados para se verem como homens ou mulheres de ciência, pessoas que devem procurar respostas nas mais altas tecnologias da medicina moderna. Querem se ver como verdadeiros terapeutas, não praticantes de vodu. Por isso, deve ser extremamente difícil para eles admitirem, ainda que apenas para si mesmos, que seu trabalho possa incluir a promoção da saúde via placebo. Agora suponha que um médico admita, embora relutantemente, que um tratamento que ele sabe ser um placebo ajuda alguns pacientes. Ele deve entusiasticamente prescrevê-lo? Afinal, o entusiasmo de um médico por um tratamento pode desempenhar um papel real em sua eficácia.

Eis outra pergunta sobre nosso comprometimento nacional com a assistência médica. Os Estados Unidos já gastam, em saúde, uma fração maior do PIB per capita do que qualquer outra nação ocidental. Como lidar com o fato de que remédios caros (a aspirina de 50 centavos) podem fazer as pessoas se sentirem melhor do que um remédio mais barato (a aspirina de 1 centavo)? Devemos nos dobrar à irracionalidade, aumentando assim os custos da assistência médica? Ou devemos insistir para que as pessoas obtenham os remédios genéricos (e os procedimentos médicos) mais baratos do mercado, independentemente da eficácia maior dos remédios mais caros? Como devemos estruturar o custo e a coparticipação dos tratamentos a fim de obter o máximo dos medicamentos e como ministrar remédios mais baratos às populações mais necessitadas sem que seus tratamentos sejam menos eficazes? Estas são questões centrais e complexas para a estruturação do sistema de saúde americano. Não disponho das respostas a estas perguntas, mas é importante que todos as entendam.

Os placebos representam dilemas para os profissionais de marketing também. Sua profissão requer valor percebido. Anunciar um produto além do que possa ser objetivamente provado – dependendo do grau do anúncio – é exagerar ou mentir pura e simplesmente. Mas vimos que a percepção de valor, tanto na medicina quanto em refrigerantes, cosméticos ou carros, pode se tornar um valor real. Se as pessoas de fato obtêm de um produto mais satisfação do que foi anunciado, significa que os profissionais de marketing não souberam captar suas reais necessidades? Ao começarmos a pensar mais sobre placebos e a fronteira indistinta entre crenças e realidade, essas perguntas tornam-se mais difíceis de responder.

Como cientista, valorizo experimentos que testam nossas crenças e a eficácia de diferentes tratamentos. Ao mesmo tempo, também está claro para mim que experimentos, particularmente os que envolvem placebos médicos, levantam muitas questões éticas importantes. De fato, o experimento envolvendo a ligação da artéria mamária que mencionei no início deste capítulo suscitou uma questão ética: houve um clamor contra a realização de falsas cirurgias em pacientes.

É difícil de engolir a ideia de sacrificar o bem-estar, e talvez até a vida, de alguns indivíduos para descobrir se certo procedimento deve ser usado em outras pessoas em algum ponto do futuro. Imaginar que uma pessoa obtenha um tratamento placebo contra o câncer, por exemplo, para que anos depois outros indivíduos venham a obter um tratamento melhor parece um estranho e difícil preço a pagar.

Ao mesmo tempo, os preços que pagamos por *não* realizar experimentos suficientes com placebos também são difíceis de aceitar. E como vimos, podem resultar em centenas ou milhares de pessoas passando por cirurgias inúteis (mas arriscadas). Nos Estados Unidos, pouquíssimos procedimentos cirúrgicos são testados cientificamente. Por esse motivo, não sabemos de fato se muitas operações oferecem mesmo uma cura ou se, como muitas de suas antecessoras, são eficazes meramente devido ao efeito placebo. Assim, podemos nos ver com frequência submetidos a procedimentos e cirurgias que, se mais cuidadosamente estudados, seriam postos de lado. Vou compartilhar com vocês minha história pessoal com um procedimento que, no meu caso, foi recomendado, mas na verdade não passou de uma longa e dolorosa experiência.

Eu já estava no hospital por dois longos meses quando minha terapeuta ocupacional chegou com a notícia. Havia um traje tecnológico para pessoas como eu chamado Jobst. Semelhante à pele, aumentaria a pressão sobre a pouca pele que me restava, permitindo sua melhor recuperação. Ela contou que era produzido em duas fábricas, uma nos Estados Unidos e outra na Irlanda, de onde eu o obteria, feito sob medida. Ela contou que eu precisaria usar calças, camisa, luvas e máscara no rosto. Como se adaptava perfeitamente, o traje pressionaria minha pele o tempo todo e, quando eu me mexesse, a massagearia de leve, reduzindo a vermelhidão e o desenvolvimento das cicatrizes.

Vocês podem imaginar minha empolgação. Shula, a fisioterapeuta, me contava que o Jobst era maravilhoso. Disse que era feito em cores diferentes, e logo me imaginei coberto da cabeça aos pés por uma pele azul justa, como o Homem-Aranha. Mas ela avisou que as cores disponíveis eram apenas marrom, para pessoas brancas, e preta, para pessoas negras. Comentou que costumavam chamar a polícia quando alguém com a máscara Jobst entrava num banco, pois achavam que era um assalto. (Agora, quando você recebe a máscara da fábrica, ela vem com um aviso que você precisa pôr no peito, explicando a situação.)

Em vez de me desanimar, essa nova informação fez com que o traje parecesse ainda melhor e eu sorri. Achei que seria legal andar pelas ruas e ser de fato invisível. Ninguém conseguiria ver qualquer parte de mim, exceto a boca e os olhos. E ninguém poderia ver minhas cicatrizes.

Ao imaginar aquela cobertura sedosa, senti que conseguiria suportar qualquer dor até pôr as mãos no meu traje Jobst. Semanas transcorreram. E enfim chegou. Shula veio me ajudar a vesti-lo pela primeira vez. Começamos pela calça. Ela a abriu, em toda sua glória marrom, e começou a colocá-la nas minhas pernas. A sensação não foi sedosa como se algo massageasse suavemente minhas cicatrizes. O material dava mais a impressão de uma lona que romperia minhas cicatrizes. Eu ainda não estava desiludido. Queria sentir como seria estar imerso por completo no traje.

Após alguns minutos, ficou evidente que eu ganhara certo peso desde que as medidas foram tiradas pela última vez (eles me alimentavam com 7 mil calorias e 30 ovos diários para ajudar meu corpo a se curar). O traje Jobst não se ajustou muito bem. Mesmo assim, eu havia esperado um longo tempo por ele. Por fim, esticando-o um pouco e com muita paciência por parte de todos, acabei me vestindo totalmente. A camisa com mangas compridas me apertava muito o peito, os ombros e os braços. A máscara fazia uma forte pressão. As calças compridas começavam nos dedos dos pés e subiam até o umbigo. E havia as luvas. Minhas únicas partes visíveis eram as extremidades dos dedos dos pés, os olhos, as orelhas e a boca. Todo o resto estava coberto pelo Jobst marrom.

A pressão parecia aumentar a cada minuto. O calor era intenso. Minhas cicatrizes tinham um suprimento de sangue fraco, e o calor fez o sangue acorrer até elas, tornando-as vermelhas e aumentando a coceira. Meu sonho adorável me desapontou. Lutei para sair de dentro do traje. Novas medidas foram tiradas e enviadas à Irlanda para que eu pudesse receber um Jobst que se ajustasse melhor.

O traje seguinte ficou bem mais confortável, mas, afora isso, não foi muito melhor. Sofri com o tratamento por meses – sentindo coceira, dor, lutando para colocá-lo e arranhando minha delicada pele nova enquanto tentava vesti-lo (e quando essa pele nova fica arranhada, leva um longo tempo para curar). No fim, constatei que o traje não oferecia benefícios reais, ao menos para mim. As áreas do meu corpo que estavam mais bem cobertas não diferiam nem no aspecto nem na sensação das áreas não tão bem cobertas, e o sofrimento que acompanhava o traje acabou sendo seu único efeito.

Veja bem, embora fosse moralmente questionável permitir que pacientes da ala dos queimados participassem de um experimento concebido para testar a eficácia de tais trajes (usando diferentes tipos de tecidos, diferentes níveis de pressão, etc.), e ainda mais complicado pedir que alguém participasse de um experimento de placebo, também é moralmente difícil infligir tratamentos dolorosos em muitos pacientes por muitos anos sem um bom motivo.

Se esse tipo de traje sintético tivesse sido testado em relação a outros métodos e em relação a um traje placebo, essa abordagem poderia ter poupado parte do meu sofrimento diário. Poderia também ter estimulado pesquisas com novas abordagens, que funcionassem de verdade. Meu sofrimento desperdiçado, além do sofrimento de outros pacientes como eu, é o custo real de não fazer tais experimentos.

Devemos sempre testar cada procedimento e realizar experimentos placebo? Os dilemas morais envolvidos nos experimentos médicos e placebo são reais. Os benefícios potenciais de tais experimentos deveriam ser comparados com seus custos, e a consequência disso é que não podemos, e não deveríamos, realizar sempre testes com placebos. Mas minha impressão é que estamos realizando menos do que o necessário.

Reflexões sobre placebos: não tire o meu!

Alguns anos atrás, uma mulher sentada ao meu lado num voo para a Califórnia pegou um cilindro branco comprido de sua bolsa, abriu-o e colocou um quarto de comprimido num copo d'água. Observei, fascinado, bolhas amareladas efervescerem e espumarem com intensidade. Depois que a atividade cessou, a mulher bebeu aquele preparado em dois grandes goles.

Fiquei bem curioso com aquilo e, como ela parecia satisfeita com todo o processo, perguntei o que estava bebendo. Ela me entregou o tubo branco comprido. Era Airborne!

A descrição do tubo me impressionou. Os comprimidos, dizia, tinham o poder de estimular o sistema imunológico e ajudar a combater os germes que cercavam os passageiros durante os voos. Se eu o tomasse ao primeiro sintoma de resfriado ou antes de entrar em um ambiente lotado, potencialmente infestado de germes, poderia me proteger dos resfriados terríveis que vinha constantemente enfrentando. Eu não podia imaginar nada melhor. E, ao contrário de outros medicamentos, aquele declarava ter sido inventado por uma professora da segunda série! Quem melhor para criar medicamentos contra resfriado do que alguém cercado dia e noite por crianças carregadas de germes? Como os professores vivem pegando resfriados de seus alunos, a associação me pareceu natural. Além disso, adorei a ação borbulhante, espumante.

Minha colega de assento não pôde ignorar meu entusiasmo, de modo que perguntou se eu queria provar um comprimido. Animado, aceitei, então o dissolvi em meu meio copo d'água, observei-o efervescer e espumar e bebi o líquido amarelado de um só gole. Consegui ver diante de mim a imagem de minha própria professora querida da segunda série – Rachel –, e meu amor por ela melhorou a experiência. Quase de imediato, senti-me melhor. Evitei de todas as formas adoecer após aquele voo. Comprovado! Assim, Airborne tornou-se obrigatório em minhas viagens.

Nos meses seguintes, usei Airborne conforme sugeria o tubo. Às vezes bebia durante o voo, porém com mais frequência consumia após o voo. Cada vez que repetia o ritual, imediatamente me sentia melhor em relação a mim e às chances de combater as insidiosas doenças aerotransportadas. Eu estava 99% seguro de que Airborne era um placebo, mas as bolhas e o ritual eram tão maravilhosos que eu sabia que me sentiria melhor. E me sentia mesmo! Além disso, tomá-lo me deixava mais confiante em minha saúde e menos temeroso de adoecer – afinal, estresse e ansiedade são conhecidos por reduzir a imunidade.

Poucos anos depois, quando estava iniciando a excursão para divulgar meu livro e tinha que voar constantemente, ouvi a trágica notícia de que Victoria Knight-McDowell, a professora da segunda série que inventou o Airborne, concordara em pagar uma soma de 23,3 milhões de dólares em um acordo por falsa publicidade, além de reembolsar os consumidores que compraram o produto. O fabricante teve que mudar as alegações sobre o produto. O antigo "destruidor milagroso de resfriados" foi rebaixado a um simples suplemento dietético composto por 17 vitaminas, minerais e ervas. A antiga afirmação de que Airborne "reforça seu sistema imunológico" permaneceu intacta na caixa, mas acompanhada de uma daquelas cruzes incômodas (†) indicando uma ressalva. Você tem que procurar por ela, mas acaba encontrando escondida num canto do verso: "Estas afirmações não foram avaliadas pela Food and Drug Administration. Este produto não pretende diagnosticar, tratar, curar ou prevenir quaisquer doenças." Que deprimente.*

Então ali estava eu, encarando ao menos três voos semanais nos meses seguintes, e a magia do meu Airborne foi tirada de mim. Senti-me como se tivesse tomado conhecimento de que uma pessoa que considerei um bom amigo por anos na verdade nunca gostou de mim e vinha me denegrindo pelas costas. Pensei que talvez, se eu entrasse na farmácia e obtivesse algumas das antigas embalagens com as afirmações exageradas e infladas, elas

* Suspeito que o Airborne tem muitos elementos que maximizam o efeito placebo (bolhas, espuma, cor medicinal, afirmações exageradas, e assim por diante) e, em consequência, teve um impacto benéfico real no meu sistema imunológico e na minha capacidade de combater doenças. Os placebos consistem em profecias autorrealizáveis, e o Airborne é uma das melhores.

pudessem ajudar a restaurar o poder mágico do Airborne. Mas aquilo pareceu improvável. Eu não podia evitar o conhecimento de que meu milagre efervescente não era nada daquilo. Eram apenas algumas vitaminas estúpidas com efeitos especiais bonitinhos. Diante de tal desilusão, não consigo mais desfrutar do maravilhoso efeito placebo de aumento da imunidade do ano passado.

Ah, por que fizeram isso comigo? Por que tiraram meu placebo maravilhoso?

12

O CICLO DA DESCONFIANÇA

Por que não acreditamos no que os marqueteiros dizem

Não sei se acontece com você, mas recebo um monte de spam na minha caixa de e-mail. As pessoas estão sempre me oferecendo a chance de ganhar dinheiro ou comprar software barato. Dizem que sou a pessoa que sempre quiseram conhecer. Oferecem aumentar ou melhorar diferentes partes do meu corpo. Até me apresentaram a oportunidade de obter outro doutorado – sem exigir mais cinco anos de esforço intenso. Pelo contrário, reconheceriam minha experiência de vida. Até agora, este foi o único que testei. Mas, depois que contatei a organização que oferecia o diploma, decidiram me retirar da lista de estudantes potenciais interessados. Infelizmente, nunca recebi o crédito por minha experiência de vida.

Na pasta spam, chegam montes de outras propostas e pedidos. Fiquei particularmente curioso com uma proveniente de minha empresa local de TV a cabo, prometendo um mês de TV a cabo digital grátis. Como me interessa qualquer oferta com a palavra GRÁTIS (ver Capítulo 3, "O efeito do preço zero"), decidi aceitar. Liguei para lá e em poucos dias um técnico veio à minha casa e instalou minha TV a cabo digital grátis. Um mês depois, recebi uma conta e descobri que a TV a cabo digital grátis custou 60 dólares. Quando liguei para o Serviço de Atendimento ao Cliente, o atendente simpático me explicou com toda a calma que, infelizmente, eu tive problemas de compreensão de texto. Ele observou que as condições do contrato estavam explicadas em sete pontos no rodapé do anúncio da empresa. Depois de pagar por serviço analógico regular, televisor, taxa de conexão e controle remoto, dizia, eu "receberia grátis" a *diferença* entre aquela quantia (60 dólares) e a quantia normal (79 dólares) da TV a cabo digital.

Geralmente me considero uma pessoa razoavelmente crédula, mas com todas as ofertas dúbias e notícias sobre o mau comportamento das empresas, sinto que estou ficando menos crédulo e mais desconfiado. Parece que estou sempre procurando pela armadilha, e acontece que não estou sozinho nessa mentalidade paranoica. Alguns anos atrás, dois pesquisadores bem perspicazes, Marian Friestad e Peter Wright, afirmaram que as pessoas em geral começavam a entender que as ofertas das empresas atendem aos interesses delas, não aos nossos. Como resultado, ficamos mais desconfiados – não apenas daqueles que estão tentando nos ludibriar, mas de todo mundo.

Dinheiro grátis

Depois de conversarmos sobre nossa experiência de desilusão crescente, Ayelet Gneezy (professor da Universidade da Califórnia em San Diego), Stephen Spiller (doutorando da Universidade Duke) e eu decidimos tentar medir o grau de desconfiança do público em relação às empresas. Nossa primeira questão foi como fazer isso. Claro que poderíamos perguntar a cada pessoa em um grupo: "Qual seu grau de desconfiança em uma escala de 1 a 10, sendo 1 nenhuma desconfiança e 10 muita desconfiança?" O problema com esse tipo de medição é que é difícil saber o que 5,7 significa realmente. Indicaria que as pessoas acreditaram que era real a oferta incrível de sua empresa de TV a cabo? Ou significaria que foram céticas e leram primeiro as cláusulas em letras miúdas? Além disso, muitas de nossas pesquisas mostraram que as pessoas com frequência têm intuições erradas sobre o próprio comportamento – podem dizer uma coisa e fazer outra.

Assim, decidimos medir um comportamento que informaria o grau de desconfiança das pessoas, e a ferramenta escolhida foi um experimento de dinheiro grátis. Num belo dia de primavera, instalamos um estande em um centro comercial em Cambridge, Massachusetts, operado por alguns alunos de graduação. Sobre o estande, um grande cartaz anunciava: "Dinheiro grátis".

Diante do estande, um cartaz menor indicava quanto dinheiro daríamos às pessoas. Às vezes, dizia 1 dólar, às vezes 5, outras vezes 10, 20 ou até 50. As pessoas que trabalhavam no centro comercial passavam por um cartaz dizendo "Dinheiro grátis, 20 dólares" (ou qualquer dos outros valores que estivesse sendo oferecido) a caminho do almoço ou no fim do expediente. Também viam uma pilha de notas com o valor oferecido na mesa. Quantas pessoas você acha que pararam e aceitaram a oferta?

Não esperávamos que elas desacelerassem e pegassem uma das notas na mesa, interpretando-nos (ou nosso cartaz) literalmente. Achamos que primeiro perguntariam se estávamos falando sério. Quando nos ouvissem dizer "Sim, estamos, e você está convidado a pegar uma nota", presumíamos que pegariam a nota e prosseguiriam seu caminho. E de fato vez ou outra alguém passava devagar pelo estande, lendo o cartaz e olhando para os estudantes, que não pareciam golpistas.

Eis como o cenário geralmente se desenrolava:

HOMEM: (aproximando-se desconfiado do estande e olhando as notas de 50 dólares) É algum truque?

ESTUDANTE: (sorrindo) Não mesmo.

HOMEM: Preciso assinar alguma coisa?

ESTUDANTE: Nada para assinar.

HOMEM: Deve ter alguma pegadinha.

ESTUDANTE: Não.

HOMEM: É para valer?

ESTUDANTE: Sim. Pode pegar! Uma para cada cliente.

Tranquilizado, o homem olhava em volta e pegava uma nota. Erguia-a por um segundo, como se aguardasse algo acontecer. Depois dava meia-volta e começava a se afastar devagar. Então apertava o passo e desaparecia em uma esquina.

Quando oferecemos 1 dólar, apenas 1% de quem passou por nosso estande parou para olhar. Quando oferecemos 5 dólares, mais umas poucas pessoas pararam, e assim por diante até os 50 dólares. Contudo, mesmo quando oferecemos 50 dólares, apenas 19% dos passantes pararam e pegaram a nota. Ficamos surpresos e ligeiramente desapontados com o baixo nível de confiança. Dezenove por cento não é um nível alto de sucesso, em particular quando dinheiro grátis está (literalmente) sobre a mesa.

É importante perceber que nesse ambiente as pessoas não precisavam necessariamente acreditar que o dinheiro oferecido seria inteiramente grátis. Poderiam esperar ter que fazer algo em troca: responder a uma breve pesquisa, por exemplo. Mesmo com essa suspeita, o pagamento poderia ainda ser um retorno compensador pelo investimento de responder a umas poucas perguntas.

Claramente, a maioria acreditou que aquilo fosse algum tipo de pegadinha – tanto que nem valia a pena perguntar. De vez em quando, um dos estudantes abordava alguém que tinha visto a oferta no estande, mas preferira ignorar. Quando indagadas, as pessoas disseram que acreditavam ser algum tipo de golpe. (Uma das afirmações favoritas dos economistas é que não existem notas de 100 dólares jogadas na calçada; se existissem, de acordo com o argumento, alguém já teria pegado.) Para nós, aquilo pareceu um sinal de forte desconfiança.

A tragédia dos bens comuns

A confiança, à semelhança do dinheiro, é um lubrificante crucial para a economia. Quando as pessoas confiam umas nas outras ou em um comerciante ou uma empresa, sua tendência a comprar, emprestar e fornecer crédito é maior. Nos velhos tempos, os negócios eram garantidos pelo aperto de mão do cavalheiro. Mas, quando o aperto de mão resulta em uma fraude, a confiança desaparece e todas as transações subsequentes – sejam entre fraudadores ou honestos – tornam-se mais difíceis.

Uma boa analogia para a desconfiança social pode ser encontrada na "tragédia dos bens comuns". Essa expressão remonta ao professor de Oxford William Forster Lloyd, que descreveu o fenômeno num livro de 1833 sobre a população. Ele observou que, na Inglaterra medieval, as paróquias dispunham de terras coletivas onde cada membro da comunidade podia levar uma quantidade limitada de bois e carneiros a fim de que pastassem.* Manter baixo o número de animais permitia que a relva se recuperasse de forma a manter seu nível mais ou menos igual. Essa abordagem até funcionava quando todos os fazendeiros obedeciam à regra. Infelizmente, no desejo egoísta de melhorar sua própria situação financeira, alguns dos fazendeiros aumentavam o número de animais a um nível que a terra não conseguia sustentar. Essa estratégia era muito boa (ao menos a curto prazo) para os fazendeiros individuais que possuíam mais animais, mas cada vaca ou carneiro adicional resultava em menos relva para todos os animais. Quando a relva diminuía, todo o gado no terreno comunal ficava subnutrido e pouco produtivo – um resultado que prejudicava a todos, inclusive os fazendeiros gananciosos.

Psicólogos, economistas e ambientalistas hoje usam a expressão "a tragédia dos bens comuns" para descrever o mesmo princípio básico: quando usamos um recurso coletivo a uma taxa menor do que a de sua reposição, tudo bem. Mas se alguns poucos indivíduos se tornam gananciosos e utilizam mais do que sua cota, o sistema de consumo se torna insustentável, e a longo prazo todos saem perdendo. Em essência, a tragédia dos bens comuns envolve dois interesses humanos conflitantes: por um lado, um indivíduo deveria se preocupar com a sustentabilidade a longo prazo dos recursos compartilhados, porque todos, inclusive o indivíduo, se beneficiam deles; por outro, a curto prazo, o indivíduo se beneficia imediatamente ao pegar mais do que sua cota justa. (Os cientistas sociais referem-se a esses traidores dos contratos sociais como "desertores".)

Se todos cuidassem dos bens comuns ou pensassem nas consequências de longo prazo de suas ações, é claro, não teríamos problemas ao compartilhar recursos. Mas, como os seres humanos tendem a focar os benefícios de curto prazo e nossas próprias necessidades imediatas, tais tragédias dos comuns ocorrem com frequência. Tomemos, por exemplo, a população de salmões selvagens. Embora seja ideal para os pescadores em geral limitarem as próprias capturas a fim de que a população de salmões possa ser sustentável, é mais lucrativo para um pescador individual pescar excessivamente em determinado ano. Mas, se pescadores demais ultrapassam, ainda

* O Boston Common, hoje um parque público no centro de Boston, foi criado em 1634 como uma pastagem comunal para animais.

que ligeiramente, esse limite sustentável, a população de peixes em geral se reduz. (Por esse motivo, os pescadores de salmão são agora obrigados por lei a pescarem um número limitado a cada ano).

A crise da energia atual é outro exemplo da tragédia dos bens comuns. Embora exista uma quantidade finita de combustível fóssil no mundo, alguns países, indústrias, empresas e indivíduos consomem bem mais do que outros, fazendo pouco esforço para minimizar seu impacto sobre o acervo em comum. Até recursos públicos como ar puro, terra, árvores e água tornam-se vítimas desse problema. Na ausência de cooperação entre todos os protagonistas para protegerem tais recursos, um pequeno número de entidades mal comportadas pode ter um efeito devastador sobre todos.

O jogo dos bens comuns

O seguinte experimento imaginário oferece um exemplo interessante do fenômeno da tragédia dos bens comuns. Imagine que eu ofereço a você e três outras pessoas 10 dólares para cada um, que vocês podem conservar. Só que eu também lhes dou uma oportunidade de ganhar mais dinheiro. Vocês podem colocar tanto quanto quiserem dos seus 10 dólares em um "fundo coletivo". Uma vez que todos os participantes tenham decidido, de forma privada, quanto do dinheiro colocar no fundo coletivo, todo o valor dobra, e é então dividido igualmente entre os quatro participantes, independentemente da contribuição ou não de cada um. Quanto de seus 10 dólares você colocaria no fundo coletivo? Se todos pusessem 10 dólares, o fundo coletivo dobraria de 40 para 80 dólares, seria dividido por quatro, e cada um de vocês ficaria com 20 dólares.

Assim, digamos que você ponha seus 10 dólares achando que os outros participantes farão o mesmo. Uma vez dividido o fundo, porém, você só recebe 15 dólares de volta, não 20 dólares. O que aconteceu? Constata-se que um dos outros participantes – vamos chamá-lo de Bernie – decidiu trapacear. No começo do jogo, Bernie percebeu que ganharia mais dinheiro se ficasse com seus 10 dólares, enquanto todos os outros contribuíssem para o fundo central. Assim, Bernie conservou seus 10 dólares, enquanto os três outros participantes colocaram seus 10 dólares no fundo central, resultando em um total de 30 dólares. O dobro são 60 dólares, subsequentemente divididos pelos quatro (lembre-se de que Bernie recebe o dinheiro apurado no fundo coletivo, quer tenha ou não contribuído), e cada um dos três contribuintes obtém 15 dólares. Bernie, enquanto isso, arrecada 25 dólares (seus 10 originais, mais os 15 da partilha), mais do que qualquer outro participante.

Agora, digamos que você tenha a chance de jogar de novo com os mesmos participantes (vocês recebem novas notas de 10 dólares). Como seria dessa vez? Você não quer confiar demais porque sabe que Bernie pode desertar. Assim, coloca apenas 4 dólares. Acontece que os outros três participantes sentem o mesmo e tomam a mesma decisão, levando o total do fundo coletivo a 12 dólares (Bernie novamente não contribuiu). O fundo dobra para 24 dólares, que são divididos igualmente entre quatro pessoas. Cada um dos três participantes que colaboraram obtém 6 dólares (além dos 6 dólares que mantiveram consigo), enquanto Bernie acaba ficando com um total de 16 dólares.

Agora, a confiança de vocês se erodiu. Você joga mais algumas rodadas, mas não aposta mais dinheiro nenhum. A cada vez, acaba ficando com os 10 dólares com que começou. Não perde nada, mas, como não confia no comportamento colaborativo dos outros (o que é recíproco no grupo), também não ganha nada. Em contrapartida, se você e os outros tivessem agido de forma cooperativa, cada um acabaria arrecadando até 20 dólares por rodada.

Visto desse modo, o Jogo dos Bens Comuns ilustra como nós, enquanto sociedade, compartilhamos o bem público da confiança. Quando todos cooperamos, a confiança é alta e o valor total para a sociedade é máximo. Mas a desconfiança é contagiante. Quando vemos as pessoas desertarem, mentindo em seus anúncios, propondo fraudes, etc., passamos a agir de forma semelhante; a confiança se deteriora e todos saem perdendo, inclusive os indivíduos que inicialmente ganharam com seus atos egoístas.

Se consideramos a confiança um bem público (como ar puro e água potável), vemos que todos poderíamos nos beneficiar de níveis maiores de confiança em termos de comunicação, tornando as transações financeiras mais tranquilas e simplificando contratos e muitos outros negócios e atividades sociais. Sem a suspeita constante, podemos obter mais de nossas trocas, gastando menos tempo para nos certificarmos de que os outros cumprirão suas promessas. Mas, conforme exemplifica a tragédia dos bens comuns, a curto prazo é benéfico para cada indivíduo violar e se aproveitar da confiança estabelecida.

Suspeito que a maioria das pessoas e das empresas ignora o fato de que a confiança é um importante recurso público e que perdê-la pode ter consequências negativas a longo prazo para todos os envolvidos. Não é difícil violar a confiança. Bastam uns poucos maus protagonistas no mercado para que ela seja destruída para todos os demais.

Erosão da confiança no decorrer do tempo

No filme *Pequeno grande homem*, o protagonista, um jovem antes confiável, mas cada vez mais sarcástico, chamado Jack Crabb (interpretado por Dustin Hoffman), junta-se a um vendedor caolho de poções mágicas chamado Merriweather, que promete: "Se você for fiel a Merriweather, vestirá seda." Crabb e Merriweather viajam de cidade em cidade no Velho Oeste, vendendo um remédio milagroso que o caolho afirma fazer os cegos enxergarem e os inválidos caminharem, mas que não passa de uma mistura feita a partir de cabeças de cascavel. Como se pode imaginar, as pessoas adoecem após engolirem aquilo, e os aldeões se vingam untando de alcatrão e cobrindo de penas os dois embusteiros. (No mundo real de 1903, um remédio análogo chamado Elixir Rexall Americanitis era "especialmente recomendado para distúrbios nervosos, exaustão e todos os problemas resultantes da americanite".)[20] Abusadores da confiança antiquados como Merriweather e os fabricantes do Elixir Rexall Americanitis são, no entanto, transgressores moderados se comparados aos da era moderna.

Hoje, é fácil para um indivíduo começar a vender "pílulas milagrosas" que prometem ajudá-lo a perder peso, conservar ou recuperar seus cabelos, melhorar sua vida sexual e energizar seu dia de trabalho. Pessoas ingênuas que compram essas misturas recebem todos os benefícios dos placebos e, no processo, perdem um monte de dinheiro. Enquanto isso, os fornecedores desonestos de pílulas lucram substancialmente à medida que erodem ainda mais o nível geral de confiança (ao menos para aqueles que não se beneficiaram do efeito placebo). Essa erosão não apenas dificulta ao próximo vendedor de pílulas milagrosas apregoar seus produtos (o que não deixa de ser algo bom), mas também torna mais difícil acreditar naqueles que merecem confiança.

Existe outro aspecto desse problema. Imagine que você é uma pessoa honesta e quer permanecer assim. Como deveria se comportar em um mundo onde a maioria das pessoas é suspeita e a maioria dos indivíduos é desconfiada?

Para um exemplo concreto, suponha que você acabou de se cadastrar num site de namoro. Se você desconfia de que a maioria das pessoas ali exagera ligeiramente suas informações biográficas, está certo! Quando Günter Hitsch, Ali Hortaçsu (ambos professores na Universidade de Chicago) e eu observamos o mundo dos relacionamentos on-line, descobrimos que os homens se importavam mais com o peso das mulheres, e as mulheres se importavam mais com a altura e a renda dos homens. Descobrimos também, o que talvez não surpreenda, que as mulheres no site informavam um peso bem abaixo da média, enquanto os homens afirmavam serem mais altos e mais ricos. Um indicador de que tanto homens quanto mulheres sabem o que a outra metade vem buscando, de modo que trapaceiam um pouco ao descreverem os próprios atributos. Um sujeito que mede 1,75 metro e ganha 60 mil dólares anuais tipicamente se concede uns centímetros extras e um aumento de 30 mil dólares, dizendo na descrição que mede 1,78 metro e ganha 90 mil dólares. Nesse ínterim, sua parceira potencial lembra-se do peso que tinha na faculdade e, com um desconto de 5%, passa a pesar 60 quilos.

Mas o que acontece se você é um homem de 1,75 metro e decide ser honesto, por acreditar sinceramente que a honestidade é o componente crucial de um bom relacionamento? Você vai ser penalizado, porque as mulheres, interpretando seu 1,75 metro, supõem que sua altura real é 1,73 metro ou 1,70 metro. Ao se recusar a trapacear, você reduziu substancialmente seu valor de mercado. Então o que faz? Suspira, mete a mão no bolso e percebe que há muitas desvantagens na honestidade. Dada a importância de encontrar uma parceira e tendo se rendido ao triste fato de que todo mundo trapaceia, suspeito que você também cederia e decidiria adaptar os fatos um pouquinho.

No entanto, uma vez que comecemos a trapacear, ainda que não muito, com o tempo isso pode se tornar um hábito. Vejamos, por exemplo, o processo de redigir um currículo. Vejo muitos currículos de alunos quando se candidatam a empregos ou pós-graduações e me pedem cartas de recomendação. No desejo de se destacarem e chamarem a atenção do empregador potencial, e por acharem que todos exageram um pouco, fazem o mesmo. Assim, qualquer um que tenha cursado introdução à estatística de repente se torna "especialista em análise estatística", um emprego de meio período alimentando dados para um experimento se torna "auxiliar na análise de dados" e um curso de dois meses em Paris torna-se "fluente em francês". Na verdade, a situação é tão grave que, quando meus assistentes de pesquisa me mostram seus currículos, às vezes sinto como se os projetos em que trabalhamos juntos tenham sido na verdade deles, e eu é que fui o auxiliar.

Qual a profundidade de sua desconfiança?

Após nosso experimento do "dinheiro grátis", Ayelet, Stephen e eu criamos um estudo para medir a profundidade da desconfiança em relação às empresas. Queríamos descobrir o grau em que as pessoas duvidariam de afirmações obviamente verdadeiras quando associadas a uma marca.

Começamos perguntando às pessoas se achavam que afirmações inequívocas como "O sol é amarelo" e "Um camelo é maior do que um cão" eram verdadeiras ou falsas, e 100% dos participantes concordaram que eram verdadeiras. Então pedimos que outro grupo avaliasse as mesmas afirmações, com a informação adicional de que foram feitas pela Procter & Gamble, pelo Partido Democrata ou pelo Partido Republicano. Dar àquelas afirmações uma origem corporativa ou política afetaria as impressões de nossos participantes, tornando-os mais inclinados a suspeitarem de sua veracidade?

É triste, mas a resposta foi sim. Quando argumentamos que, digamos, o Partido Democrata emitiu a declaração "O sol é amarelo", isso aumentou a tendência de que nossos participantes a questionassem. ("Claro que é amarelo, mas também tem pontos vermelhos na superfície e às vezes parece branco, então será realmente *apenas* amarelo?") Se o Partido Republicano ou a Procter & Gamble emitisse a declaração "Um camelo é maior do que um cão", os participantes de novo tinham menos certeza e eram mais cautelosos. ("E se o cachorro for um bulmastife, e o camelo, recém-nascido...?") Quando se partia de um ponto de vista altamente suspeito, devido à origem da declaração, o nível de desconfiança foi tão alto que chegou a influenciar a capacidade de nossos participantes identificarem afirmações obviamente corretas.*

Em nosso próximo experimento, quisemos saber se esse tipo de desconfiança poderia mudar a experiência real de alguém com um produto. A fim de examinar essa questão, convidamos estudantes da Universidade de Chicago ao nosso laboratório para avaliarem a qualidade de certo equipamento de som, pedindo que ouvissem um modelo "Azur" fabricado pela Cambridge Audio.

Mas, antes de se entregarem aos graves e agudos, todos os participantes leram um folheto descrevendo e analisando os diferentes recursos do aparelho de som. Alguns deles leram um folheto supostamente redigido pela empresa Cambridge Audio, e outros leram o mesmo folheto, que indicava ser do *Consumer Reports.* Depois, todos os participantes dedicaram meia hora a ouvir uma composição de J. S. Bach e avaliarem o equipamento de som. Os graves eram poderosos? Os agudos eram claros? Os controles eram fáceis de usar? Houve alguma distorção do som? E, finalmente, quanto estariam dispostos a pagar pelo sistema?

O resultado foi que os participantes gostaram bem mais do aparelho quando ficaram sabendo que as informações lidas vieram de uma fonte isenta como o *Consumer Reports.* Eles também disseram que pagariam, em média, 407 dólares pelo sistema, bem mais do que os 282 dólares oferecidos pelos que leram o folheto da Cambridge Audio. Infelizmente, ao que parece, a desconfiança nas informações de marketing é tão profunda que deturpa

* Os dois partidos políticos geraram o mesmo nível de desconfiança, mesmo aos olhos de seus eleitores. Ou seja, democratas e republicanos não acreditaram que seu próprio partido fosse mais confiável do que o da oposição – um triste quadro, aliás.

toda a nossa percepção – mesmo diante da experiência direta, em primeira mão –, fazendo com que apreciemos bem menos a experiência do que apreciaríamos normalmente. (E isso acontece com marcas relativamente confiáveis. Imagine o que aconteceria com marcas suspeitas.)

Agora, retornemos por um momento à minha experiência negativa com o engodo da empresa de TV a cabo. Ayelet, Stephen e eu decidimos realizar um pequeno estudo com o anúncio que me prometeu um mês de TV a cabo digital grátis. Nós o mostramos a algumas centenas de pessoas e perguntamos quanto achavam que aquela oferta GRÁTIS realmente custaria. Por ser um pouco ingênuo e crédulo, originalmente eu esperava que fosse de fato grátis (o que não era), mas o resultado foi que pouquíssimas pessoas de nossa amostra foram tão ingênuas quanto eu. A grande maioria esperava que a oferta custasse algo entre 10 e 70 dólares. Parecia que elas aprenderam com o tempo que não existe nada parecido com um almoço grátis (ou serviço de TV a cabo grátis) e ajustaram suas expectativas (embora continuem aborrecidas quando descobrem o preço real).

Mas as más notícias não acabam aí. Nós também dividimos nossa amostra em dois grupos – um deles teve experiência anterior com aquele provedor de TV a cabo, o outro não teve – e comparamos as estimativas de custo dos dois para o serviço grátis anunciado. Constatamos uma grande diferença: aqueles que nunca tinham feito negócios com a empresa de TV a cabo "grátis" foram tão crédulos quanto eu, enquanto os que haviam feito estimaram um custo real bem maior. Qual a causa daquela diferença? Adivinhou: quem teve uma experiência passada já havia sido prejudicado antes e, em consequência, revisou sua confiança em qualquer oferta daquela empresa.

Há esperança?

Percebo que tudo isso soa bem pessimista, mas existe luz no fim do túnel. Afinal, os seres humanos são animais intrinsecamente sociais e confiantes, e tendemos a acreditar uns nos outros mesmo que haja motivos racionais claros para não acreditarmos. Apesar das dificuldades em superar a confiança perdida, acho que é possível repará-la com a quantidade certa de investimento e orientação.

Vejamos o exemplo arquetípico de como a Johnson & Johnson lidou com o incidente da adulteração do Tylenol. Em setembro de 1982, sete pessoas da área de Chicago morreram após ingerirem comprimidos de Tylenol Extraforte que um terrorista farmacêutico havia adulterado com cianeto. Desde o início da crise, os gerentes da Johnson & Johnson definiram a segurança dos consumidores como sua máxima prioridade e fizeram todo o possível para conter a tragédia, independentemente de quem fosse culpado. A Johnson & Johnson, de maneira rápida e voluntária, interrompeu a produção de Tylenol, retirou todos os produtos em cápsula Tylenol do mercado, insistiu na devolução de todos os que haviam sido comprados anteriormente e prontamente forneceu pílulas em substituição.

A empresa acabou destruindo milhões de vidros de Tylenol ao custo de mais de 100 milhões de dólares. A participação no mercado do Tylenol, que representava mais de um terço dos analgésicos americanos, despencou, e muitos especialistas previram o fim da popular marca. Entretanto, após um breve período, a Johnson & Johnson relançou o Tylenol em um novo recipiente lacrado de tripla segurança, resistente à adulteração, acompanhado de uma saraivada de anúncios e atenção positiva da mídia. A participação no mercado do Tylenol recuperou-se, atingindo 30% um ano depois, enquanto o preço da ação da Johnson & Johnson foi recuperado em dois meses.[21]

O fato de que o susto do Tylenol continua sendo o paradigma, por demais citado, de uma eficaz gestão de crise nos negócios é quase deprimente. Afinal, o caso é antigo, e poucas empresas depois se comportaram de forma tão exemplar. Ainda assim, representou um exemplo poderoso de como transparência e sacrifício podem servir para restaurar a confiança do público e ajudar a empresa a trilhar o caminho certo.

Outra maneira promissora para as empresas criarem confiança é lidar de modo proativo com as queixas dos consumidores. Essa abordagem é praticada pela empresa de TV a cabo americana Comcast, que reagiu às queixas dos clientes antes mesmo que chegassem ao serviço de atendimento. O diretor de atendimento digital, Frank Eliason, descobriu que, ao pesquisar na internet a palavra *Comcast*, poderia localizar clientes insatisfeitos que estavam extravasando a raiva para si e seus amigos. Então, ele deu o passo seguinte e começou a se corresponder com os queixosos sobre seus problemas antes que se tornassem reclamações formais. (Outras empresas, como JetBlue, General Motors, Kodak, Dell e Domino's Pizza, também rastreiam os comentários dos clientes no Twitter e em outras redes.)

Uma versão mais extrema dessa ideia é aumentar a transparência e a vulnerabilidade das empresas. Ao criarem sites nos quais os consumidores podem conversar livremente com a empresa e entre si sobre produtos e serviços, dizendo toda a verdade, elas podem se expor a grandes consequências negativas caso conduzam mal a situação. Esse tipo de transparência é uma espécie de dispositivo de compromisso que as empresas podem usar para se forçarem a se comportar de forma confiável, mesmo quando tentadas a agir de outra maneira. Como em um mundo tão exposto fica mais difícil sair ileso de um comportamento flagrantemente errado, por que não adotar tipos mais positivos e confiáveis de processos de negócios?

Empresas especiais veem a confiança como um bem público (à semelhança do ar puro e da água potável), e os clientes a retribuem. Uma empresa na qual confio muito é a Timberland, a produtora de roupas para o ar livre. Certa vez, assisti a uma palestra do CEO Jeff Swartz, na qual ele detalhou as variadas formas como a Timberland está tentando reduzir as emissões de gás carbônico, reciclar, usar materiais sustentáveis e tratar seus funcionários com justiça. Ao fim da palestra de Jeff, outro CEO perguntou a ele: "Quais são os retornos desses investimentos?" Jeff respondeu que vem tentando encontrar um retorno financeiro para essas ações, mas ainda não o encontrara nos dados. Acrescentou ainda que seria bom se a responsabilidade ambiental e social fosse também financeiramente compensadora, mas que não sentia que aquilo era necessário. Só queria se certificar de que sua empresa seguisse os princípios morais que gostaria que seus filhos adotassem na vida. Após ouvir aquelas palavras, saí para comprar meu primeiro par de tênis Timberland.

Uma fábula moral

A fábula de Esopo "O menino que gritava lobo" é uma história poderosa sobre a perda da confiança. Você deve se lembrar dela: um pastorzinho cuidando do gado de uma aldeia um dia decide se divertir um pouco. "Lobo! Lobo!", grita ele, e os aldeões chegam armados, prontos para defender seus animais preciosos. Descobrem que foram ludibriados e retornam à aldeia. Alguns dias depois, o menino grita de novo "Lobo! Lobo!", e outra vez os aldeões vêm correndo, armados, prontos para defenderem o rebanho. Novamente, não existe nenhum lobo. Enfim, quando um lobo realmente aparece, os gritos desesperados do menino por ajuda passam despercebidos. Os aldeões já não confiam nele e deixam que se defenda sozinho. Como consequência, o rebanho se torna presa do lobo (em algumas versões da história, o lobo come o menino também).

Pensemos nessa história em termos de mercados. Existem duas morais para ela. A primeira é que as pessoas estão dispostas a perdoar uma mentirinha. Obviamente, muitas empresas escapam impunes das mentiras em seus anúncios e ofertas, ao menos por algum tempo. Mas, quando os marqueteiros persistem nas táticas enganosas, a desconfiança reage à altura, cravando os dentes aguçados não apenas na coxa do perpetrador, mas também, geralmente, nos outros. Quando desertores do mercado espalham falsas alegações, um número crescente de pessoas aumenta seu nível de desconfiança, e essa desconfiança difunde-se por tudo que ouvimos. Duvidamos de verdades óbvias e suspeitamos de tudo. A empresa de TV a cabo que traiu minha confiança com certeza prejudicou a si mesma, mas também afetou seu setor, levando consumidores como eu a desconfiarem das empresas de telecomunicações em geral. E essa desconfiança, como um seixo lançado em uma lagoa parada, reverbera e cria ondas minúsculas que acabam afetando as empresas e a sociedade como um todo.

Mas a segunda moral, que é também a mais importante – e que estamos começando a compreender –, é que a confiança, uma vez erodida, é bem difícil de restaurar. Basta pensar na crise dos bancos de 2008, que deixou a economia americana em frangalhos. As várias operações de resgate financeiro, e os novos protocolos que se seguiram, pouco fizeram para recuperar a confiança rompida, e o comportamento dos executivos de Wall Street apenas lançou sal nas feridas. Não sei ao certo por que a confiança foi ignorada como importante recurso público, mas está claro para mim que sua perda terá consequências negativas de longo prazo para todos os envolvidos e que repará-la levará um bom tempo. Graças à miopia e à ganância individual, os bens comuns públicos (nesse caso, na forma de sistemas financeiros, governo e a economia como um todo) sofreram um grande baque.

Não obstante, ao passarem a entender a confiança como importante recurso público a ser protegido e cuidado, as organizações poderiam contribuir muito para restaurá-la. Algumas estão começando a se organizar para criar e preservar a confiança, fazendo o possível para impedir suas possíveis deteriorações. No fim, acredito que as empresas que querem ter sucesso seguirão o exemplo da Timberland e perceberão que honestidade, transparência, consciência e negócios justos deveriam ser o pilar dos princípios corporativos. Se os consumidores recompensam seus esforços comprando delas com mais frequência, poderíamos com o tempo conseguir recuperar a confiança – ao menos nas empresas que de fato merecem.

13

O CONTEXTO DE NOSSO CARÁTER, PARTE I

Por que somos desonestos e como lidar com isso

Em 2004, o custo total de todos os assaltos nos Estados Unidos foi de 525 milhões de dólares, e o prejuízo médio de um único assalto foi de 1.300 dólares.[22] Essas quantias não são muito altas quando consideramos quanto esforço policial, judicial e penal está envolvido na captura e na reclusão dos assaltantes – sem falar na cobertura dos jornais e da televisão que esses tipos de crime obtêm. Não estou sugerindo, é claro, que sejamos lenientes com os criminosos de carreira. São ladrões, e precisamos nos proteger de seus atos.

Mas considere o seguinte: anualmente, estima-se que roubos e fraudes de funcionários no local de trabalho somem em torno de 600 bilhões de dólares. Esta cifra é bem maior do que o custo financeiro combinado de assaltos, arrombamentos, furtos e roubos de automóveis (totalizando cerca de 16 bilhões de dólares em 2004). É bem mais do que todos os criminosos de carreira nos Estados Unidos conseguiriam roubar em toda a vida. Também é quase o dobro da capitalização de mercado da General Electric. E isso não é tudo. A cada ano, de acordo com relatórios do setor de seguros, as pessoas acrescentam 24 bilhões de dólares indevidos aos seus pedidos de indenização de perdas materiais. A Receita Federal americana, por sua vez, estima uma perda de 350 bilhões de dólares anuais, representando a diferença entre o que os agentes federais acham que as pessoas deveriam pagar em impostos e o que de fato pagam. O setor varejista tem sua própria dor de cabeça: perde 16 bilhões de dólares ao ano de clientes que compram roupas, usam-nas com as etiquetas para dentro e as devolvem usadas para serem integralmente reembolsadas.

Acrescente os vários exemplos diários de desonestidade – o congressista que aceita excursões de golfe de seu lobista favorito; o médico fazendo acordos de comissões com os laboratórios que usa; o executivo que antedata suas opções de ações para aumentar o pagamento final –, e você terá uma quantidade enorme de atividade econômica deplorável, substancialmente maior do que a dos golpistas comuns.

Quando o escândalo da Enron estourou em 2001 (e ficou claro que a empresa, considerada a "mais inovadora dos Estados Unidos" pela revista *Fortune* por seis anos consecutivos, deveu grande parte de seu sucesso a fraudes contábeis), Nina Mazar, On Amir (professor da Universidade da Califórnia em San Diego) e eu nos vimos discutindo o tema da desonestidade durante o almoço. Queríamos saber por que alguns crimes, particularmente crimes do colarinho branco, são julgados com menos rigor do que outros – em especial por que seus perpetradores conseguem infligir mais dano financeiro, entre seu café da manhã e o almoço, do que um arrombador corriqueiro em toda a sua vida?

Após certa discussão, concluímos que poderia haver dois tipos de desonestidade. Um deles é o que evoca a imagem de uma dupla de facínoras rondando um posto de gasolina. Ao passarem por lá, avaliam quanto dinheiro está na gaveta da caixa registradora, quem poderia estar por perto para detê-los e que punição podem enfrentar se forem presos (inclusive quanto tempo de progressão poderiam obter por bom comportamento). Com base no custo-benefício, decidem se vão assaltar ou não o local.

Depois, o segundo tipo de desonestidade é aquele cometido por pessoas que em geral se consideram honestas: os homens e as mulheres que surrupiaram uma caneta de uma conferência, pegaram uma dose extra de refrigerante do dispensador, exageraram o preço de sua televisão no relatório de perdas materiais ou informaram uma refeição com a tia Enid falsamente como despesa de negócios (bem, ela perguntou como anda o trabalho).

Sabemos que esse segundo tipo de desonestidade existe, mas até que ponto é difundido? Além disso, se colocarmos um grupo de pessoas "honestas" em um experimento cientificamente controlado e as instigarmos a trapacear, elas o farão? Comprometerão sua integridade? Quanto roubariam? Decidimos descobrir.

A Harvard Business School ocupa lugar de destaque na vida americana. Situada às margens do rio Charles, em Boston, Massachusetts, em um imóvel de imponente arquitetura colonial, rica em dotações financeiras, a faculdade é famosa por formar os grandes líderes empresariais dos Estados Unidos. Nas 500 maiores empresas da revista *Fortune*, cerca de 20% dos três cargos mais altos são ocupados por graduados da Harvard Business School.* Haveria melhor lugar, então, para fazer um pequeno experimento sobre honestidade?**

O estudo seria bem simples. Pediríamos a um grupo de estudantes de graduação e do MBA de Harvard que respondessem a um teste consistindo em 50 perguntas de múltipla escolha. As questões seriam semelhantes às de provas padronizadas. (Qual o rio mais extenso do mundo? Quem escreveu *Moby Dick*? Quem é a deusa do amor na mitologia grega?) Os estudantes teriam 15 minutos. Ao fim daquele período, seria pedido que transferissem as respostas de sua folha de trabalho para uma folha específica e entregassem as duas a um inspetor na frente da sala. Para cada resposta certa, o inspetor daria 10 centavos. Simples assim.

Em outro ambiente, pedimos a um grupo de estudantes que fizessem o mesmo teste geral, mas com uma diferença importante. Os estudantes nessa seção fariam o teste e transfeririam seu trabalho para a folha de respostas, como o grupo anterior. Mas dessa vez as respostas certas estariam previamente marcadas na folha. Para cada pergunta, a bolota da resposta certa estava colorida de cinza. Se os estudantes indicassem em sua folha de trabalho que o rio mais extenso do mundo era o Mississippi, por exemplo, uma vez que recebessem a folha de respostas, veriam, pela marcação, que a resposta certa era o Nilo. Àquela altura, se eles tivessem escolhido a res-

---

* Conforme afirma a própria Harvard Business School.

** Com frequência realizamos nossos experimentos em Harvard, não por acharmos que seus estudantes sejam diferentes dos do MIT, mas por causa das instalações maravilhosas e da generosidade do corpo docente.

posta errada em sua folha de trabalho, poderiam decidir mentir e marcar a resposta certa na folha de respostas.

Após transferirem suas respostas, eles contavam quantas perguntas haviam acertado, escreviam o número no alto da folha e entregavam as duas folhas ao fiscal na frente da sala. O fiscal conferia o número de perguntas que alegaram ter respondido corretamente (o total anotado no alto da folha de respostas) e pagava 10 centavos por resposta certa.

Os estudantes trapaceariam trocando suas respostas erradas pelas previamente marcadas? Não sabíamos exatamente, mas de qualquer modo decidimos seduzir ainda mais o próximo grupo de estudantes. Nessa condição, eles realizariam o teste de novo e transfeririam suas respostas para a folha previamente marcada. Mas dessa vez seriam instruídos a rasgar sua folha de trabalho original e entregar somente a folha de respostas ao fiscal. Em outras palavras, eles destruiriam quaisquer indícios de qualquer possível transgressão. Eles morderiam a isca? De novo, não sabíamos.

Na condição final, levaríamos a integridade do grupo ao limite. Dessa vez, os participantes seriam instruídos a destruírem não apenas sua folha de trabalho original, mas também a folha de respostas final previamente marcada. Além disso, nem sequer precisariam informar a quantidade de respostas corretas ao pesquisador: apenas iriam se dirigir à frente da sala – onde havíamos colocado um jarro cheio de moedas –, pegar sua soma e ir embora. Se alguém estivesse inclinado a trapacear, aquela era a oportunidade de perpetrar o crime perfeito.

Sim, nós os estávamos tentando. Estávamos facilitando a fraude. A elite da juventude americana morderia a isca? Teríamos que conferir.

Quando o primeiro grupo se acomodou em suas cadeiras, explicamos as regras e entregamos as provas. Eles trabalharam por 15 minutos, depois preencheram a folha de respostas e entregaram as duas folhas. Aqueles estudantes eram nosso grupo de controle. Como não receberam nenhuma resposta, não tinham nenhuma oportunidade de trapacear. Em média, acertaram 32,6 das 50 questões.

O que você imagina que os participantes de nossas outras condições experimentais fizeram? Dado que os participantes da condição de controle acertaram uma média de 32,6 perguntas, quantas perguntas você acha que os participantes das três outras condições alegaram ter acertado?

Condição 1	Controle	= 32,6
Condição 2	Autoconferência	= ______
Condição 3	Autoconferência + rasgar	= ______
Condição 4	Autoconferência + rasgar + dinheiro	= ______

E o segundo grupo? Seus participantes também responderam às perguntas. Mas, dessa vez, ao transferirem suas respostas, puderam ver o gabarito. Eles esconderiam sua integridade debaixo do tapete por 10 centavos extras por pergunta? Acontece que aquele grupo afirmou ter acertado uma média de 36,2 perguntas. Seriam mais inteligentes que o grupo de controle? É difícil acreditar nisso. O que ocorreu foi que nós os flagramos trapaceando um pouquinho (cerca de 3,6 perguntas).

E o terceiro grupo? Dessa vez, aumentamos as chances de trapacear. Eles não apenas puderam ver as respostas certas, mas também foram solicitados a rasgar suas folhas de trabalho. Eles morderam a isca? Sim, eles trapacearam. Em média, alegaram ter acertado 35,9 perguntas – mais do que os participantes da condição de controle, porém quase o mesmo que os participantes do segundo grupo (aquele que não rasgou as folhas de trabalho).

Por fim, vieram os estudantes que foram instruídos a rasgar não apenas suas folhas de trabalho, mas também as folhas de resposta – e depois enfiar a mão na jarra de dinheiro e pegar o que mereciam. Como anjos, foi o que fizeram. O problema foi que esses anjos tinham a cara suja: suas reivindicações resultaram em uma média de 36,1 respostas certas – bem mais do que as 32,6 da condição de controle, mas basicamente a mesma dos outros dois grupos que tiveram a oportunidade de trapacear.

O que aprendemos com esse experimento? A primeira conclusão é que, dada a oportunidade, muitas pessoas honestas trapacearão. Na verdade, em vez de constatarmos que umas poucas maçãs podres distorceram as médias, descobrimos que a maioria trapaceou, mas só um pouquinho.* E antes que você culpe o ar refinado da Harvard Business School por esse nível de desonestidade, devo acrescentar que realizamos experimentos semelhantes no MIT, em Princeton, na UCLA e em Yale com resultados parecidos.

O segundo resultado, inesperado, foi ainda mais impressionante: uma vez tentados a trapacear, os participantes não pareceram influenciados pelo risco de serem flagrados, como seria de esperar. Quando os estudantes tiveram a oportunidade de trapacear sem poder rasgar suas folhas, aumentaram as respostas certas de 32,6 para 36,2. Mas, quando tiveram a chance de rasgar suas folhas – ocultando por completo seu pequeno crime –, não levaram sua desonestidade mais longe. Continuaram trapaceando mais ou menos no mesmo nível. Isso significa que, mesmo quando não temos nenhuma chance de sermos flagrados, continuamos não nos tornando completamente desonestos.

Quando os estudantes puderam rasgar as duas folhas, meter a mão no dinheiro do jarro e cair fora, cada um poderia alegar ter gabaritado a prova ou poderia ter pegado mais dinheiro (havia 100 dólares no jarro). Mas ninguém fez isso. Por quê? Algo os conteve, algo dentro deles. O que foi? O que é honestidade, afinal?

Adam Smith, o grande pensador econômico, deu uma resposta razoável a essa pergunta: "A natureza, ao formar o homem para a sociedade, dotou-o de um desejo original de agradar e uma aversão original a ofender seus irmãos. Ela o ensinou a sentir prazer quando o avaliam de maneira favorável e dor quando o avaliam de maneira desfavorável", observou.

Smith acrescentou: "O êxito da maioria [...] quase sempre depende da simpatia e da opinião favorável dos semelhantes; sem uma conduta toleravelmente regular, é raro obtê-las. O bom e velho provérbio, portanto, segundo o qual a honestidade é sempre a melhor política, se mantém, em tais situações, quase sempre perfeitamente verdadeiro."

* A distribuição do número de respostas certas permaneceu a mesma nas quatro condições, mas com um deslocamento médio quando os participantes puderam trapacear.

Isso soa como uma explicação plausível da era industrial, equilibrada e harmoniosa como um conjunto de pesos de balança e engrenagens perfeitamente ajustadas. Por mais otimista que essa perspectiva possa parecer, a teoria de Smith teve um corolário mais sombrio: como as pessoas se envolvem em uma análise de custo-benefício no tocante à honestidade, também podem se envolver em uma análise de custo-benefício para serem desonestas. De acordo com essa perspectiva, os indivíduos são honestos apenas na medida em que lhes é adequado (incluindo seu desejo de agradar aos outros).

As decisões sobre honestidade e desonestidade se baseiam na mesma análise de custo-benefício usada para decidirmos entre carros, queijos e computadores? Não acredito nessa hipótese. Em primeiro lugar, você consegue imaginar uma amiga lhe explicando a análise de custo-benefício da compra de seu novo notebook? Claro que sim. Mas consegue imaginar a mesma amiga compartilhando sua análise de custo-benefício da decisão de furtar um notebook? Claro que não – a não ser que sua amiga seja uma ladra profissional. No sentido contrário, concordo com outros pensadores (desde Platão) que dizem que a honestidade é algo maior, considerada uma virtude moral em quase toda sociedade.

Sigmund Freud deu a seguinte explicação. Ele disse que, ao crescermos na sociedade, internalizamos as virtudes sociais. Essa internalização leva ao desenvolvimento do superego. Em geral, o superego fica satisfeito quando seguimos a ética da sociedade e insatisfeito quando deixamos de segui-la. Por isso, paramos o carro às quatro da madrugada diante de um sinal fechado, ainda que saibamos que não há ninguém por perto. E por isso temos uma sensação agradável quando devolvemos uma carteira perdida ao seu dono, ainda que nossa identidade nunca seja revelada. Tais atos estimulam os centros de recompensa do cérebro – o núcleo accumbens e o núcleo caudado –, deixando-nos felizes.

Mas, se a honestidade é importante (em pesquisa com cerca de 36 mil alunos do ensino médio nos Estados Unidos, 98% deles disseram que era importante ser honesto) e faz com que nos sintamos bem, por que somos desonestos com tanta frequência?

Esta é a minha interpretação. Preocupamo-nos com a honestidade e queremos ser honestos. O problema é que nosso monitor interno de honestidade só está ativo quando contemplamos grandes transgressões, como furtar uma caixa inteira de canetas de uma sala de conferência. Para as pequenas transgressões, como pegar só uma ou duas canetas, nem levamos em conta o efeito dessas ações em nossa honestidade, portanto nosso superego fica dormente.

Sem a ajuda do superego para monitorar e gerir nossa honestidade, a única defesa que temos contra esse tipo de transgressão é uma análise de custo-benefício racional. Mas quem vai avaliar conscientemente os benefícios de surrupiar uma toalha de um quarto de hotel *versus* o custo de ser pego? Quem vai avaliar o custo-benefício de acrescentar alguns recibos à declaração de rendimentos? Como vimos no experimento de Harvard, a análise de custo-benefício e a probabilidade de ser flagrado em particular parecem não ter muita influência sobre a desonestidade.

É assim que o mundo gira. É quase impossível abrir um jornal sem ver o relato de um ato desonesto ou enganador. Observamos as empresas de cartões de crédito sangrarem seus clientes com aumentos abusivos das taxas de juros; as companhias aéreas mergulharem na falência e depois apelarem ao governo federal para salvar a elas e seus fundos de pensão carentes de recursos; e faculdades defendendo a presença de máquinas de refrigerantes nos campi (e arrecadando milhões com elas) mesmo sabendo que bebidas açucaradas tornam os jovens hiperativos e gordos. Os impostos são um festival de erosão da ética, como descreve o perspicaz e talentoso repórter David Cay Johnston, do *The New York Times*, em seu livro *Perfectly Legal: the Covert Campaign to Rig Our Tax System to Benefit the Super Rich – and Cheat Everybody Else* (Perfeitamente legal: A campanha oculta para ajustar nosso sistema tributário a fim de beneficiar os super-ricos – e enganar todos os outros).

A sociedade, na forma do governo, tem contra-atacado, ao menos até certo ponto. A Lei Sarbanes-Oxley, de 2002 (que exige que os executivos de empresas de capital aberto atestem auditorias e contas das empresas), foi aprovada para tornar desastres como o da Enron um problema do passado. O Congresso americano também aprovou restrições aos "jabutis" (em especial, os gastos oportunistas que os políticos inserem nas leis federais mais amplas). A Comissão de Títulos e Câmbio americana até aprovou exigências para a divulgação adicional de remuneração e mordomias dos executivos – de modo que, quando vemos uma limusine transportando o executivo de uma grande empresa, sabemos exatamente quanto o chefe corporativo lá dentro está ganhando.

Mas medidas externas como essas conseguem mesmo fechar todos os ralos e prevenir a desonestidade? Alguns críticos dizem que não. Vejamos as reformas éticas do Congresso americano, por exemplo. Os decretos proíbem lobistas de servirem refeições grátis aos congressistas e seus auxiliares em cerimônias "com grande público". Então o que os lobistas fizeram? Convidaram congressistas para almoços com listas de convidados "limitadas" que contornam a regra. De forma similar, as novas leis éticas proíbem lobistas de pagarem passagens de avião para congressistas. Mas que tal uma carona de helicóptero?

A Lei Sarbanes-Oxley também tem sido tachada de ineficaz. Alguns críticos a consideram rígida e inflexível, mas os protestos mais sonoros vêm dos que a chamam de ambígua, incoerente, ineficaz e excessivamente cara (sobretudo para empresas menores). "Ela não eliminou a corrupção", argumentou William A. Niskanen, presidente do Instituto Cato, mas "forçou as empresas a fazerem malabarismos".

Não adianta forçar a honestidade por controles externos. Eles podem funcionar em alguns casos, mas não funcionam em outros. Haveria uma cura melhor para a desonestidade?

Antes de tentar responder, vou descrever um experimento que realizamos e que diz muito sobre o tema. Alguns anos atrás, Nina, On e eu reunimos um grupo de participantes em um laboratório da UCLA e pedimos que realizassem um teste de matemática simples que consistia em 20 problemas banais. Cada um exigia que os participantes encontrassem dois números cuja soma fosse 10 (para um exemplo de problema, ver tabela na página 239). Eles tinham cinco minutos para resolver o máximo de problemas possível, após os quais participavam de uma loteria. Se ganhassem, recebiam 10 dólares por cada problema resolvido corretamente.

Como em nosso experimento na Harvard Business School, alguns dos participantes entregaram suas folhas direto ao pesquisador. Foram nosso grupo de controle. Os outros anotaram em uma segunda folha o número de questões resolvidas corretamente e descartaram as folhas originais. Esses participantes, obviamente, foram os que tiveram a oportunidade de trapacear. Assim, dada essa oportunidade, os participantes trapacearam? Como você deve ter suposto, a resposta é sim (mas só um pouco).

Consulte seu relógio, anote a hora e comece a procurar dois números na matriz abaixo cuja soma dê exatamente 10. Quanto tempo você levou?

1,69	1,82	2,91
4,67	4,81	3,05
5,82	5,06	4,28
6,36	5,19	4,57

Até agora, não contei nada de novo. Mas a chave desse experimento foi o que o precedeu. Quando os participantes chegaram pela primeira vez ao laboratório, pedimos a alguns que anotassem os nomes de 10 livros que leram na escola. Aos outros, solicitamos que anotassem todos os Dez Mandamentos que conseguissem lembrar.* Depois que terminaram essa parte de "memória" do experimento, pedimos que começassem a se dedicar à tarefa da matriz.

Esse ambiente experimental fez com que alguns dos participantes fossem tentados a trapacear após lembrarem os 10 livros lidos no ensino médio e alguns deles foram tentados após lembrarem os Dez Mandamentos. Quem você acha que trapaceou mais?

Quando *não* era possível trapacear, nossos participantes, em média, acertaram 3,1 problemas.**

---

* Você sabe quais são os Dez Mandamentos? Se quiser se testar, anote-os e compare sua lista com a do fim do capítulo. Para garantir que você acertou, não se limite a dizê-los para si mesmo: anote-os.

** Os Dez Mandamentos conseguem melhorar as notas de alguém em matemática? Usamos as mesmas duas tarefas de memória com a condição de controle para testar essa premissa. O desempenho na condição de controle foi o mesmo, independentemente da tarefa de memória. Assim, os Dez Mandamentos não aumentam as notas em matemática.

Quando trapacear era possível, o grupo que lembrou 10 livros lidos na escola obteve um resultado médio de 4,1 perguntas resolvidas (ou 33% a mais do que os que não puderam trapacear).

A grande pergunta é o que aconteceu com o outro grupo: os estudantes que primeiro anotaram os Dez Mandamentos, depois fizeram o teste e rasgaram suas folhas de trabalho. Aquele, sim, era o grupo a ser observado. Seus integrantes trapaceariam ou os Dez Mandamentos exerceriam efeito sobre sua integridade? O resultado surpreendeu mesmo a nós: os estudantes que foram solicitados a recordarem os Dez Mandamentos não trapacearam nem um pouco. Acertaram em média três respostas – o mesmo resultado básico do grupo que não podia trapacear e uma a menos do que os integrantes do grupo que podia trapacear, mas tinha lembrado os nomes dos livros.

Ao caminhar de volta para casa naquela noite, pus-me a pensar no que acabara de ocorrer. O grupo que listou 10 livros trapaceou. Não muito, é claro – apenas até o ponto em que seu mecanismo de recompensa interno (núcleo accumbens e superego) entrou em ação e o recompensou por parar.

Mas que milagre os Dez Mandamentos haviam conseguido! Nós nem sequer lembramos aos nossos participantes quais eram os Dez Mandamentos – só pedimos a eles que os recordassem (e quase nenhum conseguiu lembrar todos). Esperávamos que o exercício pudesse evocar a ideia de honestidade. E foi claramente o que ocorreu. Assim, nos indagamos, quais lições sobre a redução da desonestidade podemos obter desse experimento? Levamos algumas semanas para chegarmos a poucas conclusões.

Entre outras coisas, talvez pudéssemos trazer a Bíblia de volta à vida pública. Se a ideia é apenas reduzir a desonestidade, talvez esta não seja uma má ideia. Mas algumas pessoas poderiam discordar, sob a alegação de que a Bíblia implica um endosso a uma religião específica ou de que se estaria misturando religião com o mundo comercial e secular. Mas talvez um juramento de natureza diferente funcionasse. O que me impressionou em especial no experimento com os Dez Mandamentos foi que os alunos que só conseguiam se lembrar de um ou dois foram tão afetados quanto aqueles que se lembraram de quase todos. Uma indicação de que não foram os mandamentos em si que encorajaram a honestidade, mas a mera contemplação de algum tipo de parâmetro moral.

Se fosse esse o caso, poderíamos também usar parâmetros não religiosos para elevar o nível geral de honestidade. Por exemplo, que tal os juramentos públicos que médicos, advogados e outros profissionais fazem ou costumavam fazer? Esses juramentos poderiam dar conta do recado?

A palavra *profissão* vem do latim *professus*, cujo significado é "publicamente afirmado". Em algum ponto distante do passado, as profissões começaram na religião e depois se espalharam para a medicina e o direito. Indivíduos que tinham dominado conhecimentos esotéricos, dizia-se, além do monopólio da prática daquele conhecimento, tinham a obrigação de usar seu poder com sabedoria e honestidade. O juramento – falado e muitas vezes escrito – era um lembrete aos praticantes para que regulassem o próprio comportamento e fornecia um conjunto de regras que deviam ser seguidas na realização dos deveres de sua profissão.

Esses juramentos duraram um longo tempo. Então, na década de 1960, um forte movimento surgiu para desregulamentar as profissões. Argumentou-se que eram organizações elitistas que precisavam ser mais realistas. Para a profissão legal, significou mais dossiês escritos em prosa simples, câmeras nos tribunais e publicidade. Medidas semelhantes contra o elitismo foram aplicadas na medicina, na atividade bancária e em outras carreiras. Grande parte daquilo pode ter sido benéfico, mas algo se perdeu quando as profissões foram desmanteladas. O profissionalismo rigoroso foi substituído por flexibilidade, julgamento individual, leis do comércio e a ânsia por riqueza, e com isso desapareceu a base de ética e valores sobre a qual se erigiam as profissões.

Um estudo feito pela Ordem dos Advogados da Califórnia na década de 1990, por exemplo, constatou que a maioria dos advogados no estado estava cansada do declínio da honra em seu trabalho e "profundamente pessimista" em relação às condições da profissão legal. Dois terços disseram que os advogados hoje "comprometem seu profissionalismo como resultado da pressão econômica". Quase 80% deles relataram que a ordem "deixa de punir os advogados antiéticos". Metade deles comentou que não se tornaria advogado se pudesse começar de novo.[23]

Um estudo da Força-Tarefa Judicial de Maryland encontrou um mal-estar similar entre advogados no estado. De acordo com os advogados de Maryland, sua profissão havia degenerado tanto que "eles eram irritáveis, mal-humorados, brigões e verbalmente abusivos" ou "afastados, alheios, preocupados ou perturbados". Quando advogados da Virgínia foram indagados se os problemas crescentes com o profissionalismo eram atribuíveis a "umas poucas maçãs podres" ou uma tendência generalizada, a grande maioria respondeu que era um problema difundido.[24]

Os advogados da Flórida têm sido considerados os piores.[25] Em 2003, a Ordem dos Advogados da Flórida informou que uma "minoria substancial" era "ávida por dinheiro, esperta demais, ardilosa, sorrateira e não confiável; tinha pouco respeito pela verdade ou justeza, estando disposta a distorcer, manipular e ocultar para vencer; era arrogante, condescendente e abusiva". Também era "pomposa e antipática". Que mais posso dizer?

A profissão médica também tem seus críticos. Estes mencionam médicos que fazem cirurgias desnecessárias e outros procedimentos só para aumentar o rendimento, que pedem exames de laboratórios específicos que lhes pagam comissão e dão preferência a exames em equipamentos de que por acaso são donos. E a influência da indústria farmacêutica? Um amigo meu contou que uma vez ficou aguardando seu médico por uma hora. Durante esse intervalo, ele disse, quatro representantes (bastante atraentes) de farmacêuticas entraram e saíram livremente do consultório, levando almoço, amostras grátis e outros presentes.

Você poderia observar quase qualquer grupo profissional e ver sinais de problemas semelhantes. Que tal a Associação de Geólogos do Petróleo? A imagem que visualizo são sujeitos como Indiana Jones, mais interessados em discutir xisto jurássico e depósitos deltaicos do que em ganhar dinheiro. Olhe mais fundo e você encontrará problemas. "Existe um comportamento antiético ocorrendo em uma escala bem maior do que a maioria de nós se daria ao trabalho de pensar", escreveu um membro da associação aos seus colegas.[26]

Que tipo de desonestidade poderia ser comum nas fileiras de geólogos do petróleo?, você se pergunta. Ao que parece, coisas como usar dados sísmicos e digitais piratas, roubar mapas e materiais e exagerar na promessa de certos depósitos de petróleo, em casos onde está ocorrendo uma venda de terreno ou investimento imobiliário. "A conduta ilegal costuma variar em um degradê de tons de cinza, e não é preto no branco", observou um geólogo do petróleo.

Mas vamos lembrar que os geólogos do petróleo não estão sozinhos. Esse declínio do profissionalismo está por toda parte. Se você precisa de mais provas, considere o debate dentro do campo dos eticistas, que têm sido convocados como nunca para testemunhar em audiências e julgamentos públicos, quando podem ser contratados por uma ou outra parte para examinar pontos como o tratamento fornecido a um paciente e os direitos dos bebês em gestação. Eles são tentados a se adaptarem à ocasião? Aparentemente sim. "Expertise moral: um problema na ética dos eticistas profissionais" é o título de um artigo em uma revista de ética.[27] Como eu disse, os sinais de erosão estão por toda parte.

O que fazer? Suponha que, em vez de evocar os Dez Mandamentos, adotamos o hábito de assinar alguma declaração secular - semelhante a um juramento profissional - que nos lembrasse de nosso compromisso com a honestidade. Um simples juramento faria a diferença, como vimos acontecer com os Dez Mandamentos? Precisávamos descobrir - por isso, fizemos um novo experimento.

Reunimos mais uma vez nossos participantes. Nesse estudo, o primeiro grupo pegou nosso teste de matemática e entregou as respostas ao pesquisador na frente da sala (que contou quantas perguntas acertaram e pagou de acordo). O segundo grupo também fez o teste, mas seus integrantes foram orientados a dobrar suas folhas de respostas, mantê-las consigo e informar ao pesquisador quantos problemas acertaram. Ele pagou a quantia devida, e eles foram embora.

O aspecto novo desse experimento teve a ver com o terceiro grupo. Antes de começar, cada participante assinou esta declaração na folha de respostas: "Entendo que este estudo se enquadra no sistema de honra do MIT." Após assinar tal declaração, o participante continuava a tarefa. Esgotado o tempo, guardava no bolso a folha de respostas, caminhava até a frente da sala, informava ao pesquisador quantos problemas acertara e recebia o devido pagamento.

Quais foram os resultados? Na condição de controle, na qual trapacear não era possível, os participantes acertaram uma média de três problemas (de 20). Na segunda condição, na qual os participantes podiam guardar a resposta, alegaram ter resolvido uma média de 5,5 problemas. O notável foi a terceira situação, em que os participantes guardaram suas folhas de respostas, mas também tinham assinado a declaração do código de honra. Nesse caso, alegaram ter resolvido, em média, três problemas – exatamente o mesmo número do grupo de controle. Esse resultado foi semelhante aos obtidos com os Dez Mandamentos – quando um lembrete moral eliminou por completo a trapaça. O efeito de assinar uma declaração sobre um código de honra é particularmente espantoso quando levamos em conta que o MIT nem sequer tem um código de honra.

Descobrimos, dessa maneira, que as pessoas trapaceiam quando têm a chance, mas não tanto quanto poderiam. Além disso, uma vez que começam a pensar sobre honestidade, seja lembrando os Dez Mandamentos ou assinando uma simples declaração, param de trapacear. Em outras palavras, quando distantes de quaisquer parâmetros de pensamento ético, tendemos a descambar para a desonestidade. Mas, se somos lembrados da moralidade no momento da tentação, somos bem mais propensos à honestidade.

No momento, diversas ordens de advogados estaduais e organizações profissionais estão lutando para reforçar sua ética profissional. Algumas estão aumentando o currículo dos cursos na faculdade e na pós-graduação, outras estão exigindo cursos de atualização em ética. Na profissão legal, o juiz Dennis M. Sweeney, do circuito de Howard County (Maryland), publicou seu próprio livro, *Guidelines for Lawyer Courtroom Conduct* (Diretrizes para a conduta do advogado nas salas de tribunal), em que observou: "A maioria das regras corresponde ao que nossa mãe diria que um homem ou mulher polido e bem-educado deveria fazer. Uma vez que, dadas suas outras responsabilidades importantes, minha mãe (e a sua) não pode estar em cada sala de tribunal do estado, ofereço estas regras."

Essas medidas gerais funcionarão? Lembremos que os advogados prestam um juramento quando admitidos na Ordem, assim como os médicos prestam um juramento quando ingressam na profissão. Mas juramentos e declarações de obediência às regras ocasionais não bastam. A partir de nossos experimentos, fica claro que juramentos e regras precisam ser lembrados no momento da tentação ou imediatamente antes. Além disso, o tempo vem agindo contra nós na tentativa de controlar esse problema. Eu disse no Capítulo 4 que, quando as normas sociais colidem com as do mercado, as sociais desaparecem e as do mercado permanecem. Ainda que a analogia não seja exata, a honestidade oferece uma lição afim: uma vez que a ética profissional (as normas sociais) tenha declinado, conseguir recuperá-la não será fácil.

Isso não significa que não devamos tentar. Por que a honestidade é tão importante? Por um lado, não podemos esquecer que os Estados Unidos detêm uma posição de poder econômico no mundo atual em parte por serem (ou ao menos serem percebidos dessa forma) uma das nações mais honestas do planeta em termos de padrões de governança corporativa.

Em 2002, os Estados Unidos ficaram em vigésimo lugar em termos de integridade, de acordo com uma pesquisa (Dinamarca, Finlândia e Nova Zelândia ficaram em primeiro; Haiti, Iraque, Mianmar e Somália ficaram em último, na 163ª posição). Com base nisso, desconfio que as pessoas que fazem negócios com os Estados Unidos em geral sentem que podem obter um negócio justo. Mas o fato é que o país chegou ao 14º lugar em 2000, antes que a onda de escândalos corporativos transformasse as páginas de negócios dos jornais em noticiário policial.[28] Ou seja, estamos descendo a ladeira, e não subindo, o que pode ter um tremendo custo a longo prazo.

Adam Smith lembrou que a honestidade é a melhor política, em especial nos negócios. Para ter um vislumbre do outro lado dessa compreensão – do lado negativo, numa sociedade sem confiança –, você pode observar diversos países. Na China, a palavra de uma pessoa em uma região raramente é válida em outra. A América Latina está cheia de cartéis controlados por famílias que fornecem empréstimos apenas a parentes (e depois não cortam o crédito quando o credor começa a ficar inadimplente). O Irã é outro exemplo de nação assolada pela desconfiança. Um estudante iraniano no MIT contou que faltam aos negócios do país uma plataforma de confiança. Por causa disso, ninguém paga adiantado, ninguém oferece crédito e ninguém está disposto a correr riscos. As pessoas precisam contratar dentro de suas famílias, se é que algum nível de confiança ainda existe. Você gostaria de viver em um mundo assim? Tome cuidado, porque sem honestidade poderíamos chegar lá mais rápido do que você imaginaria.

O que podemos fazer para manter nosso país honesto? Podemos ler a Bíblia, o Alcorão ou o que quer que reflita nossos valores, talvez. Podemos restaurar os padrões profissionais. Podemos assinar promessas de que agiremos com integridade. Outro caminho é primeiro reconhecer que, quando entramos em situações nas quais nosso benefício financeiro pessoal entra em choque com nossos padrões morais, somos capazes de "distorcer" a realidade, ver o mundo em termos compatíveis com nosso interesse egoísta e correr o risco de nos tornarmos desonestos. Qual a solução, então? Se reconhecemos essa fraqueza, podemos tentar evitar tais situações desde o princípio. Podemos proibir médicos de pedirem exames de que se beneficiem financeiramente. Podemos proibir contadores e auditores de atuarem como consultores das mesmas empresas. Podemos impedir que membros do Congresso fixem os próprios salários, e assim por diante.

Mas esse não é o fim do problema da desonestidade. No próximo capítulo, darei algumas sugestões sobre o assunto e outras ideias de como combatê-la.

Reflexões sobre a desonestidade e o papel higiênico

Cerca de um ano após a publicação da primeira edição de *Previsivelmente irracional*, recebi um e-mail interessante de uma mulher que usou elementos de nosso experimento sobre o código de honra para criar seu próprio teste, que efetivamente solucionou um importante problema envolvendo papel higiênico furtado.

Caro professor Ariely,

Achei seus experimentos sobre a trapaça interessantes (por exemplo, o "código de honra" inexistente do MIT e os "Dez Mandamentos") e tomei-os como modelo de um experimento de minha autoria.

Moro em uma casa perto do campus da Universidade da Califórnia em Berkeley. Compartilho a casa com vários colegas. Nenhum de nós se conhecia antes de nos mudarmos. Além disso, um grupo de alunos novos mudou-se para a casa para os meses de verão no ano passado. Esse esquema de vida levou a uma série de problemas – entre eles, o furto de papel higiênico.

Todos os domingos, um zelador reabastece cada toalete com três rolos novos de papel higiênico. No último verão, porém, observei que, na noite de segunda-feira, todos os papéis higiênicos haviam sumido. Uma situação não muito diferente da "tragédia dos bens comuns", e ficou claro que alguns companheiros estavam se apropriando do papel higiênico para seu uso particular. Tentei pensar em meios de acabar com a apropriação indébita. Eu não queria confrontar ninguém, porque meu objetivo era evitar o desaparecimento dos papéis, e não me indispor com as pessoas.*

Com seu experimento em mente, coloquei um bilhete no banheiro do andar de cima pedindo aos colegas que não tirassem o papel higiênico dos banheiros para uso pessoal.

Algumas horas depois, um rolo novo de papel higiênico magicamente reapareceu no banheiro onde eu havia afixado o bilhete. Aquilo nunca acontecera. O experimento funcionou! Conferi os banheiros do andar de baixo, onde não deixei bilhete algum, e não encontrei nenhum rolo. Dois dias depois, outro rolo novo de papel higiênico reapareceu no banheiro de cima.

---

* A tragédia dos bens comuns refere-se a uma situação em que indivíduos, agindo para promover o interesse próprio, acabam esgotando um recurso limitado – ainda que, a longo prazo, isso prejudique a todos, inclusive eles próprios.

Fiquei satisfeita porque meu bilhete ajudou a acabar com a apropriação indébita.

Obrigada pela inspiração! A economia comportamental é aplicável à vida diária.

Atenciosamente,
Rhonda

Devo confessar que, quando pensei nas implicações dos experimentos de honra na vida diária, problemas relacionados ao papel higiênico não me vieram à mente. Mas estou contente porque Rhonda fez a associação e aplicou o experimento à própria situação. Também estou satisfeito por ela ter colocado o bilhete em um dos banheiros, mas não no outro – belo controle experimental!

APÊNDICE: Capítulo 13

*Os Dez Mandamentos**

Católicos	Judaicos	Protestantes
Amar a Deus sobre todas as coisas.	Eu sou o Senhor teu Deus, que te tirei da terra do Egito	Não terás outros deuses diante de mim.
Não tomar seu santo nome em vão.	Não terás outros deuses diante de mim.	Não farás para ti imagens de escultura. Não as adorarás.
Santificar domingos e festas de guarda.	Não tomarás o nome do Senhor teu Deus em vão.	Não tomarás o nome do Senhor em vão.
Honrar pai e mãe.	Lembra-te do dia de sábado para o santificar.	Santificar o dia do Senhor.
Não matar.	Honra a teu pai e a tua mãe.	Honra a teu pai e a tua mãe.
Não pecar contra a castidade.	Não matarás.	Não matarás.
Não roubar.	Não cometerás adultério.	Não cometerás adultério.
Não levantar falso testemunho.	Não furtarás.	Não furtarás.
Não desejar a mulher do próximo.	Não dirás falso testemunho contra o teu próximo.	Não dirás falso testemunho.
Não cobiçar as coisas alheias.	Não cobiçarás coisa alguma que pertença a teu próximo.	Não cobiçarás.

* Como os mandamentos variam de uma religião para outra, as respostas certas poderiam ser de qualquer versão. Aqui estão três versões.

14

O CONTEXTO DE NOSSO CARÁTER, PARTE II

Por que lidar com dinheiro nos torna mais honestos

Muitos dos dormitórios do MIT têm áreas comuns, onde há uma variedade de refrigeradores que podem ser usados pelos estudantes dos quartos próximos. Certa manhã, por volta das 11 horas, quando a maioria dos alunos estava nas salas de aula, fui até os dormitórios e, andar após andar, saí em busca de todos os refrigeradores compartilhados que pude encontrar.

Quando detectava uma geladeira comunitária, eu me aproximava. Olhando cautelosamente em volta, abria a porta, enfiava uma embalagem de seis latas de Coca-Cola e me afastava depressa. A uma distância segura, parava e anotava a hora e o local da geladeira onde tinha deixado os refrigerantes.

Nos dias seguintes, retornei para conferir. Mantive um diário detalhando quantas latas permaneciam na geladeira. Como seria de esperar, a meia-vida de uma Coca em um dormitório universitário não é longa. Todas sumiram em 72 horas. Mas nem sempre deixei Cocas lá. Em algumas das geladeiras, deixei um prato contendo seis notas de 1 dólar. Será que o dinheiro desapareceria mais rápido do que as Cocas?

Antes de responder, vou lhe fazer uma pergunta. Suponha que sua esposa ligue para você no trabalho. Sua filha precisa de um lápis vermelho na escola no dia seguinte. "Poderia trazer um para casa?" Até que ponto você se sentiria à vontade para pegar um lápis vermelho do trabalho para sua filha? Nem um pouco à vontade? Moderadamente à vontade? Completamente à vontade?

Vou fazer outra pergunta. Suponha que não haja nenhum lápis vermelho no trabalho, mas você pode comprar um lá embaixo por 10 centavos. E a caixa para despesas eventuais do seu escritório foi deixada aberta, e não tem ninguém por perto. Você pegaria 10 centavos da caixa para pagar o lápis vermelho? Suponha que não tivesse nenhum trocado e precisasse dos 10 centavos? Você se sentiria à vontade para pegá-los? Isso seria certo?

Não sei quanto a você, mas, embora eu ache relativamente fácil pegar um lápis vermelho do escritório, eu teria dificuldade em pegar o dinheiro. (Felizmente, não tive que enfrentar esse problema, já que minha filha ainda não está na escola.)

Acontece que os estudantes do MIT também sentiram que havia uma diferença em relação a pegar o dinheiro. Como mencionei, as latas de Coca-Cola desapareceram depressa. Em 72 horas, todas haviam sumido. Mas foi bem diferente com o dinheiro! Os pratos de notas de 1 dólar permaneceram intocados por 72 horas, até que os removi das geladeiras.

O que isso quer dizer?

Ao observar o mundo à nossa volta, grande parte da desonestidade que vemos envolve uma trapaça que está a um passo de distância do dinheiro. As empresas trapaceiam com suas práticas contábeis. Os executivos trapaceiam ao usarem opções de ações antedatadas. Os lobistas trapaceiam ao promoverem festas para políticos. As empresas farmacêuticas trapaceiam ao enviar os médicos e suas esposas para férias glamorosas. Com certeza essas pessoas não trapaceiam com dinheiro vivo (exceto ocasionalmente). E eis meu argumento: trapacear é bem mais fácil quando se está a um passo de distância do dinheiro.

Você acredita que os artífices do colapso da Enron – Kenneth Lay, Jeffrey Skilling e Andrew Fastow – furtariam dinheiro das bolsas de velhinhas? É verdade que eles levaram milhões de dólares em dinheiro das pensões de um monte de idosas. Mas você acha que teriam agredido uma mulher com um porrete e arrancado o dinheiro de suas mãos? Você pode discordar, mas tendo a dizer que não.

Então o que nos permite trapacear quando a situação envolve objetos não monetários e o que nos detém quando lidamos com dinheiro? Como funciona esse impulso irracional?

Por sermos tão exímios em racionalizar nossas pequenas desonestidades, muitas vezes é difícil obter um quadro claro de como objetos não monetários influenciam nossas trapaças. Ao surrupiarmos um lápis, por exemplo, podemos raciocinar que suprimentos de escritório fazem parte de nossa remuneração geral ou que pegar um ou dois lápis é o que todo mundo faz. Poderíamos dizer que pegar uma lata de Coca-Cola da geladeira comunitária de tempos em tempos está certo, porque outras pessoas já pegaram latas de Coca nossas. Talvez Lay, Skilling e Fastow pensassem que não haveria problema em fraudar a contabilidade da Enron, por ser uma medida temporária que poderia ser corrigida quando os negócios melhorassem. Quem vai saber?

Para chegarmos à verdadeira natureza da desonestidade, então, precisávamos desenvolver um experimento inteligente, no qual o objeto em questão permitisse poucas desculpas. Nina, On e eu pensamos a respeito. Suponha que usássemos uma moeda simbólica, como fichas. Não era dinheiro, tampouco eram objetos com uma história, como uma Coca-Cola ou um lápis. Isso nos daria um vislumbre do processo de trapaça? Não tínhamos certeza, mas parecia razoável. Portanto, alguns anos atrás, fizemos uma tentativa.

Eis o que aconteceu. Quando os estudantes em uma das cafeterias do MIT terminaram seu almoço, nós os interrompemos para perguntar se gostariam de participar de um experimento de cinco minutos. Tudo que precisavam fazer, nós explicamos, era solucionar 20 problemas de matemática simples (achar dois números cuja soma fosse 10). Para isso, ganhariam 50 centavos por resposta certa.

O experimento começava da mesma maneira em cada caso, mas podia terminar de três formas diferentes. Quando os participantes do primeiro grupo finalizavam seus testes, levavam suas folhas de trabalho ao pesquisador, que computava as respostas certas e pagava 50 centavos por cada uma. Os participantes do segundo grupo foram instruídos a rasgar suas folhas de trabalho, guardar o papel picado no bolso ou na mochila e simplesmente informar à pesquisadora seu resultado em troca do pagamento. Até aqui esse experimento era similar aos testes de desonestidade descritos no capítulo anterior.

Mas os participantes do último grupo tiveram algo bem diferente em suas instruções. Nós os instruímos, como aconteceu com o grupo anterior, a rasgar suas folhas de trabalho e informar à pesquisadora quantas respostas haviam acertado. Dessa vez, no entanto, a pesquisadora não lhes entregaria dinheiro. Pelo contrário, ela daria uma ficha para cada pergunta que afirmassem ter solucionado. Os estudantes percorreriam, então, 3,7 metros na sala até outro pesquisador, que trocaria cada ficha por 50 centavos.

Você entendeu o que estávamos fazendo? A inserção de uma ficha na transação – um meio de pagamento sem valor, não monetário – afetaria a honestidade dos estudantes? A ficha os tornaria menos honestos, no cômputo de suas respostas, do que os que recebiam o dinheiro imediatamente? Se a resposta for sim, até que ponto?

Os resultados foram surpreendentes. O primeiro grupo (que não teve como trapacear) acertou em média 3,5 perguntas (nossa condição de controle).

Os participantes do segundo grupo, que rasgaram suas folhas de trabalho, alegaram ter acertado em média 6,2 perguntas. Como é presumível que a inteligência deles não aumentou só por rasgarem suas folhas de trabalho, podemos atribuir à trapaça as 2,7 perguntas adicionais que alegaram ter acertado.

Mas, em termos de desonestidade descarada, o terceiro grupo foi campeão. Não eram mais inteligentes do que os dois anteriores, mas alegaram ter acertado em média 9,4 problemas – 5,9 mais do que o grupo de controle e 3,2 mais do que o grupo que meramente rasgou as folhas de trabalho.

Isso significa que, quando lhes foi dada a chance de trapacear sob circunstâncias normais, os estudantes trapacearam, em média, em 2,7 perguntas. Mas, tendo a mesma chance de trapacear com meios de pagamento não monetários, sua trapaça aumentou para 5,9 – mais do que o dobro em magnitude. Que diferença entre trapacear por dinheiro e por algo que está a um passo de distância do dinheiro!

Se esse resultado o surpreende, considere o seguinte. Dos 2 mil participantes de nossos estudos sobre a honestidade (descritos no capítulo anterior), somente quatro afirmaram ter solucionado todos os problemas. Em outras palavras, a taxa de "trapaça total" foi de quatro em 2 mil.*

Mas, no experimento em que inserimos um meio de pagamento não monetário (a ficha), 24 dos 450 participantes do estudo trapacearam "totalmente". Todos os trapaceiros extremos tinham fichas (24 de 150 estudantes trapacearam "totalmente" nessa condição, o equivalente a 320 a cada 2 mil participantes). Isso significa que as fichas "liberaram" as pessoas de suas coerções morais a tal ponto que uma minoria trapaceou o máximo possível.

Esse nível de trapaça é claramente ruim, mas poderia ter sido ainda pior. Não esqueçamos que as fichas em nossos experimentos foram transformadas em dinheiro em questão de segundos. Qual teria sido a taxa de desonestidade se a conversão de uma ficha não monetária em dinheiro levasse dias, semanas ou meses (como numa opção de ação)? Ainda mais pessoas trapaceariam, e em maior grau?

Descobrimos que, se tiverem chance, as pessoas trapaceiam. O mais estranho é que a maioria delas não percebe que isso acontece. Quando pedimos a estudantes em outro experimento que previssem se as pessoas trapaceariam mais por fichas do que por dinheiro vivo, os estudantes responderam que não, que o grau de trapaça seria o mesmo. Afinal, eles explicaram, as fichas representavam dinheiro real – e as fichas eram trocadas em segundos por dinheiro real. Dessa forma, conforme sua previsão, nossos participantes tratariam as fichas como dinheiro real.

Mas eles estavam errados! Não perceberam que conseguimos racionalizar nossa desonestidade bem depressa quando está a um passo de distância do dinheiro. A cegueira deles, é claro, também é a nossa. Talvez por isso ocorra tanta trapaça. Talvez por isso Jeff Skilling, Bernie Ebbers e os exe-

* Teoricamente, é possível que algumas pessoas pudessem resolver todos os problemas. Mas, como ninguém nas condições de controle acertou mais de 10 problemas, as chances de que quatro de nossos participantes tenham acertado 20 são baixíssimas. Por esse motivo, presumimos que estivessem trapaceando.

cutivos que foram processados nos últimos anos deixaram-se levar ladeira abaixo, junto com suas empresas.

Todos nós estamos vulneráveis a essa fraqueza. Pense em todas as fraudes que ocorrem contra seguradoras. Estima-se que, quando os consumidores informam perdas em suas casas e carros, criativamente aumentam seus pedidos de indenização em 10%. (E, assim que você informa um prejuízo exagerado, a seguradora aumenta suas taxas, de modo que a situação se reequilibra.) De novo, não é que existam muitos pedidos de indenização completamente fraudulentos; a realidade é que muitas pessoas que perderam, digamos, uma televisão de 27 polegadas, informam uma perda de um aparelho de 32 polegadas, e as que perderam uma de 32 polegadas informam uma perda de um aparelho de 36 polegadas, e assim por diante. Essas mesmas pessoas dificilmente furtariam dinheiro direto das seguradoras (por mais tentador que às vezes possa ser), mas informar o que já não possuem mais – e aumentar seu tamanho e valor só um pouquinho – torna o ônus moral mais fácil de aturar.

Há outras práticas interessantes. Em inglês, existe o termo "*wardrobing*", que significa comprar um item de vestuário, usar por um tempo e então devolver em um estado tal que a loja precisa aceitar de volta, mas não consegue mais revender. Ao se envolverem nessa prática, os consumidores não estão furtando dinheiro da empresa diretamente. Ao contrário, trata-se de uma dança de comprar e devolver, com muitas transações obscuras envolvidas. Mas existe ao menos uma consequência clara: a indústria do vestuário estima que seus prejuízos anuais resultantes do *wardrobing* cheguem a 16 bilhões de dólares (quase o mesmo montante do prejuízo anual estimado de arrombamentos de casas e roubos de carros combinados).

E quanto aos relatórios de despesas? Quando as pessoas estão em viagens de negócios, espera-se que saibam quais são as regras, mas os relatórios de despesas estão a um passo, e às vezes até a vários passos, de distância do dinheiro. Em um estudo, Nina e eu descobrimos que nem todas as despesas podem ser justificadas como sendo de negócios. Por exemplo, comprar um caneco de 5 dólares para uma estrangeira atraente estava claramente fora de cogitação, mas pagar para a mesma estrangeira uma bebida de 8 dólares em um bar era facílimo de justificar. A diferença não era o preço do item ou o medo de ser descoberto, mas a capacidade das pessoas de justificarem o item para si mesmas como um uso legítimo de sua cota de despesas.

Algumas outras investigações dos relatórios de despesas revelaram racionalizações semelhantes. Em um estudo, constatamos que, quando as pessoas dão os recibos para que sejam submetidos por seus auxiliares administrativos, ficam a um passo adicional de distância do ato desonesto e, portanto, mais propensos a escorregarem em recibos questionáveis. Em outro estudo, constatamos que empresários que moram em Nova York têm maior tendência a considerar um presente para o filho comprado no aeroporto de São Francisco (ou outro lugar longe de casa) uma despesa de negócios do que o mesmo produto comprado no aeroporto de Nova York ou no caminho para casa. Nada disso faz sentido lógico, mas, quando o meio de pagamento é não monetário, nossa capacidade de racionalizar aumenta substancialmente.

Tive minha própria experiência com desonestidade alguns anos atrás. Alguém invadiu meu perfil do Skype e debitou de minha conta no PayPal algumas centenas de dólares pelo serviço.

Não creio que a pessoa seja um criminoso empedernido. De uma perspectiva criminosa, invadir minha conta seria provavelmente uma perda de tempo e talento, porque se aquela pessoa era inteligente o suficiente para hackear o Skype, poderia ter hackeado a Amazon, a Dell ou talvez até uma conta de cartão de crédito, e obtido muito mais valor por seu tempo. Pelo contrário, imagino que aquela pessoa foi um jovem esperto que conseguiu hackear minha conta e se aproveitou dessa comunicação "grátis" para ligar para quem quisesse falar com ele, até que eu conseguisse recuperar o controle. Ele pode até ter visto isso como um desafio tecnológico – ou talvez seja um estudante a quem certa vez dei uma nota baixa e decidiu se vingar.

Esse jovem teria furtado dinheiro de minha carteira, ainda que soubesse que jamais seria descoberto? Talvez, mas imagino que a resposta é não. Pelo contrário, suspeito que alguns aspectos do Skype e de como minha conta estava configurada "ajudaram" essa pessoa a se envolver naquela atividade sem se sentir moralmente repreensível. Primeiro, ele roubou tempo de chamada, não dinheiro. Depois, não ganhou nada de tangível com a transação. Terceiro, roubou da Skype, e não direto de mim. Quarto, ele poderia ter imaginado que, ao fim do dia, a Skype, e não eu, cobriria o custo. Quinto, o custo das chamadas foi debitado automaticamente de mim via PayPal. Assim, tínhamos aqui outro passo do processo – e outro nível de imprecisão em termos de quem acabaria pagando pelas chamadas. (Depois do episódio, caso você queira saber, cancelei o vínculo direto com o PayPal.)

Aquela pessoa estava roubando de mim? Com certeza, mas havia tantos fatores que tornavam o roubo confuso que não sei se ele se considerou um sujeito desonesto. Nenhum dinheiro foi retirado, certo? E alguém foi de fato prejudicado? Esse tipo de pensamento é preocupante. Se meu problema com a Skype se deveu à natureza não monetária das transações, há muito mais coisas em risco aqui, inclusive uma grande variedade de serviços on-line e talvez até cartões de crédito e débito. Todas essas transações eletrônicas, sem troca física de dinheiro, poderiam facilitar a desonestidade das pessoas – que jamais se questionariam ou reconheceriam plenamente a imoralidade de suas ações.

Obtive também outra impressão sinistra de nossos estudos. Os participantes eram indivíduos inteligentes, compassivos e honrados, em sua maioria com um limite claro do grau de trapaça que cometeriam, mesmo quando o pagamento era feito com um meio não monetário, como fichas. Para quase todos eles, havia um ponto no qual sua consciência mandava que parassem, e eles obedeciam. Assim, a desonestidade que vimos em nossos experimentos foi provavelmente o limite inferior da desonestidade humana: o nível de desonestidade praticado por indivíduos que querem ser éticos e se ver como éticos – as chamadas "pessoas boas".

O pensamento assustador é que, se fizéssemos experimentos que usassem meios de pagamento não monetários que não fossem conversíveis em dinheiro, como fichas, ou com indivíduos menos preocupados com sua honestidade ou mesmo com comportamentos não publicamente observáveis, é bem provável que encontraríamos níveis ainda maiores de desonestidade.

Em outras palavras, o nível de fraude que observamos aqui é subestimado em relação ao nível de fraude que poderíamos encontrar em meio a uma variedade de circunstâncias e indivíduos.

Agora suponha que você tenha uma empresa conduzida por alguém como o personagem Gordon Gekko do filme *Wall Street*, que declara que "ter ganância é bom". E suponha que ele empregue meios não monetários para encorajar a desonestidade. Você é capaz de ver como tal aventureiro conseguiria mudar a mentalidade de pessoas que em princípio querem ser honestas e se ver como honestas, mas também querem manter seu emprego e progredir no mundo? É sob tais circunstâncias que meios de pagamento não monetários podem nos desencaminhar. Eles permitem que contornemos nossa consciência e exploremos livremente os benefícios da desonestidade.

Essa visão da natureza humana é preocupante. Podemos esperar estar cercados de pessoas boas e honestas, mas temos que ser realistas. Até as pessoas boas não estão imunes a ficar parcialmente cegas pela própria mente. Essa cegueira permite que ajam ignorando os próprios padrões morais no caminho para as recompensas financeiras. Em essência, a motivação pode nos ludibriar, sejamos ou não pessoas boas e honestas.

O escritor e jornalista Upton Sinclair certa vez observou: "É difícil fazer uma pessoa entender algo quando seu salário depende de não entender." Podemos agora acrescentar o seguinte pensamento: é ainda mais difícil fazer uma pessoa entender algo quando está lidando com meios de pagamento não monetários.

Os problemas da desonestidade, por sinal, não se aplicam apenas aos indivíduos. Nos últimos anos, temos visto empresas em geral sucumbirem a um padrão inferior de honestidade. Não estou falando de grandes atos de desonestidade, como aqueles perpetrados pela Enron e Worldcom. Falo de atos de desonestidade que se assemelham a furtar Coca-Cola do refrigerador. Existem empresas por aí que não estão roubando dinheiro de nossos pratos, por assim dizer, mas coisas a um passo de distância do dinheiro.

Há inúmeros exemplos. Há pouco tempo, um de meus amigos, que havia cuidadosamente poupado suas milhas do programa de milhagem para as férias, foi até a empresa de aviação que as emitiu. Informaram-lhe que todas as datas que ele queria estavam indisponíveis. Em outras palavras, embora ele tivesse poupado 25 mil milhas, não as poderia usar (e ele tentou várias datas). Mas, disse a atendente, se quisesse usar 50 mil milhas, poderia haver alguns assentos. Ela checou. Com certeza havia assentos abundantes.

É possível que houvesse alguma cláusula em letras miúdas explicando que aquilo estava certo. Mas, para meu amigo, as 25 mil milhas que havia acumulado representavam um dinheirão. Digamos que fossem 450 dólares. Será que aquela empresa mandaria alguém assaltá-lo ou desviaria o montante de sua conta bancária? Não. Contudo, por estar a um passo de distância, a companhia de aviação roubou dele aquela quantia ao exigir 25 mil milhas adicionais.

Vou dar outro exemplo. Observe o que os bancos estão fazendo com as taxas dos cartões de crédito. Vejamos a chamada cobrança de dois ciclos. Existem diversas variações desse truque, mas a ideia básica é que, no momento em que você não paga plenamente sua conta, o emissor do crédito não apenas cobrará uma taxa de juros alta sobre compras novas, mas retrocederá e cobrará juros sobre compras antigas também. Quando a comissão de bancos do Senado americano avaliou essa prática recentemente, ouviu muitos depoimentos que evidenciaram a desonestidade dos bancos. Por exemplo, um homem em Ohio que gastou 3.200 dólares com seu cartão logo descobriu que sua dívida era de 10.700 dólares devido a penalidades, taxas e juros.

Não eram agiotas cobrando altas taxas de juros e comissões, e sim alguns dos maiores e supostamente mais respeitáveis bancos dos Estados Unidos – aqueles cujas campanhas publicitárias o levariam a acreditar que você e seu banco fazem parte de uma "família". Um membro de sua família furtaria sua carteira? Não. Mas esses bancos, com uma transação que de alguma forma se afastou do dinheiro, aparentemente furtariam.

Uma vez que você veja a desonestidade por essas lentes, fica claro que não dá para abrir um jornal de manhã sem acrescentar novos exemplos.

★ ★ ★

Assim, voltamos à nossa observação original: o dinheiro não é estranho? Quando lidamos com dinheiro, estamos preparados para pensar em nossas ações como se tivéssemos acabado de assinar um código de honra.

Mas veja a liberdade que temos com trocas não monetárias. Há sempre uma justificativa conveniente. Podemos pegar um lápis do trabalho, uma Coca da geladeira, podemos até antedatar nossas opções de ações, e achar uma forma de explicar aquilo. Podemos ser desonestos sem nos acharmos desonestos. Podemos roubar enquanto nossa consciência está aparentemente adormecida.

Como é possível corrigir isso? Poderíamos rotular cada item no armário de suprimentos com um preço, por exemplo, ou usar uma nomenclatura que explique as ações e opções de ações claramente em termos de seu valor monetário. No entanto, em um contexto mais amplo, precisamos acordar para a conexão entre meios de pagamento não monetários e nossa tendência a trapacear. Precisamos reconhecer que, uma vez que o dinheiro esteja a um passo de distância, trapacearemos por um fator maior do que poderíamos imaginar. Precisamos acordar para isso – individualmente e como nação – e depressa.

Por quê? Os dias do dinheiro vivo estão chegando ao fim. O dinheiro é um obstáculo aos lucros dos bancos – eles querem se livrar dele. Os instrumentos eletrônicos são muito lucrativos. Os lucros dos cartões de crédito nos Estados Unidos aumentaram de 9 bilhões de dólares, em 1996, para 27 bilhões de dólares em 2004. A questão, portanto, é como podemos controlar nossa tendência de trapacear quando só o dinheiro consegue nos trazer de volta à sensatez – e o que podemos fazer agora que o dinheiro vivo está desaparecendo.

Willie Sutton teria dito que roubava bancos porque era ali que o dinheiro estava. Por essa lógica, poderia estar escrevendo as cláusulas contratuais em letras miúdas de uma empresa de cartões de crédito hoje ou redigindo as datas indisponíveis para uma empresa de aviação. Pode não ser onde está o dinheiro vivo, mas com certeza é lá que você encontrará a grana.

15

CERVEJA E ALMOÇOS GRÁTIS

O que é a economia comportamental e onde estão os almoços grátis?

Carolina Brewery é um bar badalado na Franklin Street, a rua principal em frente à Universidade da Carolina do Norte, em Chapel Hill. Uma bonita rua com prédios de tijolos e velhas árvores, Franklin Street tem muitos restaurantes, bares e cafés – mais do que se esperaria encontrar em uma cidade pequena.

Ao abrir as portas do Carolina Brewery, você se vê dentro de um prédio antigo com pé-direito alto e vigas expostas, e umas poucas chopeiras de aço inoxidável que prometem momentos agradáveis. Há mesas semiprivativas espalhadas. É um dos locais favoritos dos estudantes, bem como do pessoal mais velho, para curtir cerveja e comida boas.

Logo depois que ingressei no MIT, Jonathan Levav (professor da Universidade Columbia) e eu estávamos refletindo sobre os tipos de perguntas que alguém poderia evocar em um bar tão agradável assim. Primeiro, o processo sequencial de receber os pedidos (pedir que cada um na mesa diga o que quer) influencia as escolhas que as pessoas acabam fazendo? Em outras palavras, os fregueses são influenciados pelas escolhas dos outros à sua volta? Segundo, em caso afirmativo, isso encoraja a conformidade ou não? Em outras palavras, os fregueses sentados em torno da mesa escolheriam intencionalmente cervejas que fossem diferentes daquelas de quem pediu antes ou iguais? Por fim, queríamos saber se ser influenciado pelas escolhas dos outros seria melhor ou pior em termos de quanto curtiriam sua cerveja.

No decorrer deste livro, descrevi experimentos que esperei terem um efeito surpreendente ou esclarecedor. Se atingi meu objetivo, foi em grande parte porque refutavam pressupostos comuns de que somos todos fundamentalmente racionais. Repetidas vezes, tenho fornecido exemplos que contrariam a descrição de Shakespeare: "Que obra-prima é o homem!" De fato, esses exemplos mostram que não somos nobres pela razão nem infinitos em faculdade e que somos meio fracos de inteligência. (Para ser honesto, acho que Shakespeare sabia disso, e essa fala de *Hamlet* não deixa de ter sua ironia.)

Neste capítulo final, apresentarei um experimento que oferece outro exemplo de nossa irracionalidade previsível. Depois, darei mais detalhes em relação à perspectiva econômica geral sobre o comportamento humano, contrastando-a com a economia comportamental e tirando algumas conclusões. Voltemos ao experimento.

Para chegar ao fundo do espumoso barril de perguntas em que pensamos no Carolina Brewery, Jonathan e eu decidimos mergulhar nele – de modo metafórico, é claro. O primeiro passo foi pedir ao gerente do Carolina Brewery que nos deixasse servir amostras grátis de cerveja aos fregueses – desde que pagássemos por elas. (Imagine a nossa dificuldade depois, quando foi preciso convencer os contadores do MIT de que uma conta de cerveja de 1.400 dólares era uma despesa de pesquisa legítima.) O gerente do bar concordou de boa vontade. Afinal, ele nos venderia a cerveja e seus clientes receberiam uma amostra grátis, o que supostamente aumentaria o desejo deles de retornarem à cervejaria.

Entregando nossos aventais, ele impôs sua única condição: que abordássemos as pessoas e ouvíssemos seus pedidos no máximo um minuto após se sentarem. Se não conseguíssemos atendê-las a tempo, chamaríamos um dos garçons normais, que iria até a mesa e ouviria os pedidos. Aquilo foi razoável. O gerente não conhecia nossa eficiência em atendimento e não queria atrasar demais o serviço. Começamos a trabalhar.

Abordei um grupo assim que se sentou. Pareciam dois casais de namorados estudantes da graduação. Ambos os rapazes trajavam o que deviam ser suas melhores calças, e as garotas usavam maquiagem suficiente para fazer Elizabeth Taylor parecer pouco produzida em comparação. Eu os saudei, anunciei que a cervejaria estava oferecendo amostras grátis de cerveja e depois descrevi as quatro opções:

(1) Copperline Amber Ale: Uma *ale* vermelha de corpo médio com lúpulo bem equilibrado, presença de malte e uma frutuosidade de *ale* tradicional.
(2) Franklin Street Lager: Uma *lager* dourada estilo *pilsner* da Boêmia fermentada com malte suave e nítido final lupulado.
(3) India Pale Ale: Uma *ale* robusta rica em lúpulo, originalmente fermentada para aguentar a longa viagem oceânica da Inglaterra pelo Cabo da Boa Esperança até a Índia. Feita com lúpulo seco em cascata para acentuar sua nota final floral.
(4) Summer Wheat Ale: Uma *ale* em estilo bávaro, fermentada com 50% de trigo como uma bebida de verão leve, espumante e refrescante. Moderadamente lupulada, seu aroma singular, reminiscente de banana e cravo, provém de uma linhagem de levedo alemão autêntico.

Qual delas você escolheria?

☐ Copperline Amber Ale
☐ Franklin Street Lager
☐ India Pale Ale
☐ Summer Wheat Ale

Após descrever as cervejas, assenti para um dos rapazes – o de cabelos louros – e indaguei sobre sua seleção. Ele escolheu a India Pale Ale. A moça com o penteado elaborado foi a próxima. Ela escolheu a Franklin Street Lager. Depois me virei para a outra moça. Ela optou pela Copperline Amber Ale. Seu namorado, que foi o último, selecionou a Summer Wheat Ale. Com seus pedidos na mão, apressei-me até o bar, onde Bob – o barman alto e boa-pinta, do quarto ano de ciência da computação – estava postado sorridente. Sabendo que tínhamos pressa, atendeu ao meu pedido antes dos outros. Em seguida, levei a bandeja com as quatro amostras até a mesa e coloquei as cervejas diante deles.

Junto com as amostras, entreguei a cada um uma breve pesquisa, impressa no papel da cervejaria. Na pesquisa, perguntamos até que ponto haviam gostado da cerveja e se ficaram arrependidos por escolherem aquele sabor particular. Após coletar as respostas, continuei observando as quatro pessoas a distância para ver se alguma delas tomava um gole da cerveja da outra. Pelo que observei, nenhum deles compartilhou a amostra.

Jonathan e eu repetimos esse procedimento com 49 outras mesas. Então continuamos, mas, nas 50 mesas seguintes, mudamos o procedimento. Dessa vez, depois de lermos as descrições, entregamos aos participantes um pequeno menu com os nomes das quatro cervejas e pedimos que cada um anotasse sua cerveja preferida, em vez de dizer em voz alta. Com isso, o pedido deixou de ser um evento público e se tornou privado, logo cada participante não ouviria o que os outros – inclusive, talvez, alguém que estivessem tentando impressionar – pediram, assim não poderia ser influenciado.

O que aconteceu? Constatamos que, quando as pessoas fazem os pedidos em voz alta e em sequência, escolhem de forma diferente em relação a quando fazem esses pedidos em particular. Ao fazer o pedido sequencialmente (publicamente), pedem mais tipos de cerveja por mesa – em essência, optando por variedade. Uma forma básica de entender isso é pensar na Summer Wheat Ale. Essa variedade não era muito atraente para a maioria das pessoas. Contudo, como as outras cervejas já haviam sido pedidas, nossos participantes sentiam que tinham que escolher algo diferente – talvez para mostrar que tinham ideias próprias e não estavam tentando copiar os outros –, de modo que escolhiam uma cerveja diferente, que talvez não fosse a que tinham desejado de início, mas que transmitia sua individualidade.

E o que acharam da bebida? É óbvio que, se as pessoas escolhem uma cerveja que ninguém escolheu ainda só para transmitir originalidade, possivelmente acabarão bebendo uma cerveja que na verdade não querem nem apreciam. De fato, foi o que ocorreu. No todo, aqueles que fizeram suas escolhas em voz alta, da maneira como em geral se fazem os pedidos nos restaurantes, não ficaram tão satisfeitos com suas escolhas quanto os que fizeram seus pedidos em particular, sem levarem em conta a opinião dos outros. Houve, porém, uma exceção muito importante: a primeira pessoa a pedir cerveja no grupo que decidia em voz alta estava na mesma condição das pessoas que expressavam sua opinião de forma privada, já que não era afetada pelas escolhas dos outros. Assim, descobrimos que a primeira pessoa a pedir cerveja no grupo sequencial era a mais satisfeita de seu grupo e tão satisfeita quanto aquelas que escolhiam suas cervejas em particular.

Por sinal, algo engraçado aconteceu quando fizemos o experimento no Carolina Brewery: em meu traje de garçom, aproximei-me de uma das mesas e pus-me a ler o menu para o casal ali. De repente, percebi que o homem era Rich, um estudante de pós-graduação em ciência da computação, alguém com quem eu havia trabalhado em um projeto ligado à visão computacional três ou quatro anos antes. Como o experimento tinha que ser realizado da mesma maneira todas as vezes, aquele não era um bom momento para bater papo com ele. Por isso, mostrei-me indiferente e iniciei uma descrição prosaica das cervejas. Depois de terminar, assenti com a cabeça para Rich e perguntei:

– O que posso trazer para vocês?

Em vez de fazer o pedido, ele perguntou como eu estava.

– Muito bem, obrigado – respondi. – Quais cervejas posso trazer para vocês?

Ele e sua companheira escolheram as cervejas, e então Rich deu outro passo na conversa:

– Dan, você chegou a concluir o doutorado?

– Sim – respondi. – Já faz um ano que terminei. Com licença. Voltarei logo com suas cervejas.

Ao me dirigir ao bar para atender o pedido, percebi que Rich deve ter pensado que aquela era minha profissão e que, com um diploma em ciências sociais, você só consegue um emprego servindo cerveja. Quando voltei à mesa com as amostras, Rich e sua companheira – que era sua esposa –

experimentaram as cervejas e responderam ao breve questionário. Depois, Rich tentou conversar de novo. Contou que havia pouco tempo lera um dos meus artigos e gostara. Era um bom artigo, e eu também gostava dele, mas acho que ele estava apenas tentando fazer com que eu me sentisse melhor no meu emprego como garçom.

Outro estudo, realizado mais tarde na Duke com amostras de vinho e estudantes de MBA, permitiu que medíssemos alguns dos traços de personalidade dos participantes – algo que não deixou o gerente do Carolina Brewery muito empolgado. O experimento abriu a porta para descobrirmos o que poderia contribuir para aquele fenômeno interessante. O que encontramos foi uma correlação entre a tendência de pedir bebidas alcoólicas diferentes em relação às pessoas na mesma mesa e um traço de personalidade chamado "necessidade de originalidade". Em essência, os indivíduos mais preocupados em representar sua própria originalidade tendiam mais a escolher uma bebida alcoólica ainda não solicitada na mesa, no esforço de demonstrar sua singularidade.

O que esses resultados mostram é que as pessoas às vezes estão dispostas a sacrificar o prazer de uma experiência de consumo a fim de projetar certa imagem aos outros. Quando as pessoas pedem comida e bebida, parecem ter duas metas: pedir o que lhes agradará mais e representar-se positivamente aos olhos dos amigos. O problema é que, uma vez pedida, digamos, a comida, podem ficar presos a um prato que não apreciam – situação de que com frequência se arrependem. Em suma, as pessoas, particularmente aquelas com forte necessidade de originalidade, podem sacrificar a utilidade pessoal a fim de ganhar uma reputação útil.

Ainda que esses resultados estejam claros, suspeitamos de que, em outras culturas – em que a necessidade de originalidade não é considerada um traço positivo –, pessoas que fizeram pedidos em voz alta, em público, tentariam representar uma sensação de pertencer ao grupo e expressar mais conformidade em suas escolhas. Em um estudo realizado em Hong Kong, descobrimos que isso é o que de fato acontece. Lá, quando escolheram em público e não em particular, as pessoas também pediram comidas de que não gostavam tanto assim. Mas esses participantes tendiam mais a escolher o mesmo item das outras pessoas antes deles – de novo, cometendo um erro lastimável, embora de tipo diferente, ao pedir comida.

A partir do que contei até agora sobre esse experimento, você pode perceber que alguns conselhos de vida simples resultam dessa pesquisa. Quando você vai a um restaurante, é uma boa ideia planejar seu pedido antes que o garçom se aproxime, e persistir nele. Ser influenciado pelas escolhas dos outros pode levá-lo a optar por uma alternativa pior. Se mesmo assim você teme ser influenciado, uma estratégia útil é anunciar seu pedido à mesa antes da vinda do garçom. Desse modo, você reivindicou seu pedido, e é menos provável que as outras pessoas ao redor achem que você não é original, ainda que alguém mais peça o mesmo prato antes de você ter sua chance. Mas, é claro, a melhor opção é fazer o pedido primeiro.

Talvez os donos de restaurantes devessem pedir aos clientes que anotem seus pedidos de forma privada (ou os façam em voz baixa ao garçom), para que nenhum cliente fosse influenciado pelos pedidos dos companheiros. Pagamos um montão de dinheiro pelo prazer de jantar fora. Permitir que as pessoas façam seus pedidos no anonimato talvez seja a forma mais barata e simples de aumentar o prazer derivado dessas experiências.

Mas há uma lição maior que eu gostaria de extrair desse experimento – e de tudo que falei nos capítulos anteriores. A economia tradicional presume que somos racionais – que conhecemos todas as informações pertinentes às nossas decisões, que conseguimos calcular o valor das diferentes opções com que nos defrontamos e que estamos cognitivamente desimpedidos para avaliar as ramificações de cada potencial escolha.

Dessa forma, ela toma como princípio que o ser humano tome decisões lógicas e sensatas. E, ainda que tomemos uma decisão errada ocasionalmente, a perspectiva econômica convencional afirma que aprenderemos depressa com nossos erros, seja sozinhos ou com a ajuda das "forças do mercado". Com base nesses pressupostos, os economistas extraem conclusões de longo alcance sobre tudo: tendências de compras, legislação, políticas públicas, etc.

No entanto, conforme mostram os resultados apresentados neste livro (e em outros), somos bem menos racionais em nossa tomada de decisões do que supõe a teoria econômica tradicional. Nossos comportamentos irracionais não são aleatórios nem sem sentido – são sistemáticos e previsíveis. Todos nós cometemos os mesmos tipos de erros repetidamente, por causa da estrutura básica de nosso cérebro. Então não faria sentido modificar a economia e se afastar da psicologia ingênua, que muitas vezes não resiste aos testes da razão, introspecção e – o mais importante – do escrutínio empírico?

A economia não faria bem mais sentido se fosse baseada em como as pessoas de fato se comportam, e não em como deveriam se comportar? Como eu disse na introdução, essa ideia simples é a base da economia comportamental, um campo emergente que foca na ideia (bem intuitiva) de que as pessoas nem sempre se comportam racionalmente e com frequência cometem erros em suas decisões.

De várias formas, as visões shakespeariana e econômica padrão são mais otimistas sobre a natureza humana, já que presumem que nossa capacidade de raciocinar é ilimitada. Pelo mesmo critério, a visão da economia comportamental, que reconhece as deficiências humanas, é mais deprimente, porque demonstra as várias maneiras como estamos aquém de nossos ideais. De fato, pode ser um tanto deprimente perceber que todos nós constantemente tomamos decisões irracionais em nossa vida pessoal, profissional e social. Mas existe um lado bom: o fato de cometermos erros também significa que existem meios de melhorar nossas decisões – e, portanto, que há oportunidades de "almoços grátis".

Uma das diferenças principais entre a economia tradicional e a economia comportamental envolve o conceito de "almoço grátis". De acordo com os pressupostos da economia tradicional, todas as decisões humanas são racionais e informadas, motivadas por uma ideia exata do valor de bens e serviços e da quantidade de felicidade (utilidade) que cada decisão tende a produzir. Sob esse conjunto de princípios, todos no mercado estão tentando maximizar o lucro e se esforçando para otimizar suas experiências. Como consequência, a teoria econômica afirma que não existe almoço grátis – se existisse, alguém já teria descoberto e extraído todo o seu valor.

Os economistas comportamentais, por outro lado, acreditam que as pessoas são suscetíveis a influências irrelevantes de seu ambiente imediato (que chamamos de efeitos do contexto), emoções irrelevantes e outras formas de irracionalidade (ver qualquer capítulo deste livro ou qualquer artigo de pesquisa de economia comportamental para mais exemplos). Que boa notícia pode acompanhar tal percepção? A boa notícia é que esses erros também fornecem oportunidades de desenvolvimento. Se cometemos erros sistemáticos em nossas decisões, por que não desenvolver estratégias, ferramentas e métodos novos para nos ajudar a tomar melhores decisões e melhorar nosso bem-estar geral? Esse é o significado de "almoço grátis" da perspectiva da economia comportamental: a ideia de que existem ferramentas, métodos e políticas que podem nos ajudar a alcançar o que desejamos.

Por exemplo, a questão de por que os americanos não estão poupando o suficiente para a aposentadoria não faz sentido da perspectiva econômica tradicional. Se todos nós tomamos decisões boas e abalizadas em cada aspecto de nossa vida, também estamos poupando a quantia exata que queremos poupar. Talvez não poupemos muito porque não nos importamos com o futuro, porque queremos ser pobres na aposentadoria, porque esperamos que nossos filhos cuidem de nós ou porque confiamos que vamos ganhar na loteria – existem várias possibilidades. O ponto principal é que, da perspectiva econômica convencional, estamos poupando a quantia certa de acordo com nossas preferências.

Mas da perspectiva da economia comportamental, que não pressupõe que as pessoas sejam racionais, é razoável a ideia de que não estamos poupando o suficiente. De fato, pesquisas em economia comportamental apontam para várias razões possíveis. As pessoas procrastinam. As pessoas têm dificuldade de entender o custo real de não poupar, bem como os benefícios da poupança. Ter uma "casa de rico" ajuda as pessoas a acreditarem que são de fato ricas. É fácil criar hábitos de consumo e difícil abrir mão deles. E há muitos outros motivos.

O potencial do almoço grátis da perspectiva da economia comportamental reside em novos métodos, mecanismos e intervenções que ajudariam as pessoas a obterem mais daquilo que realmente desejam. Por exemplo, o cartão de crédito inovador que descrevi no Capítulo 7 poderia ajudar as pessoas a exercerem mais autocontrole dentro do domínio dos gastos. Outro exemplo dessa abordagem é um mecanismo chamado "Poupe mais amanhã", que Dick Thaler e Shlomo Benartzi propuseram e testaram alguns anos atrás.

Eis como funciona o "Poupe mais amanhã". Quando funcionários novos ingressam em uma empresa, além das decisões normais que precisam tomar sobre o percentual do contracheque a ser investido no plano de aposentadoria, são indagados sobre o percentual de seus aumentos salariais futuros que estariam dispostos a investir nisso. É difícil sacrificar o consumo hoje a fim de poupar para o futuro distante, mas é psicologicamente mais fácil sacrificar o consumo no futuro, e mais fácil ainda abrir mão de um percentual de um aumento de salário que ainda não recebemos.

Quando o plano foi implementado no teste de Thaler e Benartzi, os funcionários aderiram e concordaram em aumentar percentualmente sua contribuição com seus futuros aumentos de salário. Qual foi o resultado? Nos anos seguintes, quando os funcionários receberam aumentos, as taxas de poupança subiram de cerca de 3,5% para 13,5% – um ganho para os funcionários, suas famílias e a empresa, que passou a contar com empregados mais satisfeitos e menos preocupados.

Esta é a ideia básica do almoço grátis: beneficiar todas as partes envolvidas. Note que esse almoço grátis não precisa ser sem custo (implementar o cartão de crédito de autocontrole ou o "Poupar mais amanhã" inevitavelmente envolve um custo). Na medida em que esses mecanismos fornecem mais benefícios do que custos, deveríamos considerá-los almoços grátis – mecanismos que fornecem benefícios líquidos a todos os envolvidos.

Se eu fosse extrair uma lição das pesquisas descritas aqui, é que somos peões em um jogo cujas forças em grande parte não entendemos. Costumamos imaginar que estamos no banco do motorista, com o supremo controle sobre as decisões e o rumo de nossa vida. Mas infelizmente essa percepção está mais ligada aos nossos desejos – a como queremos nos ver – do que à realidade.

Cada capítulo deste livro descreve uma força (emoções, relatividade, normas sociais, etc.) que influencia nosso comportamento. Embora essas influências exerçam grande poder sobre nosso comportamento, a tendência natural é subestimar ou ignorar esse poder por completo. Elas exercem um efeito sobre nós não por falta de conhecimento, falta de prática ou fraqueza mental. Pelo contrário, elas repetidamente afetam tanto experts quanto novatos, de maneiras sistemáticas e previsíveis. Os erros resultantes são como agimos na vida, como desempenhamos nossas atividades. Fazem parte de nós.

Ilusões de óptica também servem de exemplo. Assim como não podemos evitar sermos enganados, somos vítimas das "ilusões de decisão" que nossa mente apresenta. O fato é que nossos ambientes visual e decisório são filtrados pelos cinco sentidos, e o mestre de tudo isso é nosso cérebro. No momento em que compreendemos e digerimos as informações, já não são necessariamente reflexos fiéis da realidade. Pelo contrário, são nossa representação da realidade, e é nesses dados que baseamos nossas decisões. Em essência, somos limitados às ferramentas que a natureza nos concedeu, e a forma natural como tomamos decisões é limitada pela qualidade e pela precisão dessas ferramentas.

Uma segunda lição importante é que, embora a irracionalidade seja corriqueira, isso não significa necessariamente que estamos indefesos. Uma vez que entendemos quando e onde podemos nos equivocar em nossas decisões, podemos tentar ser mais vigilantes, nos forçar a pensar de maneira diferente ou usar a tecnologia para superar nossas deficiências inerentes. Empresas e formuladores de políticas poderiam revisar seu pensamento e avaliar como projetar suas políticas e produtos de modo a fornecer almoços grátis.

Obrigado por ler este livro. Espero que você tenha obtido alguns vislumbres interessantes sobre o comportamento humano e sobre o que de fato nos motiva, e que tenha descoberto meios de melhorar sua tomada de decisões. Também espero ter conseguido compartilhar com você meu entusiasmo pelo estudo da racionalidade e da irracionalidade. Na minha opinião, estudar o comportamento humano é um dom fantástico, porque nos ajuda a entender a nós mesmos e os mistérios diários que encontramos. Embora o tema seja importante e fascinante, não é fácil estudá-lo, e ainda há muito trabalho pela frente. Como disse certa vez Murray Gell-Mann, ganhador do Prêmio Nobel: “Pense em como a física seria difícil se as partículas conseguissem pensar.”

Irracionalmente,
Dan Ariely

P.S.: Caso queira embarcar nesta jornada, acesse www.danariely.com/research e participe de nossas pesquisas e experimentos (com áudios e textos em inglês).

AGRADECIMENTOS

No decorrer dos anos, tive a sorte de trabalhar em projetos de pesquisa em conjunto com pessoas inteligentes, criativas e generosas. As pesquisas descritas aqui são em grande parte decorrentes da inventividade e da visão desses indivíduos. Além de grandes pesquisadores, são também amigos íntimos. Eles tornaram essas pesquisas possíveis. (Breves biografias desses pesquisadores maravilhosos vêm a seguir.) Quaisquer erros e omissões neste livro são meus. Além daqueles com quem colaborei, também quero agradecer aos meus colegas de psicologia e economia em geral. Cada ideia que tive e cada artigo que escrevi foram influenciados explícita ou implicitamente por seus textos, ideias e criatividade. A ciência avança sobretudo em pequenos passos baseados em pesquisas anteriores, e tenho a sorte de ser capaz de dar meus próprios pequenos passos, a partir da base assentada por aqueles pesquisadores notáveis. Ao fim deste livro, incluí algumas referências a outros artigos acadêmicos relacionados a cada capítulo. Eles devem fornecer ao leitor ávido uma perspectiva mais aprofundada sobre cada tema, bem como seus antecedentes e alcance. (Mas, como você pode imaginar, não é uma lista completa.)

Grande parte das pesquisas aqui descritas foi realizada enquanto eu estava no MIT, e muitos dos participantes e assistentes foram estudantes da instituição. Os resultados dos experimentos realçam suas (bem como nossas) irracionalidades, e às vezes zombam deles, mas isso não deve ser confundido com falta de atenção ou de administração. Esses estudantes são extraordinários em sua motivação, amor ao aprendizado, curiosidade e espírito generoso. Foi um privilégio conhecer todos vocês – fizeram os invernos de Boston valerem a pena!

Descobrir como escrever fora do "jargão acadêmico" não foi fácil, mas recebi muita ajuda ao longo do caminho. Meus mais profundos agradecimentos a Jim Levine, Lindsay Edgecombe, Elizabeth Fisher e à incrível equipe da Agência Literária Levine Greenberg. Também sou grato a Sandy Blakeslee pelos conselhos perspicazes; e a Jim Bettman, Rebecca Waber, Ania Jakubek, Erin Allingham, Carlie Burck, Bronwyn Fryer, Devra Nelson, Janelle Stanley, Michal Strahilevitz, Ellen Hoffman e Megan Hogerty por me ajudar a traduzir algumas dessas ideias em palavras. Agradecimentos especiais ao meu parceiro de redação, Erik Calonius, que contribuiu muito para estas páginas, com diversos exemplos do mundo real e um estilo narrativo que me ajudou a contar esta história da melhor forma possível. Agradecimentos especiais também vão para minha confiante, apoiadora e prestativa editora na HarperCollins, Claire Wachtel.

Escrevi este livro na condição de professor visitante do Instituto de Estudos Avançados, em Princeton. Não consigo imaginar um ambiente mais perfeito para pensar e escrever. Até passei algum tempo na cozinha do instituto, aprendendo a cortar, assar, dourar e cozinhar sob a supervisão dos chefs Michel Reymond e Yann Blanchet – não poderia ter pedido um lugar melhor para expandir meus horizontes.

Finalmente, agradeço à minha adorável esposa, Sumi, que ouviu as histórias das minhas pesquisas infinitas vezes. Embora eu espere que você concorde que elas são bem divertidas nas primeiras leituras, a paciência e a disposição em ouvi-las repetidamente fazem de minha esposa uma santa. Sumi, esta noite chegarei em casa no máximo às sete e quinze. Ou melhor, oito horas, talvez oito e meia. Prometo.

LISTA DE COLABORADORES

On Amir

On ingressou no MIT como estudante de doutorado, um ano depois de mim, e tornou-se "meu" primeiro aluno. Como meu primeiro aluno, On desempenhou um tremendo papel em moldar o que eu esperava dos estudantes e como vejo a relação professor-aluno. Além de excepcionalmente inteligente, tem um conjunto incrível de habilidades e, quando não sabe de algo, consegue aprender em um ou dois dias. É sempre empolgante trabalhar e passar tempo com ele. On é professor da Universidade da Califórnia em San Diego.

Marco Bertini

Quando conheci Marco, ele era estudante de doutorado na Harvard Business School e, ao contrário de seus colegas, não via o rio Charles como um obstáculo que não devesse transpor. É italiano, com temperamento e senso de estilo inigualáveis – um cara sensacional com quem sinto prazer em sair para beber. É professor da ESADE.

Ziv Carmon

Ziv foi um dos principais motivos por que ingressei no doutorado da Universidade Duke, e os anos que passamos juntos ali justificaram essa decisão. Não apenas aprendi muito com ele sobre tomada de decisões e como realizar pesquisas, como também ele se tornou um dos meus caros amigos, e os conselhos que obtive dele ao longo dos anos com frequência se mostraram preciosos. Ziv é professor do INSEAD.

Shane Frederick

Conheci Shane enquanto eu era estudante na Duke e ele, em Carnegie Mellon. Tivemos uma longa discussão sobre peixes enquanto comíamos sushi, o que imprimiu em mim um amor duradouro por ambos. Alguns anos depois, Shane e eu nos mudamos para o MIT e tivemos muitas outras oportunidades para sushi e longas discussões, inclusive a questão central da vida: "Se um taco e uma bola custam 1,10 dólar no total, e o taco custa 1 dólar a mais do que a bola, quanto custa a bola?" Shane é professor de Yale.

Ayelet Gneezy

Conheci Ayelet muitos anos atrás em um piquenique organizado por amigos em comum. Tive uma primeira impressão muito positiva, o que só aumentou com o tempo. Ayelet é uma pessoa maravilhosa e uma ótima amiga, por isso é um tanto estranho que os temas que decidimos estudar juntos fossem desconfiança e vingança. Seja o que for que nos levou a explorar esses assuntos inicialmente, acabou sendo bem útil acadêmica e pessoalmente. Ayelet hoje é professora da Universidade da Califórnia em San Diego (se, por acaso, você vir outro Gneezy na minha lista de colaboradores, não é por ser um sobrenome popular).

Uri Gneezy

Uri é uma das pessoas mais sarcásticas e criativas que já encontrei, e ambas essas habilidades o tornam capaz de produzir, com facilidade e rapidez, pesquisas importantes e úteis. Alguns anos atrás, levei Uri ao Burning Man e, enquanto estávamos lá, ele se mesclou à atmosfera. Quando voltávamos para casa, ele perdeu uma aposta para mim e, como consequência, deveria dar um presente para uma pessoa aleatória todos os dias durante um mês – infelizmente, ao voltar à civilização, foi incapaz de fazê-lo. Uri é professor da Universidade da Califórnia em San Diego.

Ernan Haruvy

Ernan e eu passamos algum tempo juntos quando ele estava na Harvard Business School e eu, do outro lado do rio. Ernan foi uma das primeiras pessoas a pensar cuidadosamente sobre como a internet consegue mudar o anonimato das interações humanas e, em consequência, a forma como nos tratamos mutuamente. Ele é inteligente e esforçado, e tem uma disposição incrível para ajudar. Ernan é professor da Universidade do Texas em Dallas.

James Heyman

James e eu passamos um ano juntos em Berkeley. Ele sempre ia discutir alguma ideia, levando consigo algo de sua recente produção no forno, e aquilo era sempre um bom início para uma discussão interessante. Seguindo a máxima de sua vida de que o dinheiro não é tudo, suas pesquisas enfocam os aspectos não financeiros das transações do mercado. Uma das paixões de James são as várias formas como a economia comportamental poderia se desenrolar nas decisões de política, e no decorrer dos anos passei a ver a sabedoria dessa abordagem. James foi professor da Universidade de St. Thomas até fundar a consultoria WhyB4How.

Günter Hitsch

Günter é engraçado, inteligente e encantador – e não apenas em relação aos outros economistas. É o tipo do sujeito com quem você gostaria de tomar uma cerveja. Conversar com ele é sempre uma experiência interessante, mas um tanto inesperada. Günter também é um dos econometristas mais meticulosos que conheço e consegue passar anos (não estou brincando!) executando modelos de computador muito complexos para estimar corretamente alguns parâmetros bem obscuros. Günter é professor da Universidade de Chicago.

Ali Hortaçsu

Ali é um dos indivíduos mais equilibrados que já conheci. Nada parece intimidá-lo, e ele está sempre exalando bondade (bem, isso não é verdade: ele parece se tornar uma pessoa diferente quando a seleção de futebol turca está jogando). Ali foi um dos primeiros economistas a examinar com cuidado os leilões on-line, ajudando-nos a entender como as pessoas se comportam neles. Trabalhar com ele na pesquisa sobre namoros on-line foi uma experiência bastante educativa para mim. Ali é professor da Universidade de Chicago.

Leonard Lee

Leonard ingressou no curso de doutorado do MIT para se dedicar a temas ligados ao comércio eletrônico. Como ambos trabalhávamos longas horas, começamos a fazer pausas juntos às altas horas da madrugada, o que nos deu chance de colaborar em alguns projetos de pesquisa. A colaboração com Leonard foi ótima. Ele dispõe de infinita energia e entusiasmo, e o número de experimentos que consegue realizar durante uma semana comum é mais ou menos o que outros pesquisadores fazem em um semestre. Além disso, é uma das pessoas mais bacanas que já conheci, com quem é sempre um prazer conversar e trabalhar. Leonard é professor da Universidade Nacional de Cingapura.

Jonathan Levav

Jonathan adora sua mãe mais do que qualquer outra pessoa que conheci, e seu grande arrependimento na vida é tê-la desapontado ao não cursar a faculdade de medicina. Ele é inteligente, engraçado e incrivelmente sociável, capaz de fazer novos amigos em frações de segundos. É fisicamente avantajado, com cabeça grande, dentes grandes e um coração ainda maior. É professor da Universidade Stanford.

George Loewenstein

George é um dos meus colaboradores mais antigos e favoritos. Também é meu modelo. Para mim, George é o pesquisador mais criativo e completo em economia comportamental. Ele tem uma incrível capacidade de observar o mundo à sua volta e encontrar nuances de comportamento importantes para nossa compreensão da natureza humana, bem como para a política. George é professor de economia e psicologia da Universidade Carnegie Mellon.

Nina Mazar

Nina foi pela primeira vez ao MIT por alguns dias para obter feedback sobre sua pesquisa e acabou permanecendo por cinco anos. Ao longo desse período, compartilhamos vários trabalhos divertidos e passei a confiar muito nela. Nina ignora os obstáculos e sua disposição em enfrentar grandes desafios nos levou a realizar experimentos particularmente difíceis na Índia rural. Por muitos anos, esperei que ela nunca decidisse ir embora. Mas infelizmente chegou a hora: ela é professora da Universidade de Boston. Em uma realidade alternativa, é estilista de alta moda em Milão, Itália.

Elie Ofek

Elie é um engenheiro elétrico por formação que depois viu a luz (ao menos acredita nisso) e mudou para o marketing. Não surpreende que sua área de pesquisa e ensino principal sejam inovações e indústrias de alta tecnologia. É ótimo tomar café com ele, por causa de suas ideias e perspectivas interessantes sobre qualquer tema. É professor da Harvard Business School.

Yesim Orhun

Yesim é um verdadeiro prazer em todos os sentidos. Ela é engraçada, inteligente e sarcástica. Infelizmente, só tivemos um ano para conviver enquanto estávamos ambos em Berkeley. Suas pesquisas usam descobertas da economia comportamental e, com esse ponto de partida, fornecem prescrições para empresas e formuladores de políticas. Por alguma razão estranha, o que de fato a coloca em movimento é qualquer questão que inclua as palavras *simultaneidade* e *endogeneidade*. É professora da Universidade de Michigan.

Drazen Prelec

Drazen é uma das pessoas mais inteligentes que já conheci e um dos principais motivos por que ingressei no MIT. Penso nele como uma realeza acadêmica: ele sabe o que está fazendo, é seguro de si e tudo que toca vira ouro. Eu esperava, por osmose, adquirir algo de seu estilo e profundidade, mas ter meu escritório ao lado do dele não foi suficiente para isso. É professor do MIT.

Kristina Shampanier

Kristina foi ao MIT para se formar como economista e, por alguma razão estranha mas maravilhosa, optou por trabalhar comigo. É excepcionalmente inteligente, e aprendi muito com ela ao longo dos anos. Como um tributo à sua sabedoria, ao se graduar no MIT, optou por um emprego não acadêmico: é uma consultora poderosa em Boston.

Jiwoong Shin

Jiwoong é um pesquisador yin-yang. Por um lado, realiza pesquisas na economia tradicional pressupondo que os indivíduos são perfeitamente racionais. Por outro, realiza pesquisas em economia comportamental mostrando que as pessoas são irracionais. É meticuloso e reflexivo – um tipo filosófico –, e essa dualidade não o desconcerta. Jiwoong e eu começamos a trabalhar juntos em grande parte porque queríamos nos divertir, e de fato passamos muitas horas empolgantes trabalhando. É professor da Universidade Yale.

Baba Shiv

Baba e eu nos conhecemos quando éramos estudantes de doutorado na Duke. No decorrer dos anos, Baba realizou fascinantes pesquisas sobre tomada de decisões, analisando particularmente como as emoções as influenciam. Ele é ótimo em todos os aspectos e o tipo de pessoa que faz tudo à sua volta parecer melhor por um toque de mágica. É professor da Universidade Stanford.

Stephen Spiller

Stephen começou sua carreira acadêmica como aluno de John Lynch. John foi meu orientador no doutorado também, assim, em essência, Stephen e eu somos irmãos acadêmicos, e sinto como se ele fosse meu irmão mais novo (mas bem mais alto). Ele é inteligente e criativo, e tem sido um privilégio observá-lo avançar em suas aventuras acadêmicas. É professor da Universidade da Califórnia.

Rebecca Waber

Rebecca é a pessoa mais vigorosa e contente que já conheci. Também é a única que já vi cair no riso ao ler seus votos de casamento. Está interessada em pesquisas sobre tomada de decisões aplicadas a decisões médicas, e eu me considero muito sortudo porque ela optou por trabalhar comigo nesses temas. É diretora de inovação de produtos da Aetna.

Klaus Wertenbroch

Klaus e eu nos conhecemos quando ele era professor na Duke e eu era estudante de doutorado. O interesse de Klaus em tomada de decisões baseia-se, em sua maior parte, nas tentativas de entender seus próprios desvios da racionalidade, seja seu hábito de fumar ou sua procrastinação ao adiar o trabalho pelo prazer de ver futebol na televisão. Veio a calhar que trabalhássemos juntos em procrastinação. É professor do INSEAD.

NOTAS

1. Jodi Kantor, "Entrees Reach $40", *The New York Times* (21 de outubro de 2006).
2. Itamar Simonson, "Get Closer to Your Customers by Understanding How They Make Choices", *California Management Review* (1993).
3. Louis Uchitelle, "Lure of Great Wealth Affects Career Choices", *The New York Times* (27 de novembro de 2006).
4. Katie Hafner, "In the Web World, Rich Now Envy the Superrich", *The New York Times* (21 de novembro de 2006).
5. www.filenesbasement.com/bridal.php
6. Valerie Ulene, "Car Keys? Not So Fast", *The Los Angeles Times* (8 de janeiro de 2007).
7. John Leland, "Debtors Search for Discipline through Blogs", *The New York Times* (18 de fevereiro de 2007).
8. "Email Has Made Slaves of Us", *Australian Daily Telegraph* (16 de junho de 2008).
9. "Studies Find Big Benefits in Marriage", *The New York Times* (10 de abril de 1995).
10. Ralph Keeney, "Personal Decisions Are the Leading Cause of Death", *Operation Research* (2008).
11. "Pearls before Breakfast", *The Washington Post* (8 de abril de 2007).
12. Colin Schieman, "The History of Placebo Surgery", University of Calgary (março de 2001).

13. Margaret Talbot, "The Placebo Prescription", *The New York Times* (9 de junho de 2000).
14. Sarah Bakewell, "Cooking with Mummy", *Fortean Times* (julho de 1999).
15. D. J. Swank, S. C. G. Swank-Bordewijk, W. C. J. Hop *et al.*, "Laparoscopic Adhesiolysis in Patients with Chronic Abdominal Pain: A Blinded Randomised Controlled Multi-Center Trial", *Lancet* (12 de abril de 2003).
16. "Off-Label Use of Prescription Drugs Should Be Regulated by the FDA", Harvard Law School, Legal Electronic Archive (11 de dezembro de 2006).
17. Irving Kirsch, "Antidepressants Proven to Work Only Slightly Better Than Placebo", *Prevention and Treatment* (junho de 1998).
18. Sheryl Stolberg, "Sham Surgery Returns as a Research Tool", *The New York Times* (25 de abril de 1999).
19. Margaret E. O'Kane, National Committee for Quality Assurance, carta para o editor, *USA Today* (11 de dezembro de 2006).
20. Greil Marcus, "One Step Back: Where Are the Elixirs of Yesteryear When We Hurt?", *The New York Times* (26 de janeiro de 1998).
21. *Crisis Management: Mastering the Skills to Prevent Disasters* (Harvard Business Essentials), Harvard Business Press (2004); e "Tylenol Made a Hero of Johnson & Johnson: The Recall That Started Them All", *The New York Times* (23 de março de 2002, de Judith Rehak).
22. Federal Bureau of Investigation, *Crime in the United States 2004 – Uniform Crime Reports*, U.S. Government Printing Office, Washington, D.C., Estados Unidos (2005).
23. "Pessimism for the Future", *California Bar Journal* (novembro de 1994).
24. Maryland Judicial Task Force on Professionalism (10 de novembro de 2003): http://www.courts.state.md.us/publications/professionalism2003.pdf.
25. Florida Bar/Josephson Institute Study (1993).
26. *DPA Correlator*, vol. 9, nº 3 (9 de setembro de 2002). Ver também Steve Sonnenberg, "The Decline in Professionalism: A Threat to the Future of the American Association of Petroleum Geologists", *Explorer* (maio de 2004).

27. Jan Crosthwaite, "Moral Expertise: a Problem in the Professional Ethics of Professional Ethicists", *Bioethics*, vol. 9 (1995), p. 361–379.
28. The 2002 Transparency International Corruption Perceptions Index: transparency.org.

BIBLIOGRAFIA E LEITURAS RELACIONADAS

Eis uma lista dos artigos em que se basearam os capítulos, além de sugestões de leituras relacionadas sobre cada tema.

Introdução

LEITURAS RELACIONADAS

Daniel Kahneman, Barbara L. Fredrickson, Charles A. Schreiber e Donald A. Redelmeier, "When More Pain Is Preferred to Less: Adding a Better End", *Psychological Science* (1993).

Donald A. Redelmeier e Daniel Kahneman, "Patient's Memories of Painful Medical Treatments: Real-Time and Retrospective Evaluations of Two Minimally Invasive Procedures", *Pain* (1996).

Dan Ariely, "Combining Experiences over Time: The Effects of Duration, Intensity Changes, and Online Measurements on Retrospective Pain Evaluations", *Journal of Behavioral Decision Making* (1998).

Dan Ariely e Ziv Carmon, "Gestalt Characteristics of Experienced Profiles", *Journal of Behavioral Decision Making* (2000).

Capítulo 1: A verdade sobre a relatividade

LEITURAS RELACIONADAS

Amos Tversky, "Features of Similarity", *Psychological Review*, vol. 84 (1977).

Amos Tversky e Daniel Kahneman, "The Framing of Decisions and the Psychology of Choice", *Science* (1981).

Joel Huber, John Payne e Chris Puto, "Adding Asymmetrically Dominated Alternatives: Violations of Regularity and the Similarity Hypothesis", *Journal of Consumer Research* (1982).

Itamar Simonson, "Choice Based on Reasons: the Case of Attraction and Compromise Effects", *Journal of Consumer Research* (1989).

Amos Tversky e Itamar Simonson, "Context-Dependent Preferences", *Management Science* (1993).

Dan Ariely e Tom Wallsten, "Seeking Subjective Dominance in Multidimensional Space: An Explanation of the Asymmetric Dominance Effect", *Organizational Behavior and Human Decision Processes* (1995).

Constantine Sedikides, Dan Ariely e Nils Olsen, "Contextual and Procedural Determinants of Partner Selection: On Asymmetric Dominance and Prominence", *Social Cognition* (1999).

Capítulo 2: A falácia da oferta e da demanda

BASEADO EM

Dan Ariely, George Loewenstein e Drazen Prelec, "Coherent Arbitrariness: Stable Demand Curves without Stable Preferences", *Quarterly Journal of Economics* (2003).

Dan Ariely, George Loewenstein e Drazen Prelec, "Tom Sawyer and the Construction of Value", *Journal of Economic Behavior and Organization* (2006).

LEITURAS RELACIONADAS

Cass R. Sunstein, Daniel Kahneman, David Schkade e Ilana Ritov, "Predictably Incoherent Judgments", *Stanford Law Review* (2002).

Uri Simonsohn, "New Yorkers Commute More Everywhere: Contrast Effects in the Field", *Review of Economics and Statistics* (2006).

Uri Simonsohn e George Loewenstein, "Mistake #37: The Impact of Previously Faced Prices on Housing Demand", *Economic Journal* (2006).

Capítulo 3: O efeito do preço zero

BASEADO EM

Kristina Shampanier, Nina Mazar e Dan Ariely, "How Small Is Zero Price? The True Value of Free Products", *Marketing Science* (2007).

LEITURAS RELACIONADAS

Daniel Kahneman e Amos Tversky, "Prospect Theory: An Analysis of Decision under Risk", *Econometrica* (1979).

Eldar Shafir, Itamar Simonson e Amos Tversky, "Reason-Based Choice", *Cognition* (1993).

Capítulo 4: O custo das normas sociais

BASEADO EM

Uri Gneezy e Aldo Rustichini, "A Fine Is a Price", *Journal of Legal Studies* (2000).

James Heyman e Dan Ariely, "Effort for Payment: A Tale of Two Markets", *Psychological Science* (2004).

Kathleen Vohs, Nicole Mead e Miranda Goode, "The Psychological Consequences of Money", *Science* (2006).

LEITURAS RELACIONADAS

Margaret S. Clark e Judson Mills, "Interpersonal Attraction in Exchange and Communal Relationships", *Journal of Personality and Social Psychology*, vol. 37 (1979), pp. 12–24.

Margaret S. Clark, "Record Keeping in Two Types of Relationships", *Journal of Personality and Social Psychology*, vol. 47 (1984).

Alan Fiske, "The Four Elementary Forms of Sociality: Framework for a Unified Theory of Social Relations", *Psychological Review* (1992).

Pankaj Aggarwal, "The Effects of Brand Relationship Norms on Consumer Attitudes and Behavior", *Journal of Consumer Research* (2004).

Capítulo 5: O poder do biscoito grátis

BASEADO EM

Dan Ariely, Uri Gneezy e Ernan Haruvy, "On the Discontinuity of Demand Curves at Zero: Charging More and Selling More", Documento de Trabalho, Universidade Duke (2010).

LEITURAS RELACIONADAS

John Quah, "The Law of Demand and Risk Aversion", *Econometrica* (2003).

Angus Deaton e John Muellbauer, *Economics and Consumer Behavior*, Cambridge University Press, Cambridge, Reino Unido (1980).

Martin Dufwenberg e Georg Kirchsteiger, "A Theory of Sequential Reciprocity", *Games and Economic Behavior* (2004).

Armin Falk e Urs Fischbacher, "A Theory of Reciprocity", *Games and Economic Behavior* (2006).

James Coleman, *Foundations of Social Theory*, Harvard University Press, Cambridge, Estados Unidos (1990).

Ver também leituras do Capítulo 4.

Capítulo 6: A influência da excitação

BASEADO EM

Dan Ariely e George Loewenstein, "The Heat of the Moment: The Effect of Sexual Arousal on Sexual Decision Making", *Journal of Behavioral Decision Making* (2006).

LEITURAS RELACIONADAS

George Loewenstein, "Out of Control: Visceral Influences on Behavior", *Organizational Behavior and Human Decision Processes* (1996).

Peter H. Ditto, David A. Pizarro, Eden B. Epstein, Jill A. Jacobson e Tara K. McDonald, "Motivational Myopia: Visceral Influences on Risk Taking Behavior", *Journal of Behavioral Decision Making* (2006).

Capítulo 7: O problema da procrastinação e do autocontrole

BASEADO EM

Dan Ariely and Klaus Wertenbroch, "Procrastination, Deadlines, and Performance: Self-Control by Precommitment", *Psychological Science* (2002).

LEITURAS RELACIONADAS

Ted O'Donoghue e Mathew Rabin, "Doing It Now or Later", *American Economic Review* (1999).

Yaacov Trope e Ayelet Fishbach, "Counteractive Self-Control in Overcoming Temptation", *Journal of Personality and Social Psychology* (2000).

Capítulo 8: O alto preço da propriedade

BASEADO EM

Ziv Carmon e Dan Ariely, "Focusing on the Forgone: How Value Can Appear So Different to Buyers and Sellers", *Journal of Consumer Research* (2000).

James Heyman, Yesim Orhun e Dan Ariely, "Auction Fever: The Effect of Opponents and Quasi-Endowment on Product Valuations", *Journal of Interactive Marketing* (2004).

LEITURAS RELACIONADAS

Richard Thaler, "Toward a Positive Theory of Consumer Choice", *Journal of Economic Behavior and Organization* (1980).

Jack Knetsch, "The Endowment Effect and Evidence of Nonreversible Indifference Curves", *American Economic Review*, vol. 79 (1989), p. 1.277–1.284.

Daniel Kahneman, Jack Knetsch e Richard Thaler, "Experimental Tests of the Endowment Effect and the Coase Theorem", *Journal of Political Economy* (1990).

Daniel Kahneman, Jack Knetsch e Richard H. Thaler, "Anomalies: The Endowment Effect, Loss Aversion, and Status Quo Bias", *Journal of Economic Perspectives*, vol. 5 (1991), p. 193–206.

Capítulo 9: Manter as portas abertas

BASEADO EM

Jiwoong Shin e Dan Ariely, "Keeping Doors Open: The Effect of Unavailability on Incentives to Keep Options Viable", *Management Science* (2004).

LEITURAS RELACIONADAS

Sheena Iyengar e Mark Lepper, "When Choice Is Demotivating: Can One Desire Too Much of a Good Thing?", *Journal of Personality and Social Psychology* (2000).

Daniel Gilbert e Jane Ebert, "Decisions and Revisions: The Affective Forecasting of Changeable Outcomes", *Journal of Personality and Social Psychology* (2002).

Ziv Carmon, Klaus Wertenbroch e Marcel Zeelenberg, "Option Attachment: When Deliberating Makes Choosing Feel Like Losing", *Journal of Consumer Research* (2003).

Capítulo 10: O efeito das expectativas

BASEADO EM

John Bargh, Mark Chen e Lara Burrows, "Automaticity of Social Behavior: Direct Effects of Trait Construct and Stereotype Activation on Action", *Journal of Personality and Social Psychology* (1996).

Margaret Shih, Todd Pittinsky e Nalini Ambady, "Stereotype Susceptibility: Identity Salience and Shifts in Quantitative Performance", *Psychological Science* (1999).

Sam McClure, Jian Li, Damon Tomlin, Kim Cypert, Latané Montague e Read Montague, "Neural Correlates of Behavioral Preference for Culturally Familiar Drinks", *Neuron* (2004).

Leonard Lee, Shane Frederick e Dan Ariely, "Try It, You'll Like It: The Influence of Expectation, Consumption, and Revelation on Preferences for Beer", *Psychological Science* (2006).

Marco Bertini, Elie Ofek e Dan Ariely, "To Add or Not to Add? The Effects of Add-ons on Product Evaluation", Documento de Trabalho, HBS (2007).

LEITURAS RELACIONADAS

George Loewenstein, "Anticipation and the Valuation of Delayed Consumption", *Economic Journal* (1987).

Greg Berns, Jonathan Chappelow, Milos Cekic, Cary Zink, Giuseppe Pagnoni, e Megan Martin-Skurski, "Neurobiological Substrates of Dread", *Science* (2006).

Capítulo 11: O poder do preço

BASEADO EM

Leonard Cobb, George Thomas, David Dillard, Alvin Merendino e Robert Bruce, "An Evaluation of Internal Mammary Artery Ligation by a Double-Blind Technic", *New England Journal of Medicine* (1959).

Bruce Moseley, Kimberly O'Malley, Nancy Petersen, Terri Menke, Baruch Brody, David Kuykendall, John Hollingsworth, Carol Ashton e Nelda

Wray, "A Controlled Trial of Arthroscopic Surgery for Osteoarthritis of the Knee", *New England Journal of Medicine* (2002).

Baba Shiv, Ziv Carmon e Dan Ariely, "Placebo Effects of Marketing Actions: Consumers May Get What They Pay for", *Journal of Marketing Research* (2005).

Rebecca Waber, Baba Shiv, Ziv Carmon e Dan Ariely, "Commercial Features of Placebo and Therapeutic Efficacy", *JAMA* (2008).

LEITURAS RELACIONADAS

Tor Wager, James Rilling, Edward Smith, Alex Sokolik, Kenneth Casey, Richard Davidson, Stephen Kosslyn, Robert Rose e Jonathan Cohen, "Placebo-Induced Changes in fMRI in the Anticipation and Experience of Pain", *Science* (2004).

Alia Crum e Ellen Langer, "Mind-Set Matters: Exercise and the Placebo Effect", *Psychological Science* (2007).

Capítulo 12: O ciclo da desconfiança

BASEADO EM

Ayelet Gneezy, Stephen Spiller e Dan Ariely, "Trust in the Marketplace: A Fundamentlly Disbelieving State of Mind", Documento de Trabalho, Universidade Duke (2010).

Marian Friestad e Peter Wright, "The Persuasion Knowledge Model: How People Cope with Persuasion Attempts", *Journal of Consumer Research* (1994).

William Forster Lloyd, "Two Lectures on the Checks to Population, Delivered before the University of Oxford, in Michaelmas Term", Oxford Press, Oxford, Reino Unido (1833).

Günter Hitsch, Ali Hortaçsu e Dan Ariely, "Matching and Sorting in Online Dating", *American Economic Review* (2010).

Günter Hitsch, Ali Hortaçsu e Dan Ariely, "What Makes You Click?: Mate Preferences in Online Dating", Documento de Trabalho, Universidade de Chicago (2010).

LEITURAS RELACIONADAS

Garrett Hardin, "The Tragedy of the Commons", *Science* (1968).

Peter Darke e Robin Ritchie, "The Defensive Consumer: Advertising Deception, Defensive Processing, and Distrust", *Journal of Marketing Research* (2007).

Richard Emerson, "Social Exchange Theory", *Annual Review of Sociology* (1976).

Ernst Fehr e Simon Gachter, "Fairness and Retaliation: The Economics of Reciprocity", *Journal of Economic Perspectives* (2000).

Gita Johar, "Consumer Involvement and Deception from Implied Advertising Claims", *Journal of Marketing Research* (1995).

Scott Koslow, "Can the Truth Hurt? How Honest and Persuasive Advertising can Unintentionally Lead to Increased Consumer Skepticism", *Journal of Consumer Affairs* (2000).

Capítulos 13 e 14:
O contexto de nosso caráter, partes I e II

BASEADOS EM

Nina Mazar e Dan Ariely, "Dishonesty in Everyday Life and Its Policy Implications", *Journal of Public Policy and Marketing* (2006).

Nina Mazar, On Amir e Dan Ariely, "The Dishonesty of Honest People: A Theory of Self-Concept Maintenance", *Journal of Marketing Research* (2008).

LEITURAS RELACIONADAS

Max Bazerman e George Loewenstein, "Taking the Bias out of Bean Counting", *Harvard Business Review* (2001).

Max Bazerman, George Loewenstein e Don Moore, "Why Good Accountants Do Bad Audits: The Real Problem Isn't Conscious Corruption. It's Unconscious Bias", *Harvard Business Review* (2002).

Maurice Schweitzer e Chris Hsee, "Stretching the Truth: Elastic Justification and Motivated Communication of Uncertain Information", *Journal of Risk and Uncertainty* (2002).

Capítulo 15: Cerveja e almoços grátis

BASEADO EM

Dan Ariely e Jonathan Levav, "Sequential Choice in Group Settings: Taking the Road Less Traveled and Less Enjoyed", *Journal of Consumer Research* (2000).

Richard Thaler e Shlomo Benartzi, "Save More Tomorrow: Using Behavioral Economics to Increase Employee Savings", *Journal of Political Economy* (2004).

LEITURAS RELACIONADAS

Eric J. Johnson e Daniel Goldstein, "Do Defaults Save Lives?", *Science* (2003).

SOBRE O AUTOR

DAN ARIELY é professor de Psicologia e Economia Comportamental na Universidade Duke. Autor de inúmeros livros e artigos científicos, é um dos membros-fundadores do Center for Advanced Hindsight. Seus trabalhos já foram publicados em veículos como *The New York Times*, *The Wall Street Journal*, *The Washington Post*, *The Boston Globe*, *Business 2.0*, *Scientific American* e *Science*. Pela Sextante, lançou também *A psicologia do dinheiro*.

CONHEÇA OUTROS TÍTULOS DO AUTOR

A psicologia do dinheiro

Dan Ariely e Jeff Kreisler

Em *A psicologia do dinheiro*, o consagrado psicólogo Dan Ariely une forças com o comediante Jeff Kreisler para revelar como as emoções dominam nossa maneira de lidar com o dinheiro e para derrubar as mais consagradas – e equivocadas – premissas das finanças pessoais.

Ao explorar diversas questões do dia a dia – dos gastos com o cartão de crédito às armadilhas do orçamento doméstico –, eles mostram como driblar nossos instintos para não cair nas tentações, para economizar, fazer escolhas melhores e gastar com inteligência.

Intercalando lições de ordem prática com conselhos bem-humorados, Ariely e Kreisler lançam luz sobre os medos e os desejos inconscientes que costumam estar por trás de nossos hábitos muitas vezes desastrados de consumo.

Fascinante e divertido, o livro oferece as ferramentas para você transformar o dinheiro em um poderoso aliado para uma vida mais próspera, tranquila e prazerosa.

A (honesta) verdade sobre a desonestidade

A chance de sermos pegos afeta nossa probabilidade de fazer algo errado? De que maneira as empresas estimulam comportamentos antiéticos? O trabalho em equipe nos torna mais ou menos honestos? A religião influencia nossa conduta moral?

Neste livro, o economista comportamental Dan Ariely explora de que forma o desvio de conduta ocorre nos âmbitos pessoal, profissional e político, e como isso afeta até mesmo aqueles que todos acreditam ter os mais elevados padrões morais.

Em geral acreditamos que o ato de trapacear é baseado em análises racionais de custo-benefício. Porém, o autor revela que são as forças irracionais, que não levamos em conta, que frequentemente determinam nosso comportamento.

Com um estilo próprio, que lembra Malcolm Gladwell, Ariely demonstra que a desonestidade é inerente à condição humana. Prepare-se para conhecer toda a verdade.

CONHEÇA OUTROS TÍTULOS DA EDITORA SEXTANTE

A surpreendente ciência do sucesso

Eric Barker

Muitos conselhos que ouvimos sobre sucesso são lógicos, legítimos e estão completamente errados.

Com base em surpreendentes estatísticas e pesquisas científicas, Eric Barker mostra o que de fato determina o sucesso e revela como você pode se tornar bem-sucedido.

Em *A surpreendente ciência do sucesso*, você vai aprender:

- Por que os melhores alunos raramente ficam ricos e por que as melhores lições sobre cooperação vêm de membros de gangues, piratas e serial killers.
- Qual é o segredo para a resiliência da tropa de elite dos fuzileiros navais americanos e dos sobreviventes de desastres.
- Como encontrar o equilíbrio entre trabalho e vida pessoal utilizando a estratégia de Gêngis Khan, os erros de Albert Einstein e uma pequena lição do Homem-Aranha.

Observando o que diferencia as pessoas extremamente bem-sucedidas, sabemos o que podemos fazer para sermos mais parecidos com elas – e descobrimos que, em alguns casos, é bom não sermos iguais.

Vender é humano

Daniel H. Pink

Somos todos vendedores. Apresentamos novas ideias aos colegas de trabalho, persuadimos os amigos a fazer um programa, tentamos convencer nossos filhos a estudar, criamos nossa imagem e reputação nas redes sociais.

De uma forma ou de outra, estamos todos envolvidos em vender alguma coisa.

Lançando um novo olhar sobre a arte de vender, Daniel H. Pink aborda as descobertas das ciências sociais que nos ajudam a agir e tomar decisões mais inteligentes para persuadir os outros.

Ele oferece, entre vários ensinamentos, as melhores técnicas para vender uma ideia, entender a perspectiva dos outros e tornar nossa mensagem mais clara e persuasiva.

Em edição revista e atualizada, com prefácio especial do autor para o Brasil, *Vender é humano* é um livro prático e perspicaz que mudará a maneira como enxergamos o mundo e o que fazemos no trabalho, na escola e em casa.

Motivação 3.0 – Drive

Daniel H. Pink

A maioria das pessoas acredita que a melhor maneira de motivar alguém é oferecer algum tipo de recompensa, como prêmios, promoções ou dinheiro.

Esta visão está errada, diz Daniel Pink. Segundo ele, o segredo da alta performance e da satisfação está ligada à necessidade essencialmente humana de ter autonomia, aprender e criar coisas novas e melhorar o mundo para nós e para os outros.

Com base em décadas de pesquisas científicas, Pink expõe neste livro o descompasso entre a ciência da motivação e as práticas corporativas, e explica como isso afeta todos os aspectos de nossa vida.

Examinando os três elementos da verdadeira motivação – autonomia, excelência e propósito –, o livro apresenta técnicas inteligentes e surpreendentes para colocar estes princípios em ação.

Além disso, você conhecerá empresas que adotaram estratégias inovadoras para motivar seus funcionários e empreendedores que vêm trilhando caminhos alternativos na busca da realização e do alto desempenho.

Falando com estranhos

Malcolm Gladwell

Em *Falando com estranhos*, Malcolm Gladwell apresenta uma análise surpreendente da maneira como interagimos com as pessoas que não conhecemos – e questiona por que tantas vezes fazemos julgamentos equivocados em relação a elas.

Existe algo muito errado com as estratégias que usamos para interpretar os outros. Por não sabermos falar com estranhos, abrimos a porta para conflitos e mal-entendidos, às vezes com consequências catastróficas.

Nesse livro, você lerá sobre uma espiã que passou anos nos mais altos níveis do Pentágono sem ser detectada, sobre o homem que derrubou o gestor de fundos Bernie Madoff, sobre o suicídio da poeta Sylvia Plath e várias outras histórias intrigantes.

CONHEÇA ALGUNS DESTAQUES DE NOSSO CATÁLOGO

- Brené Brown: *A coragem de ser imperfeito – Como aceitar a própria vulnerabilidade, vencer a vergonha e ousar ser quem você é* (600 mil livros vendidos) e *Mais forte do que nunca*
- T. Harv Eker: *Os segredos da mente milionária* (2 milhões de livros vendidos)
- Dale Carnegie: *Como fazer amigos e influenciar pessoas* (16 milhões de livros vendidos) e *Como evitar preocupações e começar a viver* (6 milhões de livros vendidos)
- Greg McKeown: *Essencialismo – A disciplinada busca por menos* (400 mil livros vendidos) e *Sem esforço – Torne mais fácil o que é mais importante*
- Haemin Sunim: *As coisas que você só vê quando desacelera* (450 mil livros vendidos) e *Amor pelas coisas imperfeitas*
- Ana Claudia Quintana Arantes: *A morte é um dia que vale a pena viver* (400 mil livros vendidos) e *Pra vida toda valer a pena viver*
- Ichiro Kishimi e Fumitake Koga: *A coragem de não agradar – Como a filosofia pode ajudar você a se libertar da opinião dos outros, superar suas limitações e se tornar a pessoa que deseja* (200 mil livros vendidos)
- Simon Sinek: *Comece pelo porquê* (200 mil livros vendidos) e *O jogo infinito*
- Robert B. Cialdini: *As armas da persuasão* (350 mil livros vendidos) e *Pré-suasão – A influência começa antes mesmo da primeira palavra*
- Eckhart Tolle: *O poder do agora* (1,2 milhão de livros vendidos) e *Um novo mundo* (240 mil livros vendidos)
- Edith Eva Eger: *A bailarina de Auschwitz* (600 mil livros vendidos)
- Cristina Núñez Pereira e Rafael R. Valcárcel: *Emocionário – Um guia prático e lúdico para lidar com as emoções* (de 4 a 11 anos) (800 mil livros vendidos)

CONHEÇA OS LIVROS DE DAN ARIELY

A psicologia do dinheiro

Previsivelmente irracional

A (honesta) verdade sobre a desonestidade